除了野蛮国家,整个世界都被书统治着。

后读工作室
诚挚出品

La Fine è il
Mio Inizio

最后的
邀请

[意] 蒂齐亚诺·泰尔扎尼　福尔克·泰尔扎尼　著
　　　Tiziano Terzani　　　Folco Terzani

王雅婧　译

图书在版编目（CIP）数据

最后的邀请 /（意）蒂齐亚诺·泰尔扎尼,（意）福尔克·泰尔扎尼著；王雅婧译. -- 北京：东方出版社，2025.5. -- ISBN 978-7-5207-4401-0

Ⅰ . K835.465.42

中国国家版本馆 CIP 数据核字第 2025W0A880 号

La Fine è il Mio Inizio by Tiziano Terzani
Rights Arranged by Peony Literary Agency Limited acting in association with The Italian Literary Agency

中文简体字版专有权属东方出版社
著作权合同登记号 图字：01—2024—6390 号

最后的邀请
ZUIHOU DE YAOQING

作　　者：	［意］蒂齐亚诺·泰尔扎尼（Tiziano Terzani）
	福尔克·泰尔扎尼（Folco Terzani）
译　　者：	王雅婧
责任编辑：	王赫男
出　　版：	东方出版社
发　　行：	人民东方出版传媒有限公司
地　　址：	北京市东城区朝阳门内大街 166 号
邮　　编：	100010
印　　刷：	优奇仕印刷河北有限公司
版　　次：	2025 年 5 月第 1 版
印　　次：	2025 年 5 月第 1 次印刷
开　　本：	710 毫米 × 1000 毫米　1/16
印　　张：	24.25
字　　数：	380 千字
书　　号：	ISBN 978-7-5207-4401-0
定　　价：	62.80 元
发行电话：	（010）85924663　85924644　85924641

版权所有，违者必究
如有印装质量问题，我社负责调换，请拨打电话：（010）85924602　85924603

推荐序

作为从事临终关怀的临床医生，我常"亲历"生命的最后过程，看到听到那些未竟的事宜、未解的遗憾与未言说的爱。蒂齐亚诺·泰尔扎尼与儿子福尔克·泰尔扎尼合著的《最后的邀请》，恰似一盏穿透死亡迷雾的灯，以父子间对话展开了一场关于生命本质的深刻思辨。本书不仅是一位临终父亲的告别，更是一份跨越时空的生命礼物，它教会我们如何直面死亡，从而更完整地活着。在生命的最后几个月，蒂齐亚诺与儿子福尔克共同梳理自己的人生轨迹：从反叛的童年、战地记者的冒险，到离开中国后的精神困顿，再到印度禅修与喜马拉雅的顿悟。这些经历不仅是个人回忆，更是对理想主义的反思——当外部世界的答案令人失望时，唯有回归内心才能找到生命的安宁。

临终是一个过程：从"告别"到"觉醒"

蒂齐亚诺的临终邀约始于布谷鸟的到来，终于布谷鸟的离开，象征生命循环的圆满。这位意大利记者以战地报道闻名，年轻时曾怀揣对东方乌托邦的憧憬，却在亲历越战后陷入理想的幻灭。他坦言："我的热情在于以适合我的方式生活，并从微不足道的喜悦中享受人生。"这种从对外部世界的改造转向内心探索的觉醒，正是临终对话的核心。

生死教育：在阅读生命中成长

生死教育的本质，是让人们在"生"的维度中理解"死"的意义。蒂齐亚诺临终前与儿子的对话提供了可操作的范本：他从不回避死亡的逼近，而是以"写给年轻人"的章节，将死亡转化为对后辈生命成长的馈赠。因为"生命的真谛不在于改造世界，而在于如何在世界的疏离与融合中完成自我成长"，所以要保持独立思考，尊重自己对世界的感受力。书中反复提及印度禅修时的寂静、亚洲平原的辽阔、与儿子促膝长谈的夜晚。这些细节提醒我们：生命的价值不在于长度，而在于感知的深度。正如蒂齐亚诺在放弃飞行、贴近大地旅行时所悟："飞行使人忘记地球上多数人的存在，而火车与船只让我重燃对细节的好奇。"这种对生活细微之处的珍视，恰是临终关怀中弥合遗憾的良药。

医学人文：以陪伴治愈死亡的孤独

蒂齐亚诺与福尔克的对话，本质上是一场心灵疗愈之旅。从中国斗蟋蟀的市井生活到印度禅修的寂静，他试图在"迷信"与"科学"、"东方"与"西方"的张力中寻找答案。最终，他领悟到："人类内心的提升远比外部世界的变革更重要。"这种包容的视角，恰是当代生死教育急需的养分——它教会我们尊重不同文化对死亡的理解，并在多元中寻找共通的慰藉。在安宁疗护临床工作中，我们深知"陪伴"的力量，当患者身处脆弱与迷茫中时，亲人的倾听与承接可以消解死亡的孤独。书中父子共同追溯的童年记忆、政治理想的挫败、东方修行的顿悟，不仅构建了个人史的拼图，更揭示了"陪伴"的深层意义——它不回避痛苦，而是在共情中赋予生命连续性。

开启自己的"最后对话"

《最后的邀请》的珍贵之处，在于它未将死亡视为终点，而是将其转化为一场开放的邀约。蒂齐亚诺·泰尔扎尼以临终者的清醒教会我们：唯有直面死亡，才能挣脱恐惧的枷锁；唯有真诚对话，才能让爱超越生命的界限。这或许便是本书给予每一位生死教育学者、每一位普通人的启示：死亡不是终结，而是对"如何活着"的终极回答。

路桂军
2025 年 2 月

目　录
CONTENTS

- 布谷鸟　　　　001
- 青春年少　　　009
- 比萨和奥利维蒂公司　　031
- 纽　约　　　　045
- 实　习　　　　065
- 越　南　　　　073
- 新加坡　　　　085
- 记者们　　　　091
- 柬埔寨　　　　105
- 历　史　　　　113
- 战　后　　　　119
- 禁忌游戏　　　131
- 到达中国　　　141

- 书　籍　　　　　149
- 中国的学校　　　157
- 新中国，旧中国　167
- 蛐蛐儿　　　　　173
- 离　去　　　　　181
- 职业生涯　　　　185
- 摄影师　　　　　189

- 日　本　　　　　195
- 乌龟之家　　　　211
- 预言家　　　　　221
- 爱人和朋友　　　229
- 时间旅行　　　　239
- 权力和金钱　　　247
- 孤　岛　　　　　255

- 组　织　　　263

- 童年乐事　　267

- 福　气　　　273

- 寻　宝　　　277

- 失　守　　　283

- 奥西塔　　　285

- 印　度　　　295

- 查兰·达斯　305

- 甘　地　　　311

- 炸　弹　　　319

- 向上，向上！　331

- 致年轻人　　349

- 永　别　　　359

- 布谷鸟　　　369

我最亲爱的福尔克：

你知道我多不喜欢打电话，而就算用一点小小的力气提笔写下几行字，对我日渐孱弱的身体来说也颇为吃力。所以我才没有写信，而是发了这封电报，把三两件我觉得还挺重要，你也有必要知道的事告诉你。

我感到些许疲惫，内心却十分平静。我喜欢像这样待在家里，也打算就在这里等待生命的终点。希望在你忙完工作后，我们能尽快见面。假如你愿意接受我考虑良久的一个主意，当你过来，你（我们）就要开始忙一些事情：

假如我和你，每天花一个小时坐一坐，你可以问我那些你一直想知道的事，而我会敞开心扉，畅所欲言，从我的出生开始，一直聊到我生命中那些伟大的旅行，你觉得如何？我们这对父子看起来天差地别，却又如此相像。这场对话将是我们父子间深刻的交流，同时也是我的遗言，你可以将它们整理起来，结集成书。

你要抓紧时间，我想我的时间不多了。如果你愿意，就尽快把手上的事做完，而我会为了这个美好的想法，努力再活久一点。

拥抱你。

爸爸

于奥西塔，2004 年 3 月 12 日

· 布谷鸟

蒂齐亚诺：福尔克，福尔克，快来呀！栗子树上有一只布谷鸟。我看不见它，但听到它在枝头上唱着歌儿。

布谷，布谷，告别四月，五月来临。
布谷鸟在歌唱。

动听极了，你听！

儿子，多有趣呀。我66岁了，这场伟大的生命之旅也到了它的尽头。此刻，我正站在人生的终点，但我不仅未感到丝毫哀伤，甚至有些怡然自得。前几天，你妈妈还在问我："要是有人给我们打电话，说他们发明了一种新药，可以再给你十年光阴，你要吗？"我想都不想地回答："不要！"我不想要这种药，不想再多活上十年。就为了重复我已经做过的事吗？我连喜马拉雅山都已经去过，现在也准备好航向另一个世界的宁静港湾，我何苦要委屈自己，屈身小船，只为在岸边垂钓？我对这样平淡的人生毫无兴趣。

看看我们身边的大自然，就从脚下的这片草地开始，仔细观察、聆听。听那喜鹊啁啾，除此之外，还有什么？草丛中的蟋蟀、穿叶而过的微风，它们各自乐在其中，对我面临的死亡毫无察觉。蚂蚁自顾自地爬行，鸟儿为天空歌唱，风如常吹拂。这万物的协奏曲，把我从等待死神的状态中抽离出来。

这是多伟大的一课！我感到从容、喜悦，几个月来，仿佛内心有种快乐向四处扩散。我感到前所未有的自在和舒适。如果有人问我："你还好吗？"我会告诉他："再好不过！我的思想无拘无束，一切奇妙极了。"只不过，我的身体每况愈下，器官腐烂衰朽。唯一能做的，就是摆脱它，将这副肉身交付给命运，交给尘归尘土归土的命运。这是世上最自然的事情，所以我不害怕。不过，留给我的时间不多了，在这有限的时间里，我想做最后一件事：和你聊聊天。你是我生命的一部分，也是我人生漫长旅途的重要观众，这有 34、35 年了，你多大来着？从一个孩子的视角，你看着我走完这段漫长的旅程。不过我很清楚，虽然你一直在我身边，但你其实并不了解我的整个人生。就像我对你祖父的人生也所知甚少，而我一直为没能花时间和他好好聊天感到遗憾。

福尔克：那么，爸爸，你真的准备好面对死亡了吗？

蒂齐亚诺：瞧，"死亡"这两个字是我想避免的。我更喜欢印度人的表达——离开肉身。我们对这一表达并不陌生。其实，我的梦想是能够悄然离去，无须面对分离。对于生命的最后一幕——死亡，我并不感到担忧，因为我已经准备好了。

唔，我并不是说，你这样的年轻人也应该像我一样，做好准备，面对死亡。毕竟我 66 岁了，想做的事也已经一一完成，没有遗憾。我不会说："啊，再给我一点时间，这样我便可以去做点这个，做点那个。"我之所以可以泰然处之，是因为我已经领悟到那些根本的、古来圣贤早已参透的道理。

是什么让我们如此畏惧死亡呢？

论及死亡，往往令人色变，而真正的原因，其实是想到那一瞬间，我们依恋的、所爱的一切都会灰飞烟灭。

首当其冲的是我们的身体，我们对此有一种执念。想想看：身体随着人的成长而发育，我们也把它当作自己。看看你，年轻、结实、健硕。啊，当年我也是这样！每天跑个几千米来保持体形，还常常健身，那时我双腿直挺，胡须茂密，满头黑发，算得上个帅小伙儿。大家提起"蒂齐亚诺·泰尔扎尼"，想到的就是那样的身影。

再看看我现在的样子。这一切多么可笑！双腿肿胀，肚子鼓得像只气球，其他地方却只剩下皮包骨头，没个人样儿。可曾经，我也双肩宽厚，腰又窄又细呀。现在我的肩变窄了，却大腹便便。身体全走了样，我日渐消瘦，头发稀疏，走起路来一瘸一拐，这么一副可以任由医生处置的躯体，我何必执着于它？

那么，如果身体不能代表我们，我们又是什么？

我们害怕死亡会带走一切，比如存在于世的这些身份——记者、律师、银行经理，还有这些身份带来的认同和肯定，这些都会消失，从此你再也不是伟大的记者、睿智的律师、出色的银行经理。曾经是你的一栋临海的小房子，一旦你死去，也就失去了。人们对死亡的恐惧无非如此：我们不得不放弃心爱的事物，舍弃属于自己的物件、愿望、身份。这些我都拥有过。而几年来我做的唯一一件事，就是把这些曾经与我联结的事物抛向海里，从此了无牵挂。

因此，你的名字不能代表你，你的职业不能定义你，你在海边的那座小房子也不是你。要是你在身体健康的时候，就学习如何看待死亡，如同过去的智者——阿拉伯人、希腊人、我们可爱的喜马拉雅山脉的智者——所教诲的那样，你会逐渐认识到这些身外之物并不等于你，你会意识到它们是多么有限和短暂，可笑又虚无。如果有一天，你在海边买的房子，呜，被大海卷走；又或者一个孩子，像你一样，曾经是我的，属于我如此之久，在他身上我倾注了情感和精力，总为他担惊受怕，他出家门时却被一块砖砸中头部——一命呜呼！这时候你就知道了，我们不应该是那么容易消失的事物。

假如，通过生活，你开始领悟那些事物并不能代表你，你便会逐渐放弃对它们的执着，甚至舍弃对你来说最珍贵的东西，比如我对你妈妈的爱。我和你妈妈已经在一起47年了，当我说我要离开她，并不是说我不再爱她，而是我不再是这份爱的奴仆，我不再依赖这份爱。这份爱是我生命的一部分，但它不等于我。

我是很多其他的东西，又或者我什么也不是，但我永远不会被某种事物定义。想着我逝去后，也意味着失去了爱，失去了这座奥西塔的房子，失去了你和萨斯奇娅，失去了我的身份，我一点儿也不感到惊慌和畏惧，因为我已经接受了它。

在喜马拉雅山的那段时间里，那里的荒僻与自然风光，甚至连疾病都是财富，是对我的启示，是伟大的导师。

在我的生命里，另一件对我来说很重要，而我也觉得在某种程度上收获了成功的事，就是如何对待欲望。欲望是我们巨大的推动力，如果哥伦布不想寻找通往印度的新路，他就不会发现美洲。所有的进步或衰退，整个文明的进化或倒退都是因为欲望。人类有各种各样的欲望，其中包括最初始的——肉体上的欲望，即一个人想要占有、支配另一个人的肉体。

欲望是强大的推动力，我不否认这一点。它很重要，甚至决定了人类的历史。但是，如果你再仔细思索一下，这些欲望是什么，又有哪些欲望是你无法避免的，你会发现，特别是在如今，在我们当下的社会，我们只能任由欲望推动。而在所有欲望中，我们只选择最平庸的、物质的，换句话说，就是那些超市里的商品。对这类选择的追求和欲望是毫无益处、乏味可笑、微不足道、荒谬绝伦的。真正的欲望，如果必须有的话，那就是成为自己。唯一值得人们期待的是，不用做任何选择。

因为真正的选择不在两支牙膏之间、两个女人之间、两台机器之间，真正的选择是做你自己。如果你反思，再反思，你会看到，那些欲望是一种被奴役的形式。因为你想要的越多，受到的限制也就越多。如果你想要一样东西，想要到无法思考任何其他事情，那你就成了欲望的奴隶。

等你再年长一点，再成熟一点，你就会领会这一切……

他笑了。

你会笑你现有的欲望，笑你有过的欲望，笑你看透了所有这些没用的欲望，它们就像生命中其他东西一样短暂。于是你开始学着把它们放下，把它们从心中赶走。其中也包括人人都有的终极欲望：永生。有人说："好吧，我不在乎钱，不在乎名声，也不想再买点什么。但是，我想要一粒能让我再活十年的药丸！"

即使这个愿望，我也不再有了，我的确一点也不企望。我很幸运，因为在喜马拉雅山间那所房子里的孤独岁月让我明白了，我没什么想要的。我需要的不过是有水可饮，有饭可吃。水就在那儿，和动物的饮水来自一源。至于吃食，我只需要一点稻米、一些在火上煮熟的蔬菜，此外，我还有什么所求呢？难道是去电影院看一部最新的影片吗？我在乎什么呢？我的生活会变吗？不会的，不会有任何变化。因为当时摆在我面前的，便已经是我一生中最奇妙、最神奇、最新鲜的经历。

这就是为什么我不愿再逗留，因为已经没有什么能再引起我的好奇心。从里到外，我在每个方面都意识到了这一点，曾经让我兴奋、激发我欲望的那些事物，我再也不感兴趣了。而一旦如此，死亡就变得真实起来……

他笑了。

毕竟，这是唯一可能发生在我身上的新鲜事儿，因为我从未经历过，从未感受过，我只在别人身上看到过。可能它没什么了不起的，只是像晚上睡着一样。

其实我们每天晚上都死一次，对吧？那个醒着的人的意识，识别我们的身体，确认我们的名字，让我们产生欲望，推动我们去打电话，去吃午餐，但所有这些，在你入睡的一瞬间——啪！没了。不过睡着的时候，它会以另一种方式存在——梦。

但谁是做梦的人呢？

你梦境的沉默的见证人又是谁呢？

好吧，也许死亡带来的一些东西与睡眠相似，或者它什么也不会带来。但我向你保证，这场赴约，绝对不是去见一个身穿黑衣、手持镰刀的女人的恐怖画面。日子越来越近，而我抱着一颗轻盈的心，真的仿若以前从未经历过一般。也许，这与我刚刚给你解释的有关：在死亡之前，先认清它，学着舍弃欲望。还有从印度那片神圣的土地上汲取的感觉：时时刻刻，都有人出生、死亡，生生死死，无穷无尽，这是人类的共同经验。为什么我们要这么害怕死去呢？这是每个人都经历过或者将要经历的事情！几十亿，几十亿，几十亿的人，亚述 – 巴比伦人、霍屯督人，都经历过了，而轮到我们的时候，我们却不知所措。

怎么会这样呢？毕竟，这是所有先人的经历呀。

若是我们细想，就会发现：我们生活的土地，实际就是一座墓地。一座巨大的墓园，埋葬着发生过的一切。如果我们挖掘，会发现四处皆是早已化为尘土的枯骨，皆是生命的残骸。你能想象，在地球上曾有几十亿、几千亿生物死去吗？它们都葬身于此！我们一直在一座广阔的墓园之中漫游。听起来，这多么不可思议，因为我们想象中的墓地令人痛苦、哀伤，催人泪下，被黑柏树围绕，然而实际上，这座辽阔的墓园美不胜收，因为它就是大自然本身。花朵生长，蚂蚁爬行，大象奔跑。

他笑了。

如果你从这个角度去理解并融入其中，让自己成为自然的一部分，那么死后你留下的，或许会是同自然不可分割的生命力。你可以把这力量的载体想象成蓄胡子的神明，尽管他的智慧是我们的头脑无法理解的，但正是他的灵气将一切汇聚在了一起。

那么，当与万事万物汇集，又会发生什么呢？

因此，我要前去赴约，我准备好了，不想错过，我为此精心准备，带着一颗轻松愉悦的心，还有那种属于记者的好奇。虽然我早就不再是一位记者，但这种好奇是我们的"职业病"，它出于纯粹的人性，也就是那种想要刨根问底、一探究竟的本性。

我这辈子第一次体会到它，是在我父亲去世的时候。我记得在他的葬礼上，我得站在第一排，而这将我深深震撼了。你知道，在战争中，总会有一个人站在你前面，那就是所谓的前线，比如第一次世界大战中最前线的战壕。而当父亲去世后，前面再没有别人，轮到自己上阵。

好吧，现在轮到我了。当我死去，你也会体会到身在前线战壕的感觉。

不过，你这会儿还在我身边，握着我的手，这给我们机会，可以聊聊那个小伙子的旅程。

他出生在佛罗伦萨一个人口稠密的地区——皮萨纳街的一张床上。他曾有许多伟大的经历——越南、中国，还有苏联。后来，他去了喜马拉雅山。而如今，在他的内心之中，也有一座属于自己的喜马拉雅山，他委身其中，等待一个对他而言充满快乐的最终时刻。

这是终点，但也是回顾我人生的起点。我愿意同你倾诉、思索，看看是不是到最后，所有的事情都有它的意义。

▎青春年少・

我们坐在奥西塔家门前的一棵大枫树的树荫下。从草地远眺，山谷陡峭地向河流倾斜，在河的另一边，森林焕发生机。春天到了。凉风徐徐，爸爸躺在躺椅上，头上戴着紫色的羊毛帽，腿上盖着一条印度毯子。

福尔克：那么要开始录了。你怎么样？还舒服吗？等一下，我看看录音机是不是能用。

蒂齐亚诺：听得到吗？

福尔克：听得到。不过，你想好怎么开始了吗？

蒂齐亚诺：嗯，差不多。我想和你聊聊我的童年，因为这牵扯许多我过去没有时间回忆的事情。这不仅是为了你，更是为了你的孩子，我要给他留下一段我童年的回忆，因为他不知道我这一代人是如何成长的，不知道人与人之间的关系，也不知道我们眼中的世界。

福尔克：明白了，我们开始吧。

蒂齐亚诺：我出生在佛罗伦萨城墙外一个人口密集的工人居住区。我是在家里出生的，那个年代，多数人都生在家里。当然了，我不记得自己出生时的情况，但几年后我堂弟出生，我想过程大体相似。

当时，家族里所有的女人都会在场。我想，我母亲应该是躺在那张大床上，把我带到这个世界。后来，她也是在那张床上过世的。女人们准备好煮过的烧瓶，那套流程一直让我颇感震惊：她们去掉烧酒瓶外的麦秸，加热自来水，直至煮沸，然后用蒸馏水清洗新生的婴儿。我就是这么来到世界的，很是简单。我想，当时应该还有一位助产婆。

我的叔叔万内托很快就赶到了，后来，他成为我童年时代一个常常出现的影子。他第一个赶到，欢喜雀跃，要放上一枪，宣示男婴的到来。他是一名法西斯主义者，这给家里带来了一些矛盾，因为我父亲是左派。

我所有的童年记忆都与我出生的这片土地有关，那是一个狭窄局促的世界。要知道，我们那时候住的地方，算是乡下。我们所在的街道，房子沿街排成一排，轨道车往来经过。一开始，轨道车还是靠马来拉，我家里一位堂叔的工作就是清扫马粪。即使在冬天，他也必须工作，他会穿上市政厅发给他的厚外套。幸运的是，在我年纪轻轻、尚在学习的时候，就继承了这件外套，因此我就可以待在家里学习了，那时候没有暖气，我便在厨房的桌子上读书。

我们的小家很是简陋。从一扇窄门进去，楼梯直接通向一间小公寓。公寓有一个一步间客厅，这是那时候人们的叫法，意思就是一进去就是客厅；有一间厨房，我们在那儿用餐；还有一间卧室，全家人都睡在那里，我睡在大床旁边的一张婴儿床上。

这就是那个让我深感熟悉，又让我觉得处处受限的世界，它是多么特别啊。要知道，我向你描述的这座房子里的物件，基本是在1936年我父母结婚时买的。我父母并不富有，等他们买了房子，生活更是捉襟见肘。他们结婚时，选择去普拉托度蜜月，那里离家仅15千米，但对他们来说，却是一场盛大的旅行。直到当我长大，邀请他们到纽约和亚洲之前，那是他们去过的最远的地方。

房子按照当时流行的样子摆设。那时候，结婚讲究嫁妆齐全，不仅要有床上用品，还要有一个柜子，柜子里摆放着整整齐齐的衣物。我记得妈妈床单散发着的薰衣草和肥皂味，那种味道现在回想起来仍记忆犹新。

此外，还有一个五斗柜，它是我生活中喜悦或痛苦的象征。因为每到月底，我父亲便会把他赚来的钱塞在五斗柜的床单里，与他的合伙人分账。那时，不曾有人在银行开户。我一直都记得，每到15号、17号和20号，像举行仪式一般，要去看一看。我总是偷偷摸摸，而我的母亲则光明正大——看看床单中剩下多少钱。每到月底，我们从来没有余钱，没钱吃饭是常有的事。

那是一个多么简单的世界。卧室里有衣柜、五斗柜和床。客厅则有一块很大的玻璃镶板，细细回忆，它可真是漂亮，由玻璃制成，全部采用新艺术风格的镶嵌。那时候，还有一种被大家称为"Bono"①的待客礼。这种待客礼要用到一种基诺里式的特殊碗碟，而它们只有在重大场合才能被拿出来使用。所有这些，已经是你们年轻人无法理解的事情了。

当时，人们把日子分为节假日和工作日。假如我有一套西装、一条短裤、一件衬衫、一件短外套，我只能在星期天穿西装，否则它就成了日常装扮。在星期天，我们会认认真真地沐浴，我们有一只大浴桶。我感觉自己是家里的英雄，是那个最重要的角色，我一定要第一个洗澡。母亲在灶上烧好洗澡水，把水倒进桶中，然后用肥皂给我搓澡。在我之后，轮到我的母亲，排在最后的是我父亲。

福尔克：用同一桶水？

蒂齐亚诺：同一桶水。然后所有人穿上专门为星期天准备的衣裳，我和母亲去做礼拜。

至于我父亲，他一步都不肯踏入教堂！在这之后，星期天的活动就开始了。人们在午饭后走访亲戚，大家多半走路，偶尔乘坐轨道车。我们有个姨妹在精神病院，大家会在约定的日子前去探访，疯子们的尖叫让我很是害怕。

我家厨房里有一张大理石的桌子，每到冬天，桌面就变得冰凉刺骨，在我满18岁前，我一直是在它旁边念书。对了，厨房里还有一只燃气

---

① Bono：意大利语"buono"的变形，意思相仿，意为"好的"。

灶。其实，战争期间，家里是没有燃气的，只有煤。炉子上烤煤，炉灶下生火。如果我没记错，燃气很久以后才有。还有一个柜子，用来存放食品。我喜欢水果，尽管柜子里放着些苹果，但我每天只能打开柜子一次，因为我一天只被允许吃一个苹果。

我父亲有一辆旧自行车，他骑它上下班，满身都是难闻的油垢味。他对自行车极端爱惜，绝对不会把它随便放在路边，就连大门后面的楼梯间都不行。每天晚上，父亲把自行车扛在肩上，一直扛到客厅，确保自行车就在他的身边。我小时候，坐在自行车的大梁上，父亲每天把我母亲准备的饭盒系在车前边，通常是有什么就准备什么，一份煎蛋卷、一块面包，这就是他在工厂上班时的午餐。

除了这些，家里根本没有如今习以为常的东西，没什么消遣娱乐。你想想，那会儿还没有收音机，更别说电视机了。但广播已经存在。战争期间，人们收听BBC的新闻，聆听来自意大利解放区的声音，但我们没有钱买收音机。当然，电话也还没有，这些都是后来慢慢添置的。

家里添置的第一台电器就是收音机。那真是一个难忘的故事。我记得父母一攒够钱，就分期付款买了台收音机。那时候，大家买东西都是分期付款的。天啊，那在当时真是个大新闻！我们去了一家商店，我记得很清楚，在皮蒂广场转角的马主奥街上。

福尔克：你那时候多大？

蒂齐亚诺：我不知道，大概七八岁吧。我父亲是个左派，当时在做一件很有意义的事情。这件事，直到今天很多佛罗伦萨人还会做——在救济所做志愿者。他称自己为周五的"仆人"。每周五他都去救济所，戴上头巾，我对此总是很害怕。这种习俗是在佛罗伦萨瘟疫中诞生的，当时，脚夫们全身裹着黑袍，拿黑色帽子遮住脸部，为了不被认出，从而保护自己能够安全地把死者或患者运到隔离医院。

这一传统，被位于多莫大教堂前的一所慈善机构恢复，后来它更名为救济所。称它为慈善机构，是因为那里存在一个开放的社会活动。不同阶级的佛罗伦萨人，从贵族到像我父亲那样的穷人，都在那里尽责帮忙，他们具有同样的权利和职责。父亲拿到自己的排班表，上面写着他们每个人只用做一小时的义工，任务是站岗。当有人骑自行车来说"啊，我的祖母病了！"时，义工们会步行出发，或晚些时候跟着救护车前去，将病人送往医院。

站岗成为我父亲这样的人也可以参与的社交方式。我父亲是一个非常害羞的人，对富人、贵族和权势阶级都很是畏惧。但在那个场合，他可以和那些人聚在一块儿，一起待在辉煌的大厅里。我记得在我小时候，曾和母亲一起去过那里好几次，看着父亲穿着像脚夫一样的黑色衣服，和同样在那里当志愿者的伯爵、侯爵，还有其他社会阶级的人聊天。

在我父亲购置第一台收音机前，他一定是通过他在救济所的朋友们，好好地进行了一番市场调查，以确定能找到一家可以买到质量上乘的收音机的商店。

现在想起来，购置第一台收音机的时候，我肯定已经过了十二三岁。我小时候经常生病，之前我曾讲过，在我们那个年代，大家体质普遍很弱，因为吃得太少。我有所谓的"腺体功能障碍"，那是结核病的早期症状。我经常生病，不得不待在床上。我的父亲，从许多角度来看都是一个很棒的人。他也是一个了不起的发明家，在真正的收音机出现之前——这事儿你想都想不到，他曾着手做了一台矿石收音机。

矿石收音机是一个有趣的装置，它是在一块石英上搭一根指针。当时，我甚至不知道它是如何制成的。必须有一块石英，还要有一个像留声机一样的尖头，用弹簧绑起来，让它在石英上移动。现在我明白了，这样做的目的是让频率变化。那简直是一件艺术品，如果能够把针搭上，你就可以收听电台啦！因为没有外接喇叭，所以要戴着那种飞行员耳罩才能听它。我只记得那时天气炎热，我躺在床上，母亲端来牛奶或肉汤时，我正戴着耳罩收听新闻。而真正的收音机则是一个伟大的升级，从石英矿石，到真正的收音机！按下按钮，"轰"的一声，收音机就响起来了。

福尔克：它是走向现代化的第一步。

蒂齐亚诺：是啊。收音机的到来的确是件大事。假若那台收音机如今还在，我们都可以把它当古董卖掉，应该值不少钱吧？它非常漂亮，抛光木头的机体、能够旋转的旋钮，可不是现在数字显示的那种，那种我根本搞不明白。收音机上的小绿灯会根据频道接收情况亮起或熄灭。收音机整体呈完美的弧形，旋钮是骨制的，不是塑料制成的那种。那台收音机是我们家的第一件奢侈品。

总之，我想让你知道，我成长其中的那个世界是怎样的。

宽敞的马路，只有马拉着的轨道车来回运行。战争结束，它换成了电车。车从我们家这儿转弯，然后一直开往市中心——圣弗雷迪亚诺，再从那里转回来。轨道车在我们住的地方与佛罗伦萨之间穿梭，对我们来说，佛罗伦萨就像另一个国家。我要告诉你的是，佛罗伦萨在那个年代似乎离我们很远，中间虽然只隔着一个村子，但我们却属于"城外"。

实际上，这也是我母亲一生的悲剧。她嫁给我父亲，然后他把她带出佛罗伦萨，远离了市区的优渥生活。我的母亲有点讲究贵族排场，她不是很愿意到那样的一个世界——跑着电车的街道，偶尔有人骑自行车经过，以及有点像小镇广场的步行街。正如她所说，她不想像个长舌妇一样过日子，不想像其他女人那样，在夏日夜晚坐在高脚椅上，看着像我们这样的男孩儿在街上捉迷藏或在人行道上玩独脚跳。

而我的整个社交圈就在那里。我在家门口度过了最初的童年，我的母亲却总是很小心，担心我弄脏衣服，担心我与其他孩童追打起来。但那就是我的世界，一个充满偏见，又处处受限的世界。"小心那个谁！他的老婆可不咋样，可别和他说太多话……"但同时，那也是一个安乐祥和的世界，因为你熟悉它，不存在任何未知。

福尔克：似乎很多探险家都来自这样的世界。

蒂齐亚诺：是的，每个人都了解身边的一切。相传，烟草店的女老板去阿诺河上采木头时，被美国士兵强奸了……

福尔克：什么？

蒂齐亚诺：当美国人来的时候，他们砍掉了佛罗伦萨所有的树木，还砍伐了一片美丽的林地，那里本来长满了橡树和梧桐，或许他们是为了挖战壕，我也不清楚。他们把那片美丽的土地夷为平地……那里曾是佛罗伦萨最受欢迎的地方，却被美国人糟蹋得寸草不生。不过，那时我还是个小孩子，我对那里的印象并不深刻。美国人的到来改变了这一切，他们拿巨斧砍伐，每一斧头，都劈出许多珍贵的木渣。我也和母亲一起前去，把它们捡来烧火做饭。就在那时，我们听说了烟草店女老板的事儿，它就发生在那里……简直是一辈子的阴影。

之所以提到这个，我是想告诉你，在那样的社会中，每个人并不都是自由的，相反，个体受到了很大的限制。可这种狭隘也意味着某种安全，因为每个人都知道别人的事，而且大家有很强的团结意识，会互相帮助。比如说，如果你去买面包，但没有钱，他们会给你记账，除非月初就拿到工资，否则没有人会付钱的。每个人几乎都有一笔账在店主那儿记着："三千克面粉……"就像我们仍然在奥西塔的贝蒂娜食品店做的那样。在那里，诚实是一种非常重要的品质，那时候，人们即使对金钱也保持着令人惊讶的诚信。比如，如果面包师特克拉给你找钱的时候弄错了半里拉，你必须把钱还回去。在如今，这几乎无法想象，但那个时代的规则就是如此。

我在这个小小的世界中长大。对我来说，佛罗伦萨是一个遥远的地方。星期天，我常常和父母一起去那儿。我去那儿的故事，你已经听过了……

福尔克：去吃冰激凌？

蒂齐亚诺：不是。是去看有钱人吃冰激凌。那样的事情，我会铭记终生。穿上"星期天的装扮"，规规矩矩，鞋子擦得锃亮。我出门前，总是要擦亮鞋子。我身穿双排扣西装，打着领带，同父母一起，从蒙蒂切利走到领主广场。

你甚至无法想象那样的情状。同那时的我们相比，现在的你们是多么不修边幅。

事实上，有一件事我必须解释一下。我总是说"我们很穷，没有东西可吃……"，然而你在照片中，却看到我们都穿得很好的样子。因为，你看到的那身衣服，我们只在星期天穿！

福尔克：哈，那我们没有一张你在星期二的照片吗？

蒂齐亚诺：没有。有一张倒是挺特别的，照片里，我穿着围裙，手指从一个口袋伸了出来。但那张照片被他们扔掉了，我母亲不想让别人看到我的围裙上有破洞。

在共和广场，有一家叫帕斯卡威斯基的餐厅。和今天的许多餐厅一样，它也在外面设有桌位。桌子周围，有一圈高高的环绕顾客的绿篱围墙。我的父母允许我透过篱笆，偷看那些有钱人享用冰激凌。我的意思是，我们从家里出来，就为了看看吃冰激凌的有钱人！对你来说，这些可能不可思议，但它就是我的童年。

就是在这样的环境下，我依然快乐地长大了。对于存在的问题，我感受不到它们的影响。只是当家里没钱的时候，我看着痛苦的母亲，会感到难过，我似乎是通过她的眼睛，第一次感受到人生的屈辱。离我母亲出生的磁器街不远处，有个叫怜悯山的地方，单单是名字，它就已经非常引人注目了。每当我们没钱撑到月底，我们就会去那里。在那儿，人们可以拿任何有价值的东西做抵押，获得一笔非常小额的贷款，利息极高。等你还清的时候，东西就可以赎回了。

我记得，我家里什么都没有。除了结婚戒指，母亲没有别的首饰，她声称绝不会把戒指低价抵押掉。但她有崭新的陪嫁床单，因为以前，当一个女孩子结婚时，她会收到四五条亚麻床单作为嫁妆。床单上绣着缩写的姓名，那些床单就搁在家里，收在那个满是香皂和薰衣草香气的五斗柜中。

实在没有钱的时候，我们或许就会拿走两三条精致的亚麻床单，去怜悯山抵押掉。回忆起当时，我似乎依然被一种最为强烈的负面情绪裹挟。我的母亲一手牵着我，那时我还是个孩子，另一只手拿着包裹。她环顾四周，生怕有人认出我们，看到我们走进那个令人丢脸、羞愧和备受侮辱的地方。

他笑了一下。

然后，当有人说"行了，你们可以进去了！"的时候，"噌"的一声，我们就钻进店里，走向大柜台。柜员说："嗯，这些啊，3 里拉、4 里拉……"他们不会给你更多了，如果床单值 50 里拉，他们只会给你 5 里拉。但那 5 里拉确实能让你解燃眉之急。两个星期过后，你连本带息地还回去。回程同样是一场挑战，我们还是左顾右盼，生怕被人看到。

这是我在童年时代，第一次体验到的强烈情感。在怜悯山的羞辱带给我这样一种感受：那个对我来说挚爱又神奇的家庭，其实是那么脆弱、不堪一击。

他笑了一下。

但是，这同样也是我生命的动力。我记得从很小的时候开始，我就觉得自己必须摆脱那狭隘又逼仄的小世界。一间小屋子，连卫生间都没有，想去厕所的话，还得到外面的公共区域，自来水更别提了。那时候，我们要三个人用同一只浴桶。我觉得自己不得不逃跑，不得不离开这一切。

福尔克：那么，你是怎么知道外面的世界的？

爸爸笑了。

蒂齐亚诺：对我来说，我见识到的第一个来自另一个世界的人，是我的堂兄——我家的吹牛大王。他爸是我爸的堂弟，就是那个清扫马粪的堂叔。

战争时期，我的堂兄被招募参加海军，后来登上了蒙蒂切利的一艘军舰。军舰载着他，绕过地中海，一直向西班牙和直布罗陀海峡航行。他太爱自吹自擂了，等他回来的时候告诉我们，他曾经到过一个地方，那里有种奇怪的鱼，如果你把一只脚伸到船外面，它们就会来吃掉你的袜子。他给我讲了那么多形形色色的怪事，而我对此深深着迷，尤其是他的那身水手制服。令人感到难以置信的是，吹牛大王确实是一个真正的水手！他就是第一个让我感觉到另类的人物，让我感觉天外有天。当然了，随着我慢慢长大，我对外面世界的认知也越来越丰富。

福尔克：要是让我回忆自己的童年，我能记得的，恐怕只有我的朋友们了。你呢？

蒂齐亚诺：我在孩提时代没有多少朋友。因为我母亲不让我玩属于男孩子的游戏，比如足球。这是我遭受的又一件屈辱。我母亲想要一个女孩，而非男孩。在我生命的头四五年里，我被打扮成一个女孩子，穿着裙子。你知道吗？当时衣服的设计都偏中性化，即使男孩子也都穿着长罩衫去上学，那时候大家都没有长裤。而我小时候，更是被彻彻底底打扮成一个女孩子。

还有另一个问题。我母亲有严重的洁癖。她觉得，踢足球会弄脏衣服，于是她总是密切关注着我在做什么。记得七八岁的时候，我站在皮萨纳街的窗口，望着我的同学们踢球，我看见他们因为进球而欢呼相拥，这让我很是失落。在我们家的前面，有一块空地，战后他们在那里堆放着废铁，还有坏掉的坦克。而我却只能袖手旁观！

福尔克：你感到失落吗？

蒂齐亚诺：当然啦，以至于我只能去创造一个自己的世界。我的母亲擅长手工活儿，为了表达不让我去踢球的歉意，她给我做了一副手套和护膝。这以后，她牵着我走到索法亚诺路，当其他人说"喂！你！你要一起玩吗？"的时候，我就会说"我是守门员！"，我假装自己是另一个街区的球队守门员。

他笑了起来。

所以，那会儿我不去踢球不是因为我不会，而是我母亲不让我踢。之后，有了那次被捉弄的事情。有个小胖子朝我扔了一块石头，喊着："弄掉它吧！没啥用！"他的意思是，你的小鸟可以不要了，你是个"娘炮"。他朝我扔了一块石头，于是我脸上有了第一道伤疤。这就是我成长的世界，一个一旦我有机会就想逃走的世界。

福尔克：祖父也不希望你踢足球吗？

蒂齐亚诺：我父亲在日常生活里的作用非常有限，他总是早出晚归。过去，我常常和母亲度过一整天。你的祖母是一个略有些奇怪的人。有一次，我因为调皮，打碎了一袋子玻璃弹珠，那是她的嫁妆。但她没有勇气打我俩耳光，而是把我锁在黑黑的房间里，这是那个年代常见的惩罚。她只是说："等你爸晚上回来教训你！"然后，我要在黑暗中熬上六七个小时，等我父亲来打耳光，这实在太可怕了。

福尔克：那他打你了吗？

蒂齐亚诺：我不记得了。这种事情，我一般不会记得的。我的母亲控制欲极强。我得坦白，在那之后，我计划了一场针对她的逃离。但是，我父亲与她不一样。他很害羞，他害怕权力，恐惧权威，但他又很聪明，而且慷慨大方。这些是我一直铭记的。你要知道，他是家里的顶梁柱，他每日工作，挣钱养家，晚餐时却任由我享用最大的一块肉。他是合格的一家之主，这一点毋庸置疑。

有件事我想补充一下，那就是我们家族的起源。特别是如果我不告诉你的话，可能你的孩子永远不会知道泰尔扎尼这个姓氏来自哪里，又意味着什么。

泰尔扎尼这个姓氏起源于一个名为马尔曼蒂尔的地方，距离佛罗伦萨大约 15 千米，在阿诺河边。以前，我从没听说过这个小镇。我知道泰尔扎尼的祖辈曾经做过石匠。现在，对石匠可以有很多理解，但在当时，显然指那些切割石头，以建造石板路、造房子、造门的工匠。当我第一次遇到圭恰迪尼的后人，我从他们的宫殿，看着佛罗伦萨说道："这座城市，是我们一起建造的。你们投入想法和金钱，我们投入劳动。因为这座宫殿的石头，是我的祖先切割制成。"

在马尔曼蒂尔，泰尔扎尼家族几个世纪以来一直在挖凿石头，将凿好的石头运到佛罗伦萨。你能想象吗？把那些石头运入城市，这是埃及人建造金字塔的时候做的事情呀！

我的祖父利维奥在那里出生。他是一个直率真诚的人，拥有漂亮的白胡子，还有讲不完的精彩故事。我从他身上学到了很多。他有四个孩子，杰拉尔多、格斯马诺、范内托和妮塔，还有两个后来死了，以及他的妻子，我的祖母埃莉诺。当祖母不得不出去的时候，就把六个小孩儿绑在厨房的桌子腿上。他们不得不待在那儿，直到她回来。真是厉害，对吧？那个年代可没有什么幼儿园。

当时家里哪怕有一分钱的富余，他们也会买一只鸡蛋。所有的孩子都坐在长凳上，每个孩子都得啜一口，因为新鲜的鸡蛋被认为很有营养价值。

我的父亲杰拉尔多，长大后成了一名车工。我想，他在上小学三年级的时候就开始工作了。他有时写写东西，虽然自己也不是很明白。后来他学会了算账，因为那时，他必须管理一个小车库，那个车库是他和合伙人一起经营的。那里也有属于穷人的各种逸事，比如他遇到了我的母亲莉娜，她住在磁器街，在波塔阿尔普拉托的塔楼下做帽子。你知道吗，那个年代的妇女都戴帽子。每天，他都注视着这个女人路过。因为我的母亲莉娜非常漂亮，天鹅绒般的皮肤红润白皙，还有一头乌黑的头发。不知何故，我的父亲，这个身材矮小、不大起眼的男人，仅用一块小地毯就让她坠入了爱河。

我母亲不是很聪明，她的思维充斥着局限和偏见："我可是来自佛罗伦萨，嗯！我爸爸为贡迪侯爵工作！人家可不是什么蒙蒂切利的面包师。"哎，她讨厌蒙蒂切利，因为它在墙外，看不到圣母百花大教堂的大圆顶，这让她觉得被放逐了，所以她不与蒙蒂切利那些举止粗鲁的乡下人混在一起。她就是那样，我不得不说，她的这种想法，或多或少也投射到了我身上。

她从来都和我的祖母，也就是她的婆婆埃莉诺合不来。她们总是吵个不停。我祖母指责她娇生惯养，说她还以为自己是什么了不起的人物。

有一次，在一间店里，我母亲看上了一顶让她看起来很优雅的帽子。而我祖母给了她一记耳光，就为了打消她的想法："你以为自己是谁呀，一位阔太太吗？"紧接着，"啪"的一声，把帽子从我母亲的头上给扯下来了。

真是那时候婆媳的典型。

我母亲总觉得自己有点"富家小姐"落难的意思。总之，你听到的这些故事很精彩，不是吗？她吹嘘她的父亲，也就是我的外祖父乔瓦尼是贡迪侯爵家的厨师，也是侯爵的宠儿。因为有一次，他发现侯爵夫人背叛了侯爵，侯爵从抽屉里拿出把左轮手枪，准备杀了她。而我外祖父挡在中间，夺走了侯爵的手枪。对于一个厨师来说，从侯爵手里夺过手枪是一件多么勇敢的事！从此以后，侯爵对他满怀敬意，总是彬彬有礼，这种待遇一直持续到我外祖父生命接近尾声的时候。跟我母亲的两个姐妹一样，我的外祖父也是死于肺结核。

葬礼过后，他们把他在家里的所有东西都从三楼窗户扔到街上，然后烧掉，以为这样邪气就不会传给别人。我外祖母于是搬来和我们一起住，她只有一身黑色衣服，上面别着一支点缀着几颗小珍珠的金色胸针。我从我这个伟大的外祖母爱丽莎身上收获了太多！她拥有深蓝色的眼睛、透亮的肌肤，以及一只土豆一样的鼻子。我和你妹妹萨斯奇娅也继承了同样的鼻子。我的外祖母聪慧、谦虚，富有自我意识，还很自信，这使得她在新家找到了一个她的空间，住了将近十年。

你知道我父亲为她做了什么吗？他真是聪明极了，特地为爱丽莎"造"出了一个房间，每晚搭建起来。他在客厅的地板立了一根铁柱，又在铁柱和墙之间，拉起一张带钩的帘子。外祖母就睡在那里，那是她的卧室。

她一起床，就把所有东西都拆下来，柱子放在床下，帘子叠起来。晚上，当一家人的一天结束，我会帮忙把帘子再装起来，她又睡在帘子后面。

她是在那张帘子后面过世的。

你可以想想，我们家那时候才多大。

福尔克：很多印度人现在依然过着这样的日子。

蒂齐亚诺：但是，即使过着这样的生活，爱丽莎也讲究尊严，保持着干净体面。她非常整洁，身上总是散发着爽身粉的味道。这需要非常自律才能做到，而我母亲没这么自律。

我的母亲总为她的父亲是侯爵的宠儿而感到骄傲。在我小的时候，她告诉我："侯爵非常喜欢你外祖父，还给他吃自己吃剩下的食物。"你要知道，能吃饱饭在那个年代至关重要。侯爵吃完鸡肉，残羹被送给了我的外祖父。在我们家里，这件事被多次用来证明侯爵的慷慨，以及外祖父的伟大声望。而对我来说，从那时起，这类事情就已经让我避之不及。我是一个反特权主义者。

福尔克：从那时就开始了吗？

蒂齐亚诺：也许生来便是如此，这些就像刻在基因里的东西。我看到一个身穿警服的人，就想要踢他一脚。权力对我来说，一直十分遥远。

福尔克：真奇怪，祖父祖母都不是叛逆的类型。

蒂齐亚诺：他们不是的，但家里还有另一些人，外祖母爱丽莎和他的弟弟、我的托雷洛舅公，他们不一样。他们是农民，但自我感觉像贵族一样，坐着双轮马车，与众不同。

福尔克：所以你也有其他的榜样。

蒂齐亚诺：没错，家里有一些人确实挺特殊的，他们经常来串门儿。那时候，大家没什么休闲娱乐，在星期天唯一能做的事情就是轮流去串门儿。但是串门儿绝对不是去人家家里吃饭！你得在吃饭后再去，即便别人拿了食物招待你。我那时候饿得跟狗一样，看到巧克力和饼干甚至两眼放光，但我至少要谢绝四五次："不了，谢谢！"

这就是我所接受的教育。然后我开始变得叛逆，特别是有一次受到侮辱之后。外祖母爱丽莎的妹妹也很喜欢我，每当我出现在她的面前，她就忍不住亲吻我，把我亲得油渍渍的，然后我立刻把脸擦干净。我的父母因此感到羞愧，给了我一记耳光。

福尔克：那么，你不觉得自己是家里的一分子吗？

蒂齐亚诺：不觉得。在我很小的时候，家里人就看出我是一个另类，我和他们不是一条船上的人。事实上，我还记得那个浑蛋叔叔万内托说过："其实，谁知道你是不是你父亲的儿子？"他是在开玩笑，但他确实一眼就能看出来我不属于他们。他们过着和我截然不同的生活，我也一直想着逃离他们所在的那个世界。

所有人都认定，等我小学毕业，我就会去我父亲那里，和他一起工作。他是一个车工，所以我也会进车间，从把油擦干净、把零件组装到一起的学徒干起，最后变成一名熟练的车工。在我家里，人们会说："你要是读完书就去干活儿吧！那样你就可以帮帮你爸了。"我父亲也是这样磨炼出来的，因为这就是那个年代的活法，人们世代如此。而我内心却打着别的算盘。

那时，我饱受咳嗽的困扰，家人为此把一口井里的水带给我喝，据说，圣方济各曾经经过那口井，还在井底留下了一块檀木，井水由此得到了庇佑。我母亲嘱咐我喝掉它，说喝下去，我就会好转。之后，我们爬山，去了贝洛斯瓜多。想象一下，来自蒙蒂切利的人，居然走到了蒙托托塔、温布莱利诺别墅和贝洛斯瓜多！那里已然是另一番视野。在那里，我竟然感受到了前所未有的归属感，我觉得自己必须留下。我看着那些美丽的别墅，不禁问道："妈妈，谁能住在这么好看的地方呢？"我母亲告诉我："哎，那里住着一个德国画家，这里呢，是一个英国的雕塑家。"

她了如指掌，因为女人们常常谈论这些。于是我就想说，所有那样的房子全都是外国人的，这让我也想变成一个外国人，只有这样，我才能住得上那样的房子。当然，这只是开玩笑。

就这样，我度过了生命最初的几年。没有生过大病，没有感受到人生的大悲大喜，只有日复一日的平淡生活。我在蒙蒂切利念完了五年的小学，学校正挨着家。每次放学，我母亲都在学校外面等我。我甚至不能独自回家。我记得像那个小胖子一类的家伙，天啊，只要一走出校门，拿起尺子对着我就是一记敲！他们从我身边路过，然后"咣"的一声，对着我脑袋就是一下！我甚至没法还击，因为我母亲拉住了我。

他笑了笑。

福尔克：我看出来了，你玩儿也不能玩儿，那学习呢？
蒂齐亚诺：学是学的，但学得不多。不过我成绩挺好，在班上经常考第一。你要知道那时候，班上全都是工人家庭出身的孩子。

福尔克：祖父祖母对你的学习上心吗？会强迫你吗？

蒂齐亚诺：我母亲看我看得很紧，父亲不会。他总说反正以后得去做工的。但我不需要别人盯着，会主动学习，这也是我能在众人里脱颖而出的原因。再者就是，我挺喜欢做班上第一名的感觉，老师会给第一名一个小蝴蝶结，或者一枚徽章。当时的义务教育只到五年级就结束了，然后你就得开始工作。幸运的是，在最后一年的时候，小学老师对我父母说："这个孩子，你们要让他继续学习，至少要念到初中。"

中学生活对我来说是迈向自由的第一步，因为我的中学在圣三一桥。我必须搭乘那辆从我家门前经过的电车上学。我那时候独自乘电车，因为我母亲终究是不能护送我上学了。就这样，我拥有了最早的三年自由时光。从那时起，我开始社交。我结识了巴罗尼，他的父亲是牙医，叔叔是牧师，从叔叔那里，他继承了一座漂亮的图书馆……

福尔克：啊，书！

蒂齐亚诺：福尔克，想一下我和书的关系。在我家里，从来就没见到过一本书，从来没有。但是我爸的堂兄，也就是我的伯伯古斯曼是一名交易记录员。用现在的话来说，为了多赚点钱，他一直在"打黑工"。他在家里加班，给那些有钱人，特别是医生，装订他们的书。我从他那里拿到了我生命中看到的、切实触摸到的第一批书，那是一套意大利史。对我而言，所有那些形形色色的人物形象都深入了我的心灵：穆奇欧·席佛拉把手放在火上，恺撒被杀死，尼禄焚烧罗马。我偷偷地读着，我那可爱的伯伯，把如同笔记一般的读物拿给我阅读，然后再把它们用精美的皮革封面装订起来。多么令人激动！那是我生命中第一回接触到书。

福尔克：你很快就喜欢上书了吗？

蒂齐亚诺：一下子就喜欢上了。我对书的崇拜就是从那时候开始的。你看，现如今，我们家里满满都是书。

去上初中是一种解放，意味着长大成人，从此远离那些从课桌后面拉扯我的家伙。那辆电车把我和世界联结到一起,通往去向佛罗伦萨的大道。在那里,我和一些上流人士成了朋友。巴罗尼的图书馆简直棒极了!我们会去那里写作业,有时候我会偷偷拿走书本带回家看。它们装帧精美,包裹着皮制封面,印刷着金色的字体。图书馆里有我、甘布迪和另外两人,他们鄙视拿走书的行为。后来还为此搜查我们!初三那年,当时我14岁,有一个名叫克勒·马斯克的人在我生命中扮演了决定性的角色。

福尔克:谁是克勒·马斯克,一位老师吗?

蒂齐亚诺:嗯,我的初中老师。他当时对我的作品评价道:"喂,我才看出来,原来你还是个作家啊!"就是现在已经96岁,还在给我写信的那位,不久前,我还给他寄去了《旋转木马又一圈》①(*Un Altro Giro di Giostra*),附上了题词:"亲爱的老师,如果当初不是因为您,我怎么都不可能完成这本书。"

我对他感激不尽,因为他决定要与我的家长谈谈。你要知道,在那个年代,被老师找去……你能想象吗?我的父亲和母亲被马基雅维利中学的马斯克老师叫去了学校,在那座靠近圣三一桥的楼里,他说:"是这样的,恐怕你们得再辛苦几年了,得送这个孩子去念预备高中。"

福尔克:我不懂你为什么会对学习有这样大的兴趣,你家里没人是这样的呀,你觉得这是天生的吗?

蒂齐亚诺:我那个叔叔是对的,我"不是"我父亲的儿子,我们不是一个模子刻出来的。每个人有他自己的世界,而我的世界就是这样。那时候,我们开始读《伊利亚特》,读《荷马史诗》。我都特别喜欢。

我父母决定送我去念预备高中。然后我们去分期付款,购买我的第一条天鹅绒长裤。有趣的是,缝纫品店里的那个商人,和我父亲一样在救济所做过志愿者。我的母亲每个月都会过去,向那位先生支付款项。我的天啊,就为了一条裤子!

---

① 《旋转木马又一圈》:蒂齐亚诺晚年的作品,内容涉及他在美国、印度等国家的旅行,还有个人修行的体悟。

福尔克： 你就只有一条裤子？

蒂齐亚诺： 呵呵，当然啦。我妈妈星期天会把它洗干净，然后我再穿上去学校。那时就是这样的，福尔克，就是这样。我在佛罗伦萨很多地方念过高中，我不记得有没有带你去看过。在皮蒂广场旁边，就是在那儿，我一边阅读但丁、曼佐尼，一边望着皮蒂广场——那里真美啊！你就好像进入了另一个世界，沉浸在美妙的语言之中……伦佐和露西娅①之间的爱情故事美好极了，还有讼棍，穷人被富人、权贵、神父背叛，这些全都是我感兴趣的故事。文学滋养着我。

福尔克： 你那个时候还有什么别的兴趣爱好吗？

蒂齐亚诺： 女人，当然是女人！那会儿，我第一次"发现"女人，因为在那之前，我们都被隔离开来。我连见都见不到她们，小学里没有，中学里也没有。可是当我一进预备高中，在那座精美绝伦的楼里，我生平第一次见到了一个金发姑娘。而我"唰"的一声立刻坐在了她旁边。她叫伊莎，我主动约她出去，然后我们开始交往，在一起三年。那时候，我们都还是小孩儿，没有发生关系，根本不像现在这样开放。下午放学，我们手拉着手沿着柯里街散步。然后有一天，她的父亲，一个建筑承包商，开着一辆汽车来了。天啊，一辆汽车！他抓到我们，说："你俩来家里订婚吧，因为我不想要我女儿……"

福尔克： 你们真的得订婚呀？

蒂齐亚诺： 是啊，就在她家里。我还得逼着我那可怜的父亲带着一束花，一路从罗马门走到他们村子，去见那些笨蛋。

两年预科高中结束，我升入了伽利略高中，那是佛罗伦萨一所大型文科学校，在多莫广场附近。

福尔克： 你怎么会决定去念文科学校呢？不怎么实用呀。

蒂齐亚诺： 不，不，不！我那时候想去的就是文科学校。首先不存在"实用"这种想法，在那个年代，我们学习并不是为了找到一份好工作，

---

① 伦佐和露西娅：意大利古典名著《约婚夫妇》中的角色。

它本身就很美好。在那里，我那些麻烦事儿开始了。我成了一个比我年长的女人的情人。日子过得火急火燎，总之，那感觉……

福尔克：当时你已经知道你终究是要离开了吗？

蒂齐亚诺：不，我不知道。我也没想过。但我却清楚，命中注定，我绝非一个单纯的佛罗伦萨人。

高一那年，我16岁，梦想着出国。于是我和朋友科雷托·门泽罗一起去车站，在《日内瓦日报》上找到一份位于瑞士的假期工。我们看到贝伊沃韦的一家大酒店的办公室正在招聘男性工作人员，那时我刚开始学法语，以为自己看懂了招聘信息。在母亲的泪水中，我放弃了奥西塔的暑假，与门泽罗一起去了瑞士。我们和酒店签好合同，准备好工作簿和护照。等我们到了瑞士，有一位管理员先生在那儿，他对我们说："那么，你们收拾一下吧，咱们所有服务员都住在这个房间。然后，我带你们去看办公室。"

这时我才发现，法语里的"办公室"，并不是给我这种自命不凡的学生打字的写字间，而是洗盘子的地方！最后，我落到了在洗碗水的臭气中，从早到晚不停洗盘子的境地。不过，这种情况并没有持续很久，因为那些人让我觉得不胜其扰。后来，我和那儿的一个人成了朋友，并被提拔去做保洁工作。于是我学会了另一个法语词——打蜡，就是给木地板上蜡，这就是我的暑期工作。

大概一个半月以后，我们领到了薪酬，然后溜之大吉，因为我们再也无法忍受待在山中的日子了。我们出发，开始另一场奇妙的历险。仅仅靠着搭便车，我们穿越了大半个欧洲，抵达巴黎。在皮加勒广场，见到了红磨坊。我们在街头闲逛，住在青年旅馆，结识女孩子，她们邀请我们一起玩乐。然后我们去了比利时，再从德国回到意大利。那是我第一次出远门，第一次跨出国境，也就是那时，我意识到自己要走的路，是去见识世界的路。从那以后，这个愿望就一直留在了我的心里，我不愿放过每一个可以旅行的机会。我热爱体验所有不同的事物。我仍然能闻到那个瑞士"办公室"的味道、那巨大长廊木质地板的蜡味。你懂的，那里的整个世界都不一样：食物的味道、街上的气味都有所不同。那是1955年，对于来自佛罗伦萨的我来说，瑞士已经是一个全新的世界了，更别提巴黎所带来的震撼！

等我们回到学校，大家都羡慕极了。我们像是英雄。我们去过巴黎，还做了个短时工。那在我的同学看来，确实了不起。

福尔克：你开始做你自己想做的事了，你父母怎么说的呢？

蒂齐亚诺：你晓得的，我父亲继续生活在他的小世界里，母亲也一样。念高中时，我时不时回趟家，但我更爱去毛切利亚纳图书馆华丽的房间里学习，那里的古书、旧书塞得满满当当。我闷头学习，真心热爱它们。

叔叔万内托每晚都会在晚餐前路过我家，每次他都要在楼下问："懒汉今天又做了些什么？"在他眼里，我是个大闲人。对他而言，我没有工作，没赚一分钱，还自命不凡，趾高气扬，整日戴个围巾，叼着烟斗。然后他走进来："我说，懒汉今天究竟干啥了？"我母亲总是对此感到愤怒，因为他把我看作游手好闲的混混。

我的成人考试考到了整个佛罗伦萨的最高分。我记得，好像我的平均分是八分，其中哲学九分，意大利语九分，算得上非常优秀。托斯卡纳银行给我写了一封让我们全家腿都软掉的信，他们邀请我前去面试！我去了，然后他们给我提供了一份在银行的工作。这对我父亲——一个连银行账户都没有的人而言，就好像我做了教皇。但其实我对此很是抗拒，那对我而言如同世界末日。可是，全家都反对我的想法。在万内托叔叔坚决的告诫下，我最终不得不去银行工作。

福尔克：啊，所以这就是为什么对你来说，在银行工作是灾难？

蒂齐亚诺：对我来说，这是一切没必要去做的事情的象征。

然后，我开始选择在比萨师范学校孤注一掷：要么我考取师范学校；要么我就不再继续学习，必须接受托斯卡纳银行提供给我的职位。我去参加了考试，我并不感到害怕，最起码我不记得我害怕过，但我很清楚，这场考试将决定我的整个人生。

考试很难，只有那些在意大利成人考试中取得最佳成绩的人才能参加。一共两百名考生，只为争夺八个名额。我赢取了其中一个，而那改变了我的人生。夏天结束，我去了比萨。我住在法律及医学学院的宿舍里，学校里的饮食、学费、书本都不用我操心。我父母对此也就接受了，因为这样一来，他们不用为此承担额外的费用，所以也就无话可说。

然后就在那个难忘的夏天，我遇到了你的母亲。

爸爸咳了几下。

福尔克：你累了吗？

蒂齐亚诺：嗯，我有点疲倦。我们暂停一下？

福尔克：好多故事我都没听过，多好笑，就像之前我们从未有过时间，好好聊天一样。

蒂齐亚诺：对你来说，这一切应该蛮有意思，因为你甚至不知道自己从何处而来。我想让你明白，不仅对于你，对于萨斯奇娅，甚至对于你的孩子们，能了解那个年代的文化、那些和我一样的人的价值，这看似简单，却有其重要的价值。例如诚信和尊严。人们去有钱人家里，但不会吃他们的东西，他们只是说："我已经吃过了，谢谢。"你要知道，这种自尊会带给你力量与支撑。人们讲究穿着，如果穿得不得体，就不能出去见人，否则别人会对你说三道四。你是穷人，你是弱者，你还要让别人对你再评头论足吗？不！我是和你一样体面的人。我不吃你的食物，我已经吃过了。另一个重要的价值则是家庭。事实上，每天晚上恼人的叔叔来访就是这样的一出戏。家人的影响总在那儿，这一点不容置疑。

我的父母就是在这样的价值观里长大的，我也在耳濡目染中，继承了这一点。

・比萨和奥利维蒂公司

福尔克：让我们继续这段伟大的旅程吧。

蒂齐亚诺：我很喜欢你把这看作"伟大旅程"的想法，是的，这是生命之旅，但它也是一段时代的旅程。我会极尽真诚，向你诉说整个故事。我觉得真诚是你得珍视的唯一品质。我们不在这儿吹嘘，也不矫饰。想来，我这一辈子都在咬文嚼字，华丽的辞藻完全可以信手拈来，但我想说的是现实，是辞藻背后赤裸裸的现实。这也是我所做过的许多事情的意义所在。

那个，我们昨天讲到哪里来着？

福尔克：你去了比萨师范学校。但你为什么去读法律呢？你不是想做一名记者的吗？

蒂齐亚诺：没错，我一直都希望成为一名记者。我记得在我十五六岁的时候，我骑着小型摩托车，戴着记者证，追在运动员身后的那种喜悦。佛罗伦萨那时候像个迷信的老太太，而我是一名与这座城市无关的高中生。星期天，我从不会到资产阶级组织的聚会那里蹦来跳去。一到点，灯光熄灭，大家互相亲吻，有时候在你家，有时候在他家。你妈妈总记得，在我们认识前，在那样的舞会上她听人说过："蒂齐亚诺或许会来吧，可能今天蒂齐亚诺会来。"但他们从没见过我，因为我骑着我的小摩托去工作了，去做我想做的事：报道比赛。福尔克，我正沿着他们的跑道跑呢。

福尔克：跑道？

蒂齐亚诺：不对，是阿贝托的自行车道。我骑着小摩托，沿着赛道，为《佛罗伦萨早报》写一篇报道。我仍然记得那种快乐，力量来源于我脖子上那张写有"记者"两字的卡片。我去过山里的小村落，向市长，向赛事组织者介绍自己，他们叫嚷："请入座，这里是记者席！"这声"请入座，这里是记者席！"就是我生命的意义。我可以站在最前线，站在事情的现场，那是我的权力！我有权在前线，去瞧瞧指挥部里发生了什么。

但很快，我就意识到这也是一个糟糕的职业、一个花瓶般的职业，其中充斥着不劳而获。被推荐来当记者的都是牧师的亲戚，还有那些拿不到毕业证的人。谁要有一个做神职工作的叔叔，就可以被推荐去民主党的报社工作，而一旦进去，就等于拿到了铁饭碗。我认识这些人，因为当我为《佛罗伦萨早报》工作时，他们就是我的主编。

这就是为什么我要去念比萨师范学校——一所难以想象的好学校。我念了法律，我的同学们是像朱利亚诺·阿马托的这类人物，他后来当上了意大利总理。我不得不以某种方式跟随命运，而命运在我踏入了师范学校的时候就注定了，要么成为一名学者，要么成为一名政治家。由于这一原因，我那几年时间都没有考虑过做一名记者。

福尔克：那为什么选择学法律呢？

蒂齐亚诺：很简单，我是个穷人，我想要对抗有钱人，捍卫穷人的利益；我是弱者，我想要对抗权势，捍卫弱者。而当时，我觉得唯一的办法就是当律师，这样就可以运用法律为穷人辩护。

福尔克：但你是从哪里看到贫富间的不公的呢？

蒂齐亚诺：它一直都存在！我的父亲和贡迪侯爵一家……它就在我的周围上演。我父亲从早到晚地辛勤劳作，还无法将家用维持到月底。可是伊莎的父亲开着汽车来接女儿，让我在他们漂亮宏伟的别墅里订婚，他有什么资格这样做？

再者，那些年，社会存在着尖锐的矛盾。福尔克，你不要忘记，意大利那时候差点成为一个共产主义国家。中情局、美国人和教会利用数十亿美元来操纵意大利的选举。这两个阵营，民主党和共产党，双方抵抗到底。在1948年的时候，他们试图刺杀共产党领袖陶里亚蒂[①]。对了，我必须给你说一件绝妙的事：我父亲，原来他有冲锋枪！

福尔克：祖父有冲锋枪？

蒂齐亚诺：也不能说是他的，我也不是很清楚。我记得有一天，来了两个人说："让开，我们可要拆墙了！"这句话的意思是，让墙内企图发动革命的人放下武器。我不知道墙内的人是谁，但从那天起，我的心就在那里，而且久久不能忘怀。那就是我当时的想法，你得理解我。我呢，因为从小就听过父亲的那些反资本主义的话语，我无法想象我所生活的西方社会，也就是我所喜爱的西方社会，是人类唯一的生活典范。资本主义、民主、我们的自由社会，会是世界上所有国家应该参照的模板吗？这真是荒唐！"全球化"这个词当时甚至还不存在，它是几年前才出现的，但过程就是这样。

我想向你解释：我们这一代，即使不是严格意义上的马克思主义者，也都会阅读马克思，就跟阅读维克多·雨果一样正常。

我们那时候的想法是：战后，欧洲已被摧毁，满目疮痍；贫穷随处可见，城市亟待重建，即便是佛罗伦萨，桥梁业已坍塌；所以我们需要建立和平，找到能够保障欧洲和平、不再发生战争的制度。之后，这样的制度也确实到来了。当然，想法很重要，但也需要物质。我们谈到历史唯物主义并不是一个偶然，恰恰因为它是物质，有其化学和物理的定律，也有其历史规律。有人认为，"社会问题"可以被操纵和影响，就像化学反应可以让物质产生变化一样。

于是，物质的主题是人，而原料则是社会。因此，我们所有的想法，就是改变社会的可能。至少在我这一代人中，没有别的想法。我想起我的同学，我们都在学习。那些读书的人、那些学政治学的人、那些学医学的

[①] 陶里亚蒂：意大利共产党创始人之一，曾任意大利共产党总书记。

人、那些研究经济学的人，都是为了给社会做出贡献。人们学习，是因为想要学习，我们仿佛被赋予一种使命，一种让我们的社会运转的使命，为了改变病了的、被破坏了的、不公正的社会。有人想成为一名律师，来捍卫穷人的利益；有人想成为政治家；有人想成为外交官。没有人像今天许许多多的年轻人一样，去上学是为了成为金融顾问。这在当时，甚至是不存在的职业。我们的理想和抱负，并不单纯是一种利他主义的态度，那就是我们的使命。我们觉得自己像精英，感到能够学习是一种恩惠，而且顺其自然，我们也想要以某种方式回馈社会。当然，学习本身也是我们的兴趣爱好，可是，我要再说一遍，我们所有人学的，都是我们想要为社会做出贡献的事情。

当时，有两种伟大的思想：毛泽东和甘地。年轻的我，怎能不被拥有如此广阔社会基础的人们所吸引？他们进行着数亿人的社会实践，因为那里不是安道尔，不是康帕内拉太阳城，那是中国，是印度！坦白来说，我没法不被一个试图建立一个并非基于利益、金钱的社会的人吸引。

因此我阅读甘地的著作，学习毛泽东的思想。他们谈论的是"社会性的工程"。他们在进行某种改造社会的伟大创举，就好像你通过遵循某些标准，来建造一座桥梁。你可以重建社会，想办法使它重新站稳脚，并稳固它。从那时候开始，我对如何改变社会产生了浓厚的兴趣。

你得明白，福尔克，这也是一个自我救赎的故事。我生来贫穷，不得不挽救这种贫穷，但不是经济层面，而是社会性的改善，需要整个社会的担保。这才是我生命的追求。但有一件事是清楚的：这个模型不适合直接搬到西方社会，它只适用于第三世界。人们时常谈论第三世界，也正是那时候，非殖民化的时代到来。我们认同第三世界，反对资本家，我们与被压迫者站在一起，与无产阶级一道。这是我们社会救赎的一部分。我们与阿尔及利亚的弗朗茨·法农一起，正如他在《糟糕的土地》①（*Dannati Della Terra*）

---

① 《糟糕的土地》：弗朗茨·法农所写的一本基于阿尔及利亚革命，漫谈反殖民斗争经验的书。前言为萨特所写。

中揭示的那样。

那是非殖民化的时代。你想想看，那都意味着什么？当罗斯福和丘吉尔在纽芬兰会面时，丘吉尔努力尝试让罗斯福参战，罗斯福不假思索地就说："好吧，那我加入。"而他让丘吉尔签署的条款是，如果美国加入战争，帮助英国反对纳粹主义，那么战争结束后，英国要放弃所有的殖民地。丘吉尔假装没有意见，其实他心里并不是这么想的。但历史，迫使他不得不妥协。

我的这一代人，见证了大英帝国的终结，殖民者一个接一个失去了他们的殖民地：荷兰、法国，特别是英国。老天，你能想象吗？全世界都在上演巨大的社会变革。我们的想法更为强烈了，如果我们了解自己社会各个事件的历史规律，就可以进行干预，使这些新社会成为更公正、更先进、更现代、更社会主义的社会，你也可以从某种意义上说，那是一个更加平等的社会。

福尔克，有多少例证啊！你可能不会知道。例如在法国，曾发生过一件空前的大事，参与其中的包括像亨利·阿莱格这样的作家。他写作了一本著名的书《问题》，这本书揭露了法国军队在阿尔及利亚对叛乱分子实施酷刑的秘密。阿尔及利亚人做了在当时还没有被称为恐怖主义的事情，他们在巴黎的咖啡馆投放了炸弹。这样的行为迅速引发了战争。而恐怖的酷刑记录显示，指挥法国军队的马苏将军犯下了罪行。在加缪等知识分子的敦促下，法国最终撤兵，阿尔及利亚以极大的尊严赢得了独立。

福尔克：你认同那个年代的激情：第三世界非殖民化，西方列强被驱逐，你们看到了建立新型社会的可能性，那是一种替代以西方为代表模式的发展模式。

可苏联呢？苏联难道不是如此？

蒂齐亚诺：那是另一种情况。

福尔克：什么情况？

蒂齐亚诺：如果你回忆一下，在1958年，在苏联，前领导人的历史地位被重新定义。继匈牙利入侵捷克斯洛伐克之后，东欧又发生骚乱。很明显，苏联不再是一个理想的模型。

福尔克：那么美国呢？

蒂齐亚诺：对于像我这样的年轻人来说，美国是一个可怕的国家。那时候，越南战争已经爆发。美国与我们梦寐以求的正好相反。你不要忘记，我和切·格瓦拉是同一个时代的人。

福尔克：啊，那个年代。

蒂齐亚诺：还有，那个大胡子的传奇人物，那个有着蛮好的家庭背景的律师……

福尔克：菲德尔·卡斯特罗？

蒂齐亚诺：正是他，他领导一帮革命者，反对独裁者巴蒂斯塔的亲美政权。更有趣的是切·格瓦拉，这位真正的斗士，他出生于阿根廷，试图解放整个拉丁美洲。卡斯特罗在革命成功后，曾任命切·格瓦拉为工业部部长。而切·格瓦拉后来再次动身，离开古巴，因为在拉丁美洲，每个国家都有一个亲美的独裁者。这就是为什么现在年轻人的 T 恤上会印着他的脸，即使他们并不知道他是谁。他是个英雄，而且他的死亡已成为传奇。后来他的日记出版，它是你能读到的最感人的东西。而我们，和这些英雄一起长大。

抱歉，福尔克，我得停一下。我想去床上休息了，今天状态不太好。

福尔克：歇会儿吧。一会儿再继续。

爸爸站起来，缓缓走到庭院后面的禅修室去了。他很容易感到疲乏，但我们也不着急。日子在这里显得很长，更不会被打扰，电话几乎从未响过，也没人到访。一个多小时后，他回来了。

蒂齐亚诺：福尔克！哦，福尔克！

福尔克：你做了什么美梦吗？

蒂齐亚诺：是这里，就是这里，就是这里！[1]如果这世上有天堂的话，就是这里，这里，这里啊！不在克什米尔，也不在孟买夏立马尔酒店的花园。

福尔克：这句话谁说的？是莫卧儿帝国的哪个国王吗？

蒂齐亚诺：是的。嗯，真好，刚刚那一小时，我感觉真棒。

福尔克：那么爸爸，你在比萨的时候就认识妈妈了，是吗？

蒂齐亚诺：是的，高中毕业后，我们在佛罗伦萨相识，然后她去德国慕尼黑学习。像每一对年轻的情侣，我们天天给对方写信。不过，你知道，生活变得越来越复杂、状况百出，我们的关系也出现了许多危机，日子算不上安定。直到有一天，我觉得没法继续这样下去了。于是我悄悄去慕尼黑找你妈妈，车票钱是靠我为一个浑蛋古董商写了几百封信件赚来的，信的内容是："如果你们有旧椅子、五斗柜、长板凳，请交给我，作为报酬，我会给你们一台电视机。"

　　　　　　　　　他笑了。

福尔克：信是你写的吗？

蒂齐亚诺：不，我只用写地址，从一本教廷的地址簿上抄下来。然后我就去了慕尼黑，双手合十，鼓起勇气对你妈妈说道："听着，要么我们一起过日子，要么就算了。"

就这样，我们回到了意大利。你妈妈从她海地的祖母那儿继承了遗产，两颗19世纪漂亮极了的戒指，镶满了祖母绿和红宝石。今天，它们还在家中流传着呢。我拿它们去了怜悯山，你记得的，我是那里的专家，我把它们抵押了。而他们给了我们大概五万里拉，我不记得了，总之很大一笔钱。多亏了一个修理工朋友，我们买了一辆菲亚特"米老鼠500"。你妈妈从家里偷了两张床垫，连同吉他，还有我用来写毕业论文的书，全

---

[1] 原文为英语。

部塞进了车里。然后我们就出发去海边，去马萨的海岸！同往常一样，好运气一直伴随着我们。有一个姓马马拉的人给我们提供了一间渔夫的小屋，在一个番茄园里，有两个房间、一间厨房。啊，那里离海只有三千米，要知道那时候，海还是很狂野的，我们每天都去游泳。

我们把床垫在地上铺开，开着"米老鼠500"到处游逛，去捡拾沙滩上的砖块，还有海浪带来的船板，然后做了两张桌子、两个书架。书架上放着我的书，我用 Lettera 22[①] 写论文。

福尔克：就是那篇你得了 110 分的论文？

蒂齐亚诺：是的，还是优加。我成绩很好，但那时候写的其实都是些不足挂齿的东西。对我来说，毕业算不上什么，就只是个开始罢了，我得想办法糊口。不过，我不愿意像其他人一样去工作，我想做点不一样的事情，我想继续深造。我们买了联合国教科文组织的介绍册，上面有全世界所有大学的名单，从通布图到剑桥。幸好你妈妈在英文方面帮了我不少忙。她费了好多工夫，给全世界的大学写了几十封信，介绍我的履历，帮我申请奖学金。唯一回复我们的是英国约克郡的利兹大学。天啊，我们感觉像在做梦。他们同意给我支付一年的学费，然后我就可以学习一年的国际法！

早在 12 月，我们就去了英国，你祖父对此很不高兴，他希望我们先结婚，再出国。他的一个朋友，也是家庭医生过来劝我："你啊，不能这样的，这会让他们很不好受的。"但我是个革命者啊，根本听不进去，什么结婚啦，制度啦，这些都不重要。我把所有人都赶走，然后带着你妈妈离开了。

我们当时待在利兹一个破败的地区，那里的屋子都长得一样，用深色砖块砌成，我们分到其中一间连排的屋子。这些屋子是在工业革命时期建造的，一楼住着一个妓女，来了客人，她就把孩子托给我们。此外，

---

① Lettera 22：意大利奥利维蒂牌的打字机，1950 年诞生的 Lettera 22 被称为 20 世纪最经典的便携式打字机之一。

还有一个老水手山姆，第二次世界大战时，他在北极把手指冻掉了。我们那时候吃米饭，就着番茄酱。一旦我们有点钱，就会和山姆去赶集，买一块澳大利亚公羊肉。你知道，就是那种拿电锯切开的冷冻羊肉。煮羊肉的时候，满屋子都是公羊的膻味。

我们那时候有些奇怪的朋友，他们都来自非洲，算尼日利亚、加纳的革命者，他们都希望脱离英国，赢得独立。在任何公共活动比如会议、电影、晚宴结束后，要演奏英国国歌《天佑女王》时，都会有一个尼日利亚人冲出大厅，以免与其他观众一样起身致意。

福尔克：啊，那时候，正是斗争的年代！

蒂齐亚诺：然后，我也跟着他跑开。有一次在大学，一次重要晚宴结束，每个人都打扮得齐齐整整，为女王致敬，而我是唯一没有举起酒杯的人。

那时的生活满是冒险和困苦。三四个月后，你妈妈患了严重的肾脏感染，病情严重。我一分钱也没有，巨大的责任落在了我的肩头，我们灰头土脸地回到了意大利。当初，我和你妈妈可是趾高气扬地离开的，结果，我甚至都没有在利兹大学读完这一年。于我而言，最大的失败就是必须将你妈妈带回她家，而我父亲还在等着我们结婚。我那时候想在欧洲委员会找份差事，但最终还是接受了奥利维蒂的工作。

我们开始在一起正式生活，我照顾着你妈妈，后来她顺利康复。我得知，如果我们结婚，她就会获得疾病保险，而且我们的旅行费用也能报销。于是，我们一个月之内就完婚了！婚礼很美好。我不想让基督教民主党市长为我们证婚，然后我们发现在芬奇镇，有一个可爱的共产党市长，想象一下，他戴着三色肩带做介绍，当知道你妈妈出身德国家庭，赶忙拿意大利国旗盖住了一块匾，匾上写着德国人在芬奇镇杀死了多少游击队员。我们和父母吃了午餐，席上还有你妈妈的父母、她的兄弟以及两名证婚人，总共八九个人。再然后，出发，我们就去奥西塔度蜜月了。

在奥利维蒂，我最早的工作是销售打字机。想象一下，我以前可是个大学生，现在却在挨家挨户当推销员！之后，我成了负责人，后来又成了培训师，最后进了人事部。

福尔克：鉴于你那个年代的左翼文化，还有你们的世界观，你去奥利维蒂时没斟酌一下吗？

蒂齐亚诺：没有，说出来你甚至不会相信。我告诉你，我们这一代，许多拿到 110 分的优等生，后来要么加入了共产党，要么去了奥利维蒂。我不是信口开河，因为两者都为我们提供就业机会。

奥利维蒂可不仅是一家制造机器的工厂，它还建立了一个能够让个人立足其中的小社会。最伟大的意大利知识分子都去过那里，吸引他们的不仅是一份微薄的薪水，还有能够参与一个伟大项目的奉献感。我在比萨时有一个小圈子，大概有四五个，或许七八个人，他们最终都选择了奥利维蒂。因为奥利维蒂并不按照所谓的公司准则运营，而是拿销售打字机的部分利润来改造社会。

奥利维蒂并不属于意大利共产党，但一些规定使它显得与众不同——员工需在党校学习几个月，而且定期向意大利共产党支付收入的一部分。因此谈到共产主义，我们不能仅仅局限于历史的经验。共产主义是一个伟大的理想，它使数以百万计的普通人和知识分子牺牲自我，以求改善社会。

我在奥利维蒂工作了一段时间，为了融入当地生活，我还当过工人。想想看，与工人一起在流水线上装配，而我当时还算个大学生呢！那时候，我们的想法是：我们需要接近社会的底层，了解他们，然后帮助他们。我们不仅要在奥利维蒂生产机器，还要在那里建立新社会。那里有出版社、剧团和芭蕾舞团。最重要的是，晚上图书馆还会开展文化活动。在那儿，我和你妈妈遇到了诗人导演帕索里尼，他为与工人交流，特意来到伊夫雷亚。在奥利维蒂，所有的一切都不再只是梦想。

福尔克：那么，你想创建一个新社会的想法从何而来呢？

蒂齐亚诺：你环顾四周，眼前的一切都糟糕透顶。战后社会冲突不断，因为它承载了太多的问题。

福尔克：那时候，奥利维蒂只生产打字机吗？

蒂齐亚诺：还有计算机。但当全球化让 IBM 这样的美国大公司席卷市场时，我们的公司也就倒闭了。奥利维蒂将其资产投资于社会和文化部门，但由于竞争激烈，也就没什么盈利。短短几年之内，同其他人员冗杂的公司一样，它面临着不得不裁员的问题。

实习过后，奥利维蒂委托我为其在海外的分支机构招募优秀的职员。我们在丹麦、葡萄牙、法兰克福住了几个月。后来，奥利维蒂在荷兰收购了一家公司，因此我去往荷兰，那里也潜伏着重重危机。我那会儿是人事管理人员，负责解雇员工。我们度过了太多艰难的夜晚，我记得你妈妈甚至给了我一耳光，说道："你为什么不辞职，去当一名新闻工作者？那才是你真正喜欢的。"

"那我怎么不去当总理呢？"

当时，我自己也丧失了信心。

福尔克：你觉得当记者是遥不可及的梦想吗？

蒂齐亚诺：对，那是不可能的。我要怎么才能进入新闻业呢？我谁都不认识。你妈妈曾经对我说："去吧，试试看！"她一直激励我，她知道我不快乐。但这也意味着放弃薪水，从头再来。我要怎么办呢？

也就是那些年，我们在奥西塔建了这座房子，也许正是这座房子的魔力，恢复了我的信心。我们之所以能盖起房子，是因为我们处处节省。喝咖啡的时候，我一直等着别人替我结账，这同我后来一生中的行事风格完全相反。而当时，因为我需要攒钱来买一把椅子、一张床。海牙奥利维蒂友好的行政长官帕西尼曾这样挖苦我："喂，你口袋里有什么呀，炸药吗？"

然后，去南非的机会来了。那本来只是一次短途旅行，去参观开普敦、德班、伊丽莎白港、维德尼斯的分公司，但我后来在那里待了好多天。在南非，当我第一次写文章，我才开始觉得自己像个新闻记者。想一下，我那时候年轻，还是个左派。我正身处非洲——那可是一个新大陆！所有的一切，让我对奥利维蒂完全失去了兴趣。

在约翰内斯堡降落后，我独自开车，游览了整个南非，然后从花园路出发，往上直到莱索托的博茨瓦纳。我用奥利维蒂提供的差旅费，玩得很尽兴。

我对种族隔离产生了兴趣，在那里，我第一次被捕：一天晚上，有人建议我（现在我知道，他们当时和曼德拉领导的非洲民族议会走得很近）去某座火车站看看，那里聚集了众多黑人，他们被雇用去采金矿。我想都没想就去了。我是个白人，在人群中太过显眼，刚拍照没几分钟，几个警察就把我给带走了。

好笑的是，奥利维蒂在南非建有工厂，而我必须作为代表，同南非总理维尔沃德见面。

我挑衅般地走进他的办公室，像往常一样飞扬跋扈，我说道："你们国家可真够奇怪的！昨天晚上，四个警察把我扔监狱里了。"

"啊，但您真的是很幸运哪！"他答道，"我还在担任内政部长那会儿，想要两名警察，可连一个都找不到。您一下子就找到了四个，还是凑一块儿的！"

我在南非待了几个星期，拍了很多照片，也搜集了许多文件资料。回到伊夫雷亚，我难受得要命。因为每天下班，我都试着写一系列有关南非种族隔离的文章，但这对我来说异常困难，这种感受还是第一次。好在最后，我终于把它写完。有一天，我们去报摊，发现在《星盘杂志》①上，刊登了一篇题为《分裂的非洲》的文章，署名：蒂齐亚诺·泰尔扎尼，那上面甚至还有我的照片！我高兴坏了，于是和你妈妈一起在卡纳韦塞的一家高档餐厅庆祝。我们开心极了，因为终于看到一件事有了起色，它给了我摆脱公司职员这一身份的希望。

文章引起了轰动，对我来说，则象征着巨大的成功。但它也使罗马的南非大使馆陷入一片混乱，大家意识到我"假借"奥利维蒂职员的身份去访问总理，实际上只是为了把他说的所有话发表出来。这样看来，我不得不辞职。不过，奥利维蒂终究是一家全世界公认的左派企业，它追求自由，显然不可能被南非政府勒索，于是他们选择无视这起争端。

而我也开始了同《星盘杂志》的合作。

福尔克： 就这样，你进入了新闻业吗？

---

① 《星盘杂志》：一本时政杂志，1963年在罗马创立。

蒂齐亚诺：没呢，我还是觉得自己不够格。但就在那时，我诞生了一个想法，那就是去利兹师范学校学习。这不但可以让我挽回名誉，而且让我能够带着别人不具备的才能——中文，向社会再次展示自己。要知道，那时候谁会中文呀？

我想去中国，但是花了很长时间才找到适合我的路。是运气指引着我找到了它。

福尔克：只是运气吗？

蒂齐亚诺：好吧，还有一些难以置信的事。我被提拔为人事主管，任务是环游世界，为奥利维蒂寻找"才华横溢的年轻人"。这么告诉你吧，一年之内，我找来的人就全部离开了，因为我雇用的都是像我一样的家伙！

这样一来，在1966年，我被派往博洛尼亚的约翰斯·霍普金斯大学参加欧洲青年经理会议。会议的主题是"越南"。我本来应该闭嘴，看看在场的人里是否有聪明人可以雇用，但是我却忍不住起身，发表了一通精彩的反美演讲。最终，一位先生来到我的身边："不好意思，可您为什么这么反美呢？"

这下可好，我的回答为我带来了幸运，它决定了我的一生："也许是因为我不了解美国，我从未去过那里。"

"您想来吗？"

就这样，我获得了两年的奖学金。一个回答怎么可能就决定一生？但就这件事而言，确是如此。

·纽约

我们从佛罗伦萨带来了许多照片，一整个壁橱满是黑白照片，爸爸现在喜欢拿着一些盒子，翻看里面的旧照片。它们使他想起了他一生中的故事。当我过来时，他正在看他在中国的照片。

蒂齐亚诺：每个人都有一条贯穿于人生的道路，但可笑的是，你往往只有在快走到尽头时才意识到。你回头惊呼："哦，看哪，所有的一切，都有迹可循！"你活着的时候，往往看不到，但线索就在那里。因为你的所有决定、所有选择都是命定的。你以为你有自由意志，但这根本是无稽之谈。它们是由内在的某种事物决定，其中，首先就是你的本能；然后可能是印度朋友称为因果的事物，他们用它来解释一切，甚至是我们无法解释的事物。也许，这个概念总有一定的道理，因为我们生活中的某些事情，只能通过前世功过来解释，否则我们就无法理解。

福尔克：那么，有没有什么事情是直到临终都无法解释的呢？

蒂齐亚诺：我相信肯定有的。但回溯我的一生，我会说："这一切难道不是有迹可循的吗？"我曾想当个律师，结果像小偷一样跑掉。后来我试图变成奥利维蒂这样的大公司里的经理，那里有我珍视的一切观念。不过，我的天啊！我还想从那里逃走，这简直是一种执念。为了逃走，我用了整整五年，直到找到自己的出路，我认定它是我的出路。所以，这都是有迹可循的。你看出来了吗？你瞧，我本来是谈奥利维蒂的经历，然后我去参加一个会议，会议上谈到了越南……

福尔克：而且你还获得了去纽约学习的奖学金。可是，美国人怎么会选择一个像你一样的左派人士呢？

蒂齐亚诺：他为哈克尼斯基金会[①]招募欧洲青年，使得美国将来可以依靠这些人建立国际合作。

很明显，不是吗？当时美国正试图吹嘘意大利偏向左派，或者说实际上，欧洲都是偏向左派的。美国人很擅长确认谁会成为未来的领导者，简言之，谁将在我们的社会中扮演先锋的角色。每年，他们都会在各个国家捞取五六个人才，然后对其施以各种优待，把他们带到美国，进行美国化的教育。想想看，其中有我；有新加坡的林苍吉，他后来成为亚洲最伟大的建筑师之一；有威廉·肖克罗斯，他撰写了《插曲》（*Sideshow*），这是有关印度支那战争最重要的书之一；还有意大利共和党领导人乌戈·拉·马尔法[②]。还有许多我现在已经不记得的人。其中的大部分，在他们所在的社会已有一定的声誉或地位。但让人意外的是，来自意大利的这些人中，除了一对夫妇，其他人到美国后甚至都变得比以前更倾向左派了。

福尔克：他们给你们的待遇是什么呢？

蒂齐亚诺：我们一到，他们就给了我们工资，还有一辆汽车。我们可以学习我们想要学习的任何东西。不过，那些选择了我的人可真是倒霉，我完全没有被美国化，反而前往纽约的哥伦比亚大学，用他们的钱，开始学习中文和中国。

我怀着极大的好奇心前往美国，但最终还是对它失望透顶。当然啦，我生活得很好，他们付钱给我，我还有车，但是如果看看四周，我

[①] 哈克尼斯基金会（Harkness Fellowships）：以前称为英联邦基金奖学金，建立的初衷是回报罗德奖学金，后扩展为面向多个国家的学生，资助他们在美国学习。
[②] 乌戈·拉·马尔法：意大利政治家。1965年至1975年，他担任意大利共和党的书记；1975年至1979年，他担任该党的主席。

们距离黑人社区哈林区仅一步之遥，当时，那是一个种族歧视非常严重的社会，充斥着暴力与不公。

福尔克：种族歧视是针对哪些人群呢？

蒂齐亚诺：少数族群，尤其是黑人。在1967年那会儿，天啊，黑人的遭遇真是骇人听闻。

我们到那儿后最先接触的就是黑人。你妈妈在黑人革命者所在区做义工，我们与黑豹党①取得联系，成了斯托克利·卡迈克尔的朋友。但是他们同样让我们大感失望，因为黑豹党的领袖们只想从我们这儿获得佛罗伦萨制造的鹿皮鞋。我们要找的是革命者，但发现的只是一些傻瓜。

种族歧视是美国普遍存在的现象，他们的整个制度都出现了问题。美洲印第安人说得好，那些红皮肤的老人曾经说过："我们每赢得一场胜利，都是一次屠杀；他们每屠杀一次妇女和儿童，就是一场胜利。"

而且一向如此。当白人抵达这片大陆时，坚信上帝已将这片土地托付给他们，坚信他们被赋予了神圣的权力，一路屠杀，消除障碍。他们有继续前进的权力，所以屠杀还会持续下去，这是他们骨子里的残忍。所有这些声明，比如《人权法案》，又有什么用呢？实际情况是这样的：在美国社会中，有一种疾病根深蒂固，他们有被上帝抹圣油的习俗，所以他们可以为所欲为，完全不会尊重其他人。

现在，伊拉克遭受的事，并非第一次发生。

今天，美国一如既往地对其他种族具有歧视性。非但如此，美国还向所有去那里的人宣扬并利用自由主义，而实际上，它本身就是一个极其不公正的国家。总之，我看到的美国就是这样。我们这一代人对美国的看法是消极的，今天，一切却被扭曲，再也不能发表什么看法，因为其他人会对你说："啊，你竟然反美！"

那些岁月，黑人与白人，与警察之间的冲突也经常上演。

---

① 黑豹党：1966年至1982年活跃的美国组织，成员是由非裔美国人所组织的黑人民族主义和社会主义组织，其宗旨主要为促进美国黑人的民权。另外，他们也主张黑人应该有更为积极的正当防卫权利，即使用武力也是合理的。

至于你，福尔克，你差点就在古巴出生。因为我不想把我的儿子生在美国，而且当时，我们已经与联合国的古巴代表取得联系，从而获得两张签证，所以我们想去哈瓦那把你生下来。

福尔克：然而我出生在纽约。你们还想给我取名叫毛，是吧？但是登记处的人说这个名字不可使用。

蒂齐亚诺：所以你没有叫毛·泰尔扎尼。

我们曾经的美国朋友都是左翼分子。其中很多人后来成为真正的革命者，却最终收获了惨败。因为你知道，他们这些人的梦想是成为切·格瓦拉。其中有位女性是我们非常亲密的朋友，卡罗尔·布莱特曼，她后来成为"风云女性"①的领导人。我们的另一个好朋友约翰·麦克德莫特，他创建了《越战报道》（The Viet Report），那是美国境内最为反战的报纸。还有约瑟夫·J. 雅各布斯，他因炸弹攻击而入狱。

不要忘记，在那个年代，世界被资本主义，被美国的独裁所摧毁。那也是拉丁美洲最可怕的年代，最恐怖的独裁统治得到了广泛的支持。

美国将自己的意志强加给这些国家，好像置身于自己的后院，完全不尊重他人；美国资助训练有素的部队，使反对美国的人消失，就像阿根廷军政府和智利的皮诺切特时期那样。

然后，我们在纽约时，切·格瓦拉被杀了。当我们在《纽约时报》读到那则消息时，我和你妈妈正在哥伦比亚大学的图书馆，那种景象，直到现在我还记忆犹新。

福尔克：那些年发生了多少事啊！

蒂齐亚诺：那是历史上风起云涌的时期。1968年的时候，我们在纽约。巴黎在燃烧，人们在街头革命，丹尼尔·康-边迪是法国学生起义的领袖，每天在学生和警察之间都会爆发冲突。他们的口号是"想象力当权！"知道吗？对于一个年轻人来说，这是一种很伟大的启发，这种精神在如今早已不见。我对没什么信仰、没有理想要为之奋斗的年轻人怀有某

---

① 风云女性：20世纪60年代末至70年代初激进的美国左翼组织，主张是反对美国政府。

种同情和怜悯之心。他们把兴趣转向了足球、时尚、摩托车、运动。现在,你能想象一个年轻人的灵魂,或者说一个年轻人的希望,应该与对足球队的热爱联系在一起吗?有些东西回不来的。让我们想想那些因为切·格瓦拉而联系在一起的人,然后你再判断切·格瓦拉究竟是一个正确或错误的政治家,但毋庸置疑,他自有他的伟大之处。

福尔克:因为他的社会贡献吗?

蒂齐亚诺:因为他在寻找正义。那时候,无论你走到哪里,你看到的世界都是不公正不公平的。而有人在与这些不公正不公平进行斗争,这就很令人崇拜。

福尔克:为什么你那么想要研究中国?

蒂齐亚诺:我一直在寻找西方世界的替代品,也就是说,我在寻找一种我认为不同的模式。

我在哥伦比亚大学读了中文系。当时,这所大学是全世界最重要的中国研究中心,拥有很多研究中国问题的行家。对我来说,在纽约的那两年,我一直在对另一个梦想中的社会,对另一个不同的社会进行疯狂的探究、多方面地学习,至少学习了不少书本上的知识。

当时,中国以一种非凡的姿态向世界展示自己。抵达西方的代表团都穿着类似的服装,严肃认真,而且非常投入。他们以多种语言出版的刊物,例如《北京周报》(*Peking Review*)和《中国建设》(*China Reconstructs*)[①],描述的都是一个全新的世界,还配有彩色照片。如果你是一个来自西方的物质主义者,那么在你的世界中,一切都与金钱利益挂钩,而中国则是一个另类的社会:工厂的工人们会在休息时讨论深层的问题。对于来自奥利维蒂的我来说,这是很有意思的现象。奥利维蒂曾尝试类似的事情,不是吗?你再想想像菲亚特这样的大型工厂,每个人都在那里奋力干活儿,"噔、噔、噔",就跟卓别林在《摩登时代》里展现的一样。

书本上给我们描述的中国,是一个工人们不以谋利为目的而工作的中

[①] 《中国建设》:从1990年1月号起,该杂志更名为《今日中国》。

国。他们以票券购物，而薪酬的组成部分之一，就是道德上的奖励，比如荣誉勋章。这种新人类的景象——人们不仅仅是为了钱而工作，而且也因为他们参与了一份伟大的事业，不能不令人着迷。这就好比你是人民的榜样，你之所以努力工作，是为了建立一个新的国家。不得不说，某种程度上，他们确实做到了，当我们终于去了那里后，也亲眼看见了这一切。尽管不如预期一般美好，但人们的信念一直都在。

大庆油田的工人，他们的工作环境极其恶劣，他们睡在积雪深挖的洞中，只为了建造日后可以让中国崭露头角的油井。他们这么做，不是因为领的薪水比在工厂多，而是因为，为中国的发展而努力是一种荣耀。

福尔克： 真的是个新社会。

蒂齐亚诺： 是的，他们想建立一个平等的社会，在这一社会中，不公正的现象会得以控制，并保证曾经极度贫穷的人民群众过上体面的生活。而且，通过我当时的阅读，我也能体悟其中的意义。因为有"大锅饭"，所有人都吃上了饭：去公社工作的人，每天都有一碗米饭、一些蔬菜。尽管算不上丰盛，但对于长久以来都存在饥荒的国家来说，这也算得上一个成就。

然后，有人会嘲笑那些穿着蓝色中山装的中国人，就因为他们都戴着同样的帽子，穿着同样的鞋子。但你想一下，这究竟意味着什么？从我的照片就可以看出，即使在赤贫的地方，政府都设法给人最低的保障。我们也是一样，刚到中国那会儿，想买中国的棉裤，就得拿着布票去买。我们不能因为有钱就去买20条裤子，只能买一两条。我要指出的是，政府保证了一个劳动人民——工人、农民，能够穿上衬衫、外套，外加一条裤子和一件蓝色布衫，虽然不好看，但它很体面。别忘了，还有帽子和鞋子。不过由于是纯棉材质的，衣服容易被湿，但这样已经很好了。后来，当我们在中国的时候，人们的愿望是买得起"三大件"：手表、自行车和缝纫机。那是一个没有人想要奔驰车的社会。

而这一切，对我来说都有难以置信的吸引力。

说到这里，我得向你坦白一件事，在我的那些文件里，如果你翻找一下的话，会找到一些用 Lettera22 打字机打印出来的黄色的纸，那本来是要写成一本书的，它没出版，那是本有关中国的书。

福尔克： 我都不知道这回事！

蒂齐亚诺： 写的都是对他们的赞美。

现在，你知道了。不过我要反复强调下：我从来没有参加过任何团体、任何政党。但是中国让我着迷，尤其是从一个局外人的角度来看。历史是无情的，它会把一些事情淹没在时间的洪流中。我说过，如果你回头看，会发现当时不仅有伟大的变革和进步，也有过错。有时候，是一个错误导致了另一个错误。但总之，如果你读了我们后来经常聊起的"红宝书"，你会发现，它的文字很有价值。特别是对于那些生活在中国乡下，只能勉强理解大意的农民来说，这本小册子包含了一系列对人生的引导、真理和令人感到宽慰的人生观，能给他们一种当家作主的感觉。

咱们回到哥伦比亚大学，当时，我就坐在图书馆里读这些文章，而外面，正值反对越南战争的大潮——我也参与过。所以说，我对中国的迷恋是可以理解的。那之后，中国也风起云涌，发生了很多事情。

就如我之前所说的，那时候是思想狂飙的年代，所有在纸上的理论看起来都是有道理的，也正是我感兴趣的。

但是我没能说服我自己：从这儿你可以看出，我从来不是一个信仰论者。当我们回到意大利三个星期后，我想去找找，看有没有人愿意出版那本书。但是我考虑再三，还是没有把它发表出来。那时候，中国是一个农业化的国家，有着几亿农民，每个人的着装都一样。士兵的穿着和农民也很接近，只不过他们不是蓝色的衣服，而是绿色的，没有等级差别，没有军衔标志。

福尔克： 啊，没级别之差？

蒂齐亚诺： 没有，但军官们的口袋里会配一支笔，因为他们识字，会书写，由此可以作出区分。朝鲜战争是在美国人不知道军官是谁的情况下进行的，因此他们在俘虏军队中遇到很大的困难：同样的鞋子、同样的衣服，所有的帽子上都只有一颗红色的星星。基本上全国各地都是这样的打扮。你怎么会不对此吃惊着迷呢？

因为我很好奇，所以我成为一名记者，所以去学习中文，这并不是什么巧合。我当时什么都不在乎。我就是想去看看那个世界，我想去中国。

当时在美国，甚至没有中华人民共和国外交官或代表。因此我和你妈妈一道，开启了一趟想都不敢想的行程。我们去了加拿大，那里还算独立。在蒙特利尔，中国有一个独立的经济办事处。我们去探访那里的工作人员，请求他让我们去中国，去教意大利语也好，去当厨师也好。可惜的是，他最终也没给我们办成。

福尔克：这么辛苦！

蒂齐亚诺：在美国，我成了一名真正的记者。每周，我都会在阁楼上为《星盘杂志》写很长的文章，就是费鲁奇奥·帕里主编的那本优秀的独立左派周刊。

费鲁奇奥·帕里曾经参加过游击队，他生得英俊潇洒。还在奥利维蒂工作时，我就开始撰写有关南非的文章，刊登在他的报纸上。他给了我很多帮助。当我出发去美国时，他在参议院接待了我，并对我说："我恳请你把这些文章写下去，我会特别开心的。"我在两年的时间里，每周写些有关美国、选举、黑人、反对越南战争的文章。我还写过华盛顿游行以及罗伯特·肯尼迪和马丁·路德·金遭遇暗杀的文稿。

我想强调我关心的一件事，那就是新闻的意义。于我自己而言，我对新闻界的认知有了变化，已经不再是那种早期狭隘的想法了。这种变化的产生是由于我绞尽脑汁写了那篇关于南非的文章。我渐渐意识到新闻作为一种交流方式的重要性，我不再将其视作年少时，通过做体育记者所接触的体育新闻业——由失败者创建的没什么用的报刊。自从我开始撰写一些非常重要的文章后，比如关于不公正的社会现象时，我才发现记者工作对我的意义。我发现，新闻业对行动力的要求非常适合我，它要求出差旅行，这恰恰也是我喜欢的。

但从事新闻业还有一些其他的意义。我不得不承认美国在这一点上对我来说非常重要。因为研究中国使我意识到新闻业的迷人之处，我在纽约生活的时候经常阅读《纽约时报》，现在这份报纸依然很有价值。我意识到去收集、整理人民的意见极为重要，因为要想成为读者的眼睛和耳朵，首先必须能够说出一些读者无法自我表达的事情。

在我看来，在纽约的这段日子的确至关重要。你能想到吗？我还在《纽约时报》实习过！我没有学过新闻学，我当时在研究中国，学习中文和政治，但是新闻学对我产生了巨大的吸引力。在美国时，我对这些美国的报刊十分崇拜，一些人让我感受到，我心目中的英雄就此诞生了。这是美国美好和慷慨的一面——对权力的无畏。

我还记得，当时我全心全意地阅读像詹姆斯·赖斯顿、沃尔特·李普曼这样敢于挑衅权力的人的文章，在那时候这叫作"蔑视权力"。这十分符合我的作风。我感受到我拥有了属于自我的空间和使命。

然后有一次，我一个人去了《纽约时报》，介绍说自己是哥伦比亚大学的学生等等。我请求在他们那儿待一个星期。那是我在美国度过的最美好的一周，因为他们给了我一份工作——在新闻部和外事编辑部之间走动。在那里，我有了一个奇妙的发现。我自己清楚，写作对我来说很困难，我那会儿是真的写不出什么东西。当然，今天写作对我来说依然不是一件轻松的事。我发现在编辑部有扇门，经常整个下午都关着，我问道："那里面待着的都是谁呀？""啊，那里面是詹姆斯·赖斯顿！"詹姆斯·赖斯顿就待在那个房间里五六个钟头，就为了写那120行字。天哪！如果早上你读他的文字，会发现他写的东西似乎都是最简单的，愉悦、没有痛苦，但就为了这豆腐块文章，他可是花了五六个小时，这让我宽慰了许多。

就这样，我一边在美国生活学习一边研究中国。读了些我钟爱的经典作品，这使我成为埃德加·斯诺的狂热仰慕者，对我来说，他是传奇人物。我读过他所有的书和文章。像《红星照耀中国》这种纪实类型的书，正是我想写作的，哪怕这辈子能写个20页便知足了。在去中国之前，我会读读他的报道。他真是一位非同寻常、饱受苦难的人。他把让美国了解一个遥远而不可思议的世界视为自己的使命。想想看，他要让美国人了解

1940 年及 1945 年的亚洲，甚至是去了解毛泽东！

对他来说，这是一次可怕的失败，因为美国人从来没想过要去了解这个社会和它的历史。如果他们这样做了，世界的历史将大不相同。

那时我才意识到，埃德加·斯诺是我一生中巨大的动力。我梦想成为像他一样的记者，在权力规则之外，以非常规的方式寻找真理。直到后来，我才意识到真理或许不存在。但在那时候，它对我来说，却是如此重要。然后，我开始为《明镜周刊》[①]撰写文章，它在德国拥有 600 万读者，上面所写的内容都可能改变大众的看法。这在我看来，无疑是一项伟大的使命。

◼ 插曲

蒙蒙细雨，我们坐在禅修室——爸爸的小木屋里。屋子里挂着藏族风格的图案。在他床的上方是大黑天神[②]的画像，这象征着死亡。妈妈端着一盘蒸土豆进来了。

蒂齐亚诺：安吉丽娜，谢谢。我一点儿也吃不下，连剥土豆的力气也没有。

爸爸倒了一点儿油，然后用叉子把土豆切开。

这硬得跟木头一样。你吃吧，这块。太硬了！
安吉丽娜：硬吗？
蒂齐亚诺：有普通的土豆吃吗？熟透了的？
安吉丽娜：蒂齐亚诺，你尝尝吧。奥西塔的土豆就是这样，外面比较

---

① 《明镜周刊》：德国新闻周刊，每周的平均发行量近 110 万册。该杂志自称是"德国最重要的且在欧洲发行量最大的新闻周刊"。
② 大黑天神：又可意译为摩诃迦罗。

软，里面是硬的。

蒂齐亚诺：唔。

爸爸今天不太舒服。他没睡好觉，胃胀让他很难受。

福尔克：今天不用工作了。也许晚些时候吧，大概四五点我们再接着聊。或者我们就轻松一点，随便聊聊宇宙什么的，闲聊一番也罢，不用局限于什么主题。

蒂齐亚诺：这倒是清闲。

安吉丽娜：有其他选择吗？

蒂齐亚诺：没有其他选择。其他选择就是闭嘴。

他笑了。

福尔克：你应该留意到，电话没响过。

蒂齐亚诺：是的，太好了。能如此清净，真好。

福尔克：他们打电话来，我回答得很巧妙，不，蒂齐亚诺不在。他隐居了……不，我不知道要多长时间，也许几个月，也许再久一点……他不跟任何人说话。不，不用留下您的电话号码，因为他不会回电的。

他笑了。爸爸又吃了一个奥西塔土豆，据他说都一样糟糕。

蒂齐亚诺：你来说吧。讲故事给我听，逗逗我。我都逗笑你们好多回了，都是我！

妈妈笑了。

福尔克：爸爸，你还要吃吗？

蒂齐亚诺：不要了，后背发冷。你都不穿件外套吗？

安吉丽娜：你儿子就是个苦行僧。我们穿得比你多多了，福尔克。

蒂齐亚诺：我们哪里是什么苦行僧啊。我们就是普普通通的笨蛋。

福尔克：苦行僧不会感冒！

他笑了。

这是我朋友卡卢·巴巴赤脚在雪地上行走时说的。我们要向他学习。苦行僧不会感觉到冷，这是他们的戒律之一。可这说到底只是一种幻觉。

蒂齐亚诺：连肺炎也是幻觉。

福尔克：这不一样。不过他们真的披着一件袈裟就能翻山越岭。

安吉丽娜：我们的僧侣穿得也很少。但牧师就穿着厚厚的大衣。

蒂齐亚诺：唔。后背一直哆嗦，天啊。

安吉丽娜：这么冷吗？

蒂齐亚诺：这时候应该来部短一点的电影放在我面前，好让我凝神静气。

安吉丽娜：蒂齐亚诺，你把煮的苹果吃了。还热乎着。

蒂齐亚诺：有什么好看的电影吗？

福尔克：《玛戈皇后》挺好看的。

蒂齐亚诺：玛戈皇后是谁？里面有死人吗？

福尔克：有，多着呢。

蒂齐亚诺：啊，那正合我意。

福尔克：而且，讲的是法国有史以来最残忍的大屠杀。发生在 16 世纪。所以说这是部好片子。

妈妈嘲讽地搓了搓手。

安吉丽娜：嗯！

蒂齐亚诺：挺好的，不过这不是你看的，安吉丽娜。你看不懂的，因为你从来都弄不清凶手是谁。

福尔克：凶手是天主教徒和新教徒。

蒂齐亚诺：是，当然啦。

福尔克：那是一部优秀的影片，真可以看看，得了不少奖呢。

蒂齐亚诺：喔喔喔。

他看起来在和屋子外面的某个人说话。

妈妈，我来啦。欸，等等我！我外祖父也在吗？

福尔克：你看到了另一个世界吗？你可以和他一起研究一下家族史了。

爸爸大笑着。

蒂齐亚诺：外祖父去哪儿了？

福尔克：我也有一些问题要问他呢，有时候，我对我的出身一点儿也不了解，可以找他再验证一下。

安吉丽娜：怎么验证呢？

福尔克：我们走到每个人面前问："你爸爸是谁？"一直问到猴子为止。

蒂齐亚诺：喔喔喔。

安吉丽娜：你感觉怎么样了，蒂齐亚诺？

蒂齐亚诺：我爸也在吗？你们想怎么处理我的尸体呢？

我吃完食物了。

福尔克：在花园里烧掉。

蒂齐亚诺：这样的话就太好了，只不过你不能这么做。你会被抓起来的。

福尔克：那就弄个篝火。

蒂齐亚诺：这个好，可以放在河上！

安吉丽娜：我的老天！

福尔克：然后你坐在一棵树上，在那儿望着。

蒂齐亚诺：唔。你们想把它拾掇成什么样子呢，一场告别式吗？别笑，这不是什么好笑的事。

福尔克：还是你说吧。至少到那一步你还可以自己决定，对吧？

蒂齐亚诺：是你们的差事啦！

福尔克：不，还是你自己的事。身体是你自己的。

蒂齐亚诺：不，不。丧礼也好，篝火也罢，仪式只是用来治愈悲痛的。

他笑着说。

安吉丽娜：快吃吧。

蒂齐亚诺：别催啦，你可真是个索命鬼。

他露出讥笑的表情。妈妈把剩下的土豆给了他。

不要了，够了。我吃不下了。

福尔克：谈及葬礼，我想起了我遇到过的最古怪的那次。

蒂齐亚诺：谁的？

福尔克：那个尿在自己身上的法国记者。

蒂齐亚诺：啊，他啊。你那时候去了？

福尔克：嗯，我记得所有人列队走到打开的棺材前，向里面看。当轮到我时——我那会儿还小，我突然笑了起来。那张板着的脸让我忍俊不禁，简直尴尬得不得了。为了不引起公愤，我只好赶紧跑出来。与此同时，在那场庄严的仪式上，其他人都沉默地在他的棺材前排队行礼，所有人都默不作声，他们的脸……

蒂齐亚诺：都在装作严肃。

福尔克：而我几乎无法克制笑意。可以肯定，他是一位挺不错的先生，但是被放在那儿，放在那只盒子里，那样看着我，就像一只癞蛤蟆。

所有人都笑了好一会儿。

蒂齐亚诺：我希望自己能慢慢消失，无人知晓。过了几个月，有人打电话来问"蒂齐亚诺最近好吗？""啊，你不知道吗？他走了都有一个月了！"

福尔克：要是你真的想要这样离开世界，还是有办法的。

蒂齐亚诺：快，快告诉我！

福尔克：那是一些僧侣的方法，绝棒的法子。你就坐在那儿，一动不动，半闭着眼睛，没人能知道他们什么时候死去。

他笑了。

当我和他们一起住在法国那座寺庙时，他们告诉我一个老僧人的故事。他死后，保持坐姿，坐了两个星期，在被人带走前倒都没倒过。这件事在当地制造了麻烦，因为根据法国法律，将尸体留这么多天是非法的。但是当地警局的调查人员到达后，他很快意识到这是一起非常特殊的案件，因为那名僧人虽然在医生看来是死了，但并不完全像一具尸体：他仍然昂着头，而且房间里还能够强烈地感受到他的存在。于是他们把他继续留在那里，直到他完成冥想。

蒂齐亚诺：嗯，我在《旋转木马又一圈》里也提到过，禅修大师葛印卡在泰国苏梅岛也有过类似情况。他们只是给他戴上了墨镜，因为他的眼球快要掉出来了。

我们都忍不住笑了起来。

从那时起，他就一直在那儿，坐在一个柜子上，戴着太阳镜！

他笑到几乎没法说完这段故事。

安吉丽娜：真是令人难以置信！

蒂齐亚诺：是啊，是啊，但我非常喜欢这个假设。问题是，如果我感觉太疼的话，那就糟糕了。

福尔克：重要的就是没有疼痛，因为它们会分散你的注意力。摆脱痛苦的关键是脱离身体，成为旁观者。

蒂齐亚诺：是啊，那是肯定的。

福尔克：我知道你被疼痛摆布着。要想摆脱它，一定很困难，但你还是要去尝试。就像我们先前说的苦行僧关于寒冷的体验一样。我曾向一个我最喜欢的苦行僧请教。他可真是一个疯狂到应该被绑起来，但又十分有趣的人，他向来自由自在，总是赤脚爬雪山，没有鞋，没有钱，没有计划。我问他："在雪上走，你不冷吗？"他回答说："不是冷。是'嗒、嗒、嗒、嗒'。"体会一下这种感觉，相比于说"现在我很冷，我得多穿点"，说"现在我感觉到了'嗒、嗒、嗒'"，就好像它们是脚下踩到的小针，这就变得有趣了。他们通过这些练习来使自己慢慢变得更强。

安吉丽娜：真有意思。

蒂齐亚诺：我认同一部分。比如我今晚得了胃痉挛，我知道该怎么做，对吧？你集中精神，想着疼痛处，想想看它们是正方形还是圆形，是红色还是黄色。

福尔克：啊，这个挺好玩的！你学会了吗？

蒂齐亚诺：对于疼痛，你要自问一下，它是怎样的。你的那位朋友把它描述为"嗒、嗒、嗒"的声响。而你要问，它是方形还是圆形，是不是有声音，是有拍打的感觉还是没有；如果它有颜色的话，是什么颜色。这样，你的注意力就会被分散一点。但如果疼痛感很强的话，到了某个时刻，就会让你忍无可忍。实际上，我昨晚差点疼到叫醒你。

安吉丽娜：那你怎么没叫醒我？

蒂齐亚诺：没必要，你瞧啊，不也就好了。

福尔克：我昨天翻看了你装在盒子里的照片。那些遭受酷刑却不吭声的人，他们是怎么做到的？

蒂齐亚诺：信念啊。

福尔克：嗯，如果开始尖叫，那就完了。他们必须脱离自己。

蒂齐亚诺：我觉得其中还是有点不同的。重要的不仅仅是心理作用，还有意志上的坚定。你要知道，背叛是一件大事。没人想这么做。你想想看，纳粹在佛罗伦萨用拔指甲来逼供游击队员，而游击队员呢，就这么让他们拔下来。我强调下，是把指甲都拔掉！在那些名为特里斯特楼[1]的地方。

福尔克：太疯狂了。这要有必死的决心啊！不，根本就是死了都比活着强。

蒂齐亚诺：嗯。就是为此，他们才不让你就此死掉。

福尔克：在斯里兰卡，泰米尔伊拉姆猛虎解放组织[2]的游击队就知道怎么处理这个，对吧？他们把小瓶氰化物挂在脖子上，一旦被政府军俘虏了就咬开它。

蒂齐亚诺：你还记得在中国浩如烟海的历史里，存在凌迟这一刑罚吗？但家里有钱的话，就可以买通刽子手，让他一口气把人给杀了，然后再剐千刀。

福尔克：啊？原来是这样的！

爸爸气喘了一会儿。

蒂齐亚诺：我感觉自己的肺部都变小了。肚子特别胀。

---

[1] 特里斯特楼（Villa Triste）：Triste 一词在意大利语里是"悲伤"的意思。这种楼房是纳粹法西斯主义者在第二次世界大战的最后几年设立的各种酷刑场所的通称。

[2] 泰米尔伊拉姆猛虎解放组织（Tigri Tamil）：简称泰米尔猛虎组织，是斯里兰卡以北泰米尔族的民族主义武装组织。成立于 1976 年，并持续与斯里兰卡政府进行武装斗争。"自杀性爆炸袭击"是猛虎组织最常用的抗争手段。2008 年，它被 30 个国家列为恐怖组织。

福尔克：你真的是一次尝遍所有苦头啊。你对疼痛还没习惯。

蒂齐亚诺：我动过很多次手术，从小时候开始，开过很多次刀。

安吉丽娜：福尔克，你是害怕的，对吧？

福尔克：我的天哪！

蒂齐亚诺：你的妹妹什么时候生孩子？

福尔克：就快了。随时都可能生出来。

蒂齐亚诺：真好。

福尔克：他们想起什么名字来着？

安吉丽娜：尼科洛。

福尔克：啊，好名字！很多佛罗伦萨人都叫这个名字。

安吉丽娜：和马基雅维利同名。

蒂齐亚诺：现在我要和我的身体说说话。我得在这世上再多待一会儿。

安吉丽娜：就是！你不会想在外孙刚出生后的第二天就离开吧？不，不，这可不是一个好主意。

蒂齐亚诺：我可以在他出生的前一天离开，这样正好在他身上转世。

他笑了笑。

福尔克：遗憾的是，我认为转世只会在受孕时起作用，而不是在出生时。你已经迟啦。

蒂齐亚诺：你说得对，现在我要坐到那边去，如果你们不介意的话。

安吉丽娜：让福尔克把《玛戈王后》给你放上。

蒂齐亚诺：对不起，我今天精疲力竭了。

安吉丽娜：给你倒杯热茶，要吗，蒂齐亚诺？

蒂齐亚诺：晚点儿吧。

他若有所思的样子。

想想看，他是最伟大的记者之一，还主导了一份报纸的变革。然而大家对他的印象却是尿裤子的人。

他笑了。

但世界就是这样，不是吗？

·实习

这几天来，天气一直阴暗寒冷，爸爸不想，也没有力气聊天。今天早晨有那么点阳光，他走到福索，去找他的牧师朋友马里奥和布鲁纳尔巴。回来的时候，他怀抱着一只白色的小猫，它身上有褐色的条纹，皮毛很柔软。

蒂齐亚诺：猫跑哪儿去了？哦，它在这儿，在我的印度披肩下面取暖睡觉呢。这只小猫真可爱。看哪，福尔克，它就在我脚边，挤在那儿！温暖得不得了。

福尔克：它还小，应该要睡很久。

爸爸在开始前点了一把香。

蒂齐亚诺：我们在美国待到1969年9月，然后乘坐达·芬奇号离开纽约，带着刚出生的你一起穿越大西洋，返回意大利。

离开美国后，我决心继续寻找以记者身份去中国的办法。由于在意大利，即使你拥有5个学位，会讲40种语言，你也必须在报社进行一年半的实习才能成为新闻工作者,所以我很幸运地被当时的《米兰日报》[①]雇用,那或许是意大利当时最独立的报纸。

我去这家报社的时候谁都不认识,但我一如既往地厚着脸皮,走进了总经理伊塔罗·彼得拉的办公室。

彼得拉不可思议地直率且严格,他在战争中曾任阿尔皮尼的官员,还是游击队员,也当过间谍。当时,埃尼公司[②]是《米兰日报》的股东,埃尼的董事长恩里科·马泰任命彼得拉来领导报社,彼得拉表现得非常出色。彼得拉还曾经参与了墨索里尼的处决行动,正是因为他才在最后一刻派出一群人抓捕了逃跑前的墨索里尼。

战争结束后,彼得拉投身于石油业。福尔克,如果你不了解意大利的话,至少这一点你得知道:那时的世界由所谓的"七姐妹"统治,"七姐妹"指七家主要由美国人直接管控的石油公司,这也是今天的问题所在,伊拉克、布什、石油公司,它们统治着世界石油市场,并且从未放手。

而意大利人通过天才恩里科·马泰做了什么呢?他们资助了针对法国的阿尔及利亚游击队,以在战后获得阿尔及利亚的石油。后来发生的事就是,意大利成为为数不多的在"七姐妹"掌控外拥有自己石油来源的几个国家之一,这也就是为什么马泰后来在一次神秘的空难中丧生。

如你所见,当时意大利掌握在那些游击队员手中。游击队员相互之间非常忠诚,并达成了一项独立政策。没错,意大利虽然和美国同为北约组织成员国,可是!嘿!他们想自己当家,不想当美国的仆人。正如我所说的,那可是意大利非殖民化的时期,对第三世界怀有共识的时期。正是那时,彼得拉使《米兰日报》成了一部战斗日志、一份明智且包容的报纸。

然后,我去见彼得拉时,发生了一件有趣的事情。当我仍在为《星盘杂志》写作时,有一位社论撰稿人十分优秀,他每周都写一篇精彩的稿子,立场非常左派,笔名叫阿拉丁。当我走进彼得拉的办公室时,彼得拉很冷漠地

---

① 《米兰日报》:创办于1956年,总编辑部位于米兰,在伦巴第大区主要省份有地方版。
② 埃尼公司:全称为国家碳化氢公司,是意大利政府成立的国家控股公司,专门经营石油产品,是世界七大石油集团公司之一。

向我打了个招呼。我立刻开始推荐自己："那个，我是蒂齐亚诺·泰尔扎尼，我写了这些东西。"在那儿的一位老人站起来说："你是蒂齐亚诺·泰尔扎尼吗？我是阿拉丁！"之后，我热烈地拥抱了那位老人。在某种程度上而言，彼得拉并没有读过《星盘杂志》，他虽感到困惑，但因为阿拉丁对我的赞赏，他也对我表示了认同，并马上给了我这份工作。

阿拉丁的本名是翁贝托·塞格雷，他是一位了不起的犹太人，在我入职不久就辞别人间。我后来在编辑部继承了他的笔，以及他的位置。

这段时间，我开启了同贝尔纳多·瓦利的友谊之门。瓦利是个了不起的家伙，拥有浪漫、勇敢又传奇的经历。要知道，我是在纽约的小桌子上写作一篇篇短文的，而他却亲身经历过去殖民化的历程。他每抵达一个地方，就会马上发回电报，而我在报社的第一份工作就是编辑他的报道。我记得，当时，埃及总统纳赛尔去世，作为埃及独立的民族主义领袖，1956年，纳赛尔封锁苏伊士运河，将它从英国人手中夺回，收归国有。瓦利曾在开罗参加他的葬礼，但他没法像今天这样通过网络发送文章，也无法使用电传打字机，只能用电报。你不知道，那种旧式电报，用巨大的绿纸传送过来，上面贴着字带："星期二，停顿，纳赛尔，停顿，死亡时间十二，停顿，超大葬礼，停顿，数以百万计的民众，停顿。"明白了吗？那时，我的工作就是要根据这样的字条撰写出一篇报道。由于我是那里最优秀的编辑之一，所以老板将这些重要的任务委派给我。

福尔克： 他只发送关键词吗？

蒂齐亚诺： 是的，我负责将其写成文章。

我就是这样认识瓦利的。之后，他来办公室见我，伟大的友谊就此诞生，而我早已生出对他的深切敬佩之情。因为他勇敢、善良、严谨，到了截稿的时间，他总会按时交来。你知道，编辑部必须给报纸拼版。每晚9点，版式就得做好。那样的压力，使你根本不会去设想电报发送的时候对方是否置身危险，是否身处枪林弹雨，所有的一切，你都不会在乎。你只知道，9点钟，报纸必须排好，否则就要开天窗了。这份工作伴随了我一年半。

另一个伟大的人物是乔治·博卡[①]。那个时代，仿佛所有了不起的家伙都在报社工作。博卡、潘萨[②]、瓦利，那么多杰出的天才，而我对他们的工作了如指掌。在那里，我再次查验了自己16岁时的想法——记者都曾是半途而废的逃兵。要知道，瓦利可从来没有拿到过一张毕业证书，但该死的，他肯定不是生活中的失败者！

福尔克：你对那时候的事情记得可真清楚。

蒂齐亚诺：福尔克，如果要把我所说，或将要说的所有内容都印在纸上，你必须查明细节。因为只要有一个细节上的错误，就会丢掉所有的可信度。关于我和你谈论的这些事情，你得准备一张时间表，然后你按照它，比对我说的事情。因为我的记忆也在消散。比如，我曾告诉过你，我编辑过一份瓦利的电报。我说，那是纳赛尔的葬礼。你核对一下，因为那也许是萨达特的葬礼。你知道这发生在1970年，因为从1969年到1971年我住在米兰。你去查一下你电脑里的《大英百科全书》，输入纳赛尔，看一下他是什么时候去世的，因为我可能说错了。只要一个这样的错误，就会使这本几百页的书可信度全无。要认真对待，请务必这样做。自始至终。

福尔克：这是新闻写作的特色吗？

蒂齐亚诺：对，这就是真正的新闻写作。

福尔克：这真的很锻炼人。你也就这么做了？

蒂齐亚诺：我一辈子都是如此。

福尔克：不过你的记忆力相当好，不是吗？

蒂齐亚诺：不，糟透了。这非常重要，你要记住。要了解真相，需要时间，并且需要很多常识，还有你自己个人的修养。否则你容易把所见当作绝对真理。

---

① 乔治·博卡：出生于意大利库尼奥，是一名意大利作家和记者，在职业生涯里获得了多个奖项，包括三度获得圣文森特新闻奖等。意大利巴里大学于2005年5月11日以信函方式授予了他荣誉学位。
② 潘萨：1935年出生于意大利卡萨莱·蒙费拉托，是意大利著名记者和作家。

爸爸摸了摸猫。

看看它，福尔克，你看它多么快乐，多么安详。它是多么可爱啊，它可真找到了一个好地方。这是它们的本能。

福尔克：是啊。它醒来的时候，要给它一小碗牛奶。为了成为记者，你最后还是参加了考试？

蒂齐亚诺：这就是你父亲的疯狂之处。经过一年半的实习，他去罗马参加国家考试，被关在地下室，不能离开。他们提供一个主题，要求就其写一篇短文。然后，将其放在信封中，再进行口试。

我的文章写得很出色，所以负责人叫我去口试。他是个法西斯主义者，这个狗屁一样的家伙说道："啊，您很会吹牛是吗？您写的文章算是顶呱呱，不过您这样的知识分子是永远没办法当记者的。如果您要去马耳他，您会在行李箱里放些什么呢？""听着，"我没好气地回道，"如果我们是在这儿谈论新闻记者，那就让我们好好谈谈，可是如果您只是要找个借口不让我通过，那么您请便。"总之，我们吵了起来。因为这个，他们完全可以不让我通过，那么我也就不会成为记者了。但是委员会的其他成员都认为我的文章写得很好，于是让我通过了考试，我拿到了专业记者证。

这之后，我去彼得拉那里报到，开口说："经理。"那个场景我是不会忘记的。你想，那时候你才两岁，萨斯奇娅已经出生了，才几个月大，我们住在米兰的马真塔大道的一间公寓里。那时大概是10月，或者11月。"经理，"我说，"我不喜欢待在报社。我想去中国当通讯员。"

彼得拉半开玩笑半严肃地回应："这份报纸现在不需要通讯员。唯一空缺的岗位在布雷西亚。到时候，你需要脚踩在泥泞中，头被紧紧绑在星星上。"

总之，他要表达的是没有我要的职位。

于是我结清工资，拿着一部分薪水，以及你妈拿床单给我缝的一个睡袋——以便我在朋友家留宿，便去周游欧洲了。我找遍了所有大型报社。我去过《巴黎快报》[①]和《世界报》[②],然后去曼彻斯特会见了《曼彻斯特卫报》[③]的乔纳森·斯蒂尔。终于到了你已经知道的部分,我最后找到了汉堡的《明镜周刊》。我说我打算在亚洲定居,然后他们以合同工的形式雇用了我。"你去吧,好好写,我们保证你每个月有1500马克的薪水[④]。"

福尔克:自此,你开始寻找自己的道路。

蒂齐亚诺:对了,还有那个"拉关系"的故事,这要归功于科拉多·斯塔贾诺[⑤],还有才华横溢的拉斐尔·马蒂奥利[⑥]。我和你说过吗?这是我一生中最棒的故事之一。

我们谈论的,是那个富有自由、创造力和智慧的意大利,而如今,这些全都消失不见了。记得在法西斯主义的威权下,仍有一些机构保持了独立的尊严。那就是奥利维蒂。另一个则是位于米兰最美丽的广场——斯卡拉广场的意大利商业银行。它由一位极具教养、聪明且勇敢的人,拉斐尔·马蒂奥利主管。在法西斯主义时代,马蒂奥利为十多个意大利知识分子提供工作岗位,也因此帮助他们避难,保护了他们,这些人包括乌戈·拉·马尔法,还有一些经济学家、政治学家及其他年轻人。

在我的那个年代,马蒂奥利管理银行大约已经有30年的时间。他做了一个极其正确的决定,就是把银行开到亚洲。他说,唯一的问题是具体开到哪里。然后,对他颇为了解,对我则多方照顾的斯塔贾诺说:"我有个朋友是从美国回来的,他在那儿研究中国。你为什么不和他聊聊呢?"

于是,我开始了与那位老人美好的、秘密的,甚至是浪漫的多次会面。我通常是晚上9点钟离开报社,当银行下班,我从一扇侧门进去。门卫也已经认得我。我走过铺着红毯的走道,走进一间满布书本的房间,老

[①] 《巴黎快报》:法国的一本周刊。首创于1953年,是按照美国期刊《时代》的模版创立的。
[②] 《世界报》:法国第二大全国性日报,是法国在海外销售量最大的日报,在法语国家地区极具影响力,国际知名度颇高。
[③] 《曼彻斯特卫报》:1959年更名为《卫报》,是一家总部位于曼彻斯特的日报,成立于1821年。
[④] 马克:原德意志联邦共和国货币单位。
[⑤] 科拉多·斯塔贾诺:意大利记者、作家、编剧、导演和政治家。
[⑥] 拉斐尔·马蒂奥利:意大利银行家、经济学家和学者。由于对文化的贡献,他经常被称为人道主义银行家。

人坐在微弱的灯光下。他从早上起，就在那儿工作了。

  他第一次见到我时几乎没怎么说话。他把一件小巧的日本传统木雕放到我手中，然后说："这是中国的，对吗？"我说："不，这是日本的根附①，挂钱包用的。"我给他解释了什么是根附。他这是在考验我！你知道那些老家伙，那些天才，他们从来不按套路出牌，他们不会向你问询寻常的问题，比如你是什么时候毕业的，他才不在乎这些。他就把一件日本木雕往你手里一放，然后问你"这是中国的，对吗？"，而你则要回答他"不"。

  在米兰生活的那段时间，我与那位老人的美好关系持续了数月。我那时候认为银行无法在中国开设办事处。中华人民共和国那时尚未得到国际上的认可，要在中国开业，就意味着要关闭东南亚地区的业务。而若在中国台湾开设办事处则更为糟糕，那意味着之后可能无法在中国设点。我提出了自己的建议，先在新加坡开业。我想的是：如果去不了中国，那就先去新加坡。

  于是马蒂奥利最终决定把办事处的地址定在新加坡。他说："很好，你去那儿，然后每月给我写一封信，告诉我你对东南亚各国政治局势的看法，我每月付给你1000美元。"书房的一扇小门开了，走出一个十分矮小的人。他叫阿蒂利奥·蒙蒂②，是马蒂奥利的连襟，是商业银行委派的行政官员。

  马蒂奥利说："看，这是蒂齐亚诺·泰尔扎尼。他要出发去新加坡了。你给他拟一份合同，以便他每月在我们给他开设的账户上收到这笔钱。"

  一切就位，像变魔术！我怀着对马蒂奥利的承诺，而我所供职的媒体还另外支付了我一些钱。1971年12月，你妈妈带着你们，留在佛罗伦萨，而我出发去新加坡。我赶赴亚洲，对将要发生的事情毫无概念。

---

① 根附：日本江户时期人们用来悬挂随身物品的卡子。
② 阿蒂利奥·蒙蒂：意大利企业家。他是萨罗姆精炼公司的创始人、前总裁，还是 Eridania 及两家日报的所有者。

・越　南

福尔克：昨晚我开始阅读《豹皮》①（*Pelle di Leopardo*）。我从未读过它，但现在，它让我爱不释手。直到听到公鸡打鸣，我才意识到："哦，这真的夸张了。得去睡觉了！"你去越南的时候还很年轻，正好是我现在的年纪，但书已经写得那么棒了。

蒂齐亚诺：是啊，这样的故事，你们年轻人从未经历，甚至不知道那意味着什么，就像在谈论第一次世界大战。

福尔克：但是让我感兴趣的不仅仅是战争，还有你当时一边寻觅自己的道路一边学到的东西。那时候的你是谁？你在旅途中看到了什么？你是如何改变，成为现在的你的？我觉得，你通过做记者，获得了亲自观察的机会，有时还会参与过去 50 年的重大事件。渐渐地，就像一个侦探跟着一个小小的线索，最终找到那个神秘但无所不在的罪犯。你从身边的每一件不公中反思政治，反思战争，因为它们归根结底都是人的本性所致。所有这一切让我受益匪浅，因为在我看来，这就是人生的旅程。

蒂齐亚诺：好吧，我有一个陈词滥调式的观点：你若是成为一名研究蚂蚁的专家，你也就理解了这个世界。

---

① 《豹皮》：蒂齐亚诺的一本书，内容是有关越南战争的日记。

如果你能以同理心、热情以及无限的耐心对待任何主题,那么你就会了解这个世界。这有点像威廉·布莱克的"一沙一世界,刹那现永恒"。是的,就是这样。越南、印度支那,乃至整个亚洲,都是我的花园①。

对于我们这一代人来说,越南战争是一次道德上的考验。简单说,我是读着20世纪那批伟人的书长大的,多少传奇的人物啊!在中国的埃德加·斯诺、西班牙内战中的海明威和乔治·奥威尔,天啊,他们对我来说有如神话!每次我读他们的文章,就会感叹:"啊!我也要成为那样的人!"因此,当我有机会前往越南,那里就成了我的西班牙,那里有我的战争。

福尔克:你去亚洲的时候是33岁。

蒂齐亚诺:是的,不过当时还不能去中国。我决定将新加坡作为我前往越南和印度支那报道战争的中转地。

我还记得在新加坡的第一个晚上,那真是精彩绝伦。我身处一个古老的阿拉伯式街巷,其中的居民鱼龙混杂。啊!我爱死那里了。你知道吗?我感觉自己仿佛一个故事中的角色。不到十天,我就在那里找到了一间漂亮的房子、一辆简陋的汽车,还给你妈妈准备了一架钢琴,而且我自己也有了间办公室。

福尔克:不到十天?

蒂齐亚诺:对,不到十天。

战争的最后阶段,是在你们的妈妈带着你们到达新加坡后不久开始的,那会儿是1972年春天。我们在那所房子定居,随着战争愈演愈烈,我启程前往越南。

我的职业生涯也就此展开,人生旅程中最为美妙的篇章也掀开了帷幕。那一年,我尤为振奋。你知道吗?我曾经深陷越南,而在我的世界观里,这一经历使我更加坚信,正义是存在的,社会是可以被改变的。

---

① 我的花园:这里作者依然是引用了威廉·布莱克名句:"一沙一世界,一花一天堂,掌中握无限,刹那现永恒"中的"一花一天堂",认为亚洲就是他生活研究创作的中心和天堂。

福尔克：你是为了这个去的？

蒂齐亚诺：我去越南的目的，第一，是为了亲眼见到战争的境况。之前，我从未见过。我经历过第二次世界大战，但当时我还只是个孩子，所以第二次世界大战对我而言，有如一场游戏。小时候，我曾经数着落在普拉托门上的美国轰炸机从两三千米处的高空扔下来的炸弹，它们落在意大利中部所有的火车枢纽。据说也有枪杀，但我没有近距离看到它们。后来我在柬埔寨目睹了一起枪击事件，当然那是后话了。

福尔克：对你而言，这场战争是如何开始的呢？你置身其中的第一件事是怎样的？

蒂齐亚诺：我的天，接下来，我要讲给你的故事可谓惊险刺激。那时候，我还算是一个受人尊敬的绅士。到达西贡的那天，13号公路上的不远处发生了一场袭击。早上，大家正在酒店公寓吃早餐。然后，每个人都搭乘出租车，赶往战地。

我和一位年轻的英国记者坐在桌前，我对他说："你愿意与我同乘一辆出租车吗？""行啊。"于是，我们出发赶赴春城。刚下出租车，就有人朝我们开枪。那大概是我第一次听见子弹呼啸，离耳朵只有五厘米。咝！我整个人被吓得当场呆立，然后马上跳进了旁边的战壕，一动不动。你知道当时我在期待什么？我希望美国的 B-52[①] 马上过来，杀死所有这些向我开枪的人！但我立即意识到，如果我抱有这样的立场，那么很多事情，我终将无法理解。因为这种"敌我双方"的意识，会使得我永远无法理解敌人的意愿。

我试图了解战争，当然，我也想知道，自己为什么要去报道它。我感受到，这些藏在一排排棕榈树后面向我开枪的人，对于躲进战壕以求躲避的我来说，他们马上就成了我的"敌人"。但他们真的是我的敌人吗？其实不然。如果我继续这样设想，是不可能理解这场战争的。那些朝我开枪

---

① B-52：美国波音飞机公司研制的八引擎远程战略轰炸机，用于替换 B-36 和平缔造者轰炸机执行战略轰炸任务。

的人，究竟是谁呢？那只是第一天，可我就被吓破了胆，老天！我总是提醒自己，要想克服恐惧，那就要依靠勇气。即使我内心万分恐惧，我也要强迫自己走到最前线，我想亲眼看看发生了什么事。后来有段时间，当我去前线时，仿佛着了魔，总感觉稻田的深处藏有背着枪的人，总有一颗子弹会冲我而来。这样的噩梦真是奇怪，对吧？

福尔克：现在看来，它们没有发生过。不过之前一直埋首于故纸堆学习的你，是在那里第一次亲眼见到了暴力与死亡。

蒂齐亚诺：我去数沿街的尸体，然后内心生发一种疏离之感。我所见到的越共全都死去了，他们的尸体倒在沟里，腐烂、发臭。

福尔克：这场战争启发了你什么？

蒂齐亚诺：我已经准备好，去对抗我跟你解释过的那种不公正的行为。而且它们是如此显而易见，就发生在我们所有人的眼前！如果你前往美丽的越南乡村，那里的民风淳朴，入目皆是美丽的绿色稻田、穿着黑色衣服和头戴草帽的农民。他们用稻草和木头搭建的房子就伫立在那片土地上。但当你沉浸于那样的田园风光时，你会看到，战争和武装坦克滚滚袭来。

令我印象深刻的，是那个古老朴素的社会同战争强加给它的现代性之间的矛盾。武器、坦克、炸弹与它无关，它们与它毫不相干。

福尔克：你把这些写下来了吗？

蒂齐亚诺：当然，我在这场战争中，站在越共一方。但是话说回来，只要是心脏在左边跳动（我意思是有着正常的良心），你怎么会去同情美国人呢？他们想从越南这里得到什么？很多越南人连一双鞋子都没有，屁股上满是补丁，头戴草帽，手上提着步枪，去对抗这具地狱般的死亡机器。福尔克，你会禁不住对入侵者恨之入骨。如果你曾经亲眼看见过几次 B-52 轰炸机的大规模空袭，而你想到，那里的村庄还有农民生活，还有士兵被困在手工挖的深洞，或者他们用棕榈树的枝叶来做掩护。那么对于那些从几千米高的地方按下按钮并投下炸弹，又或者是更加恐怖的汽油弹的人，你不会产生同情。那些 B-52 炸弹简直可以毁灭一切。

还有一点，战争发生在越南人自己的土地上。这是一个时常被拎出来的陈词滥调，而现在，同样的事情又在伊拉克上演。越南人在自家待着，而这些外来人则从几万千米以外，来到这个与他们毫不相干的地方，他们不了解这里的历史、文化，他们一无所知。他们来到这里，是为了与共产主义斗争，那是他们的敌人。他们无法在中国与之抗争，因为中国有将近十亿人，所以他们曾在朝鲜作战。但即使在那里，他们也进展不佳。他们最终决定来到越南，自以为在进行伟大的事业，结果对美国人来说，那只是可耻的屈辱。直到今天，美国人仍然为此承受着很大的道德压力。

福尔克：也许是他们有过的最糟糕的经历。

蒂齐亚诺：是的，他们被击败了，彻头彻尾。他们派出了 50 万的将士，却没能赢得胜利。而他们之所以没有成功，是因为这违背了人民的意愿。尽管他们有南越伪政府的支援，但所有这些人都是为了他们和美国的共同利益，他们也因此而死。但是，人民群众——只要从西贡走出去看看，就会了然于胸，那些乘坐坦克飞机来去的美国人怎么可能在这儿立足呢？那些瘦弱到犹如芭蕾舞者的百姓，生活拮据，每天就吃那么一口饭，还要遭受 B-52 的狂轰滥炸。你觉得人民群众会和美国人站一边吗？一切是那么显而易见。

我们停一停，吃根香蕉吧？

我把果篮递给他。

但是那场战争也自有它的特点。你能想象美国艾奥瓦州的士兵，来到那样一个世界，从前线回来，租一个星期的艳舞女郎吗？堕落、狂热、好奇。那么多人坠入了爱河，他们和当地姑娘结婚，把她们带回美国。

在西贡这样的城市，人们更是沉醉在半奢的法国精品店和高档精致的餐馆。天！晚上，我们在门前设有铁栅栏的餐厅吃饭，这样，那些拉手榴弹的人就不会进来。福尔克，那里的食物简直是人间美味！尤其是菠萝叶包虾，简直让人刻骨铭心。那里一应俱全，鱼、啤酒、身着越南奥黛的优雅姑娘。还有趾高气扬的军人,他们开着吉普车,以便可以在武装保卫下迅速离开。

福尔克:伊拉克现在肯定没这么浪漫。

蒂齐亚诺:是的,那不一样的。在伊拉克,这些基本不会存在。而且伊拉克的人民也不会同你建立关系。而越南人,你知道的,他们早已经习惯了外国人,从法国殖民者,直到日本人。

对我来说,那是一段非同寻常的人生阅历。我偶尔也会逢场作戏,结束战地通讯,我走访了西贡所有的妓院。在机场附近,有一个叫"缠绵小狗"的地方。那里的床都是水床,终日乌烟瘴气,有些美国佬一旦喝醉,就跳到越南女孩的身上,有时候他们大发雷霆,朝床开枪,床里的水流了满地。然后第二天,就有人带着橡胶来修。美国人喜欢喝啤酒,他们肯定储存了成山的啤酒,到哪里都随身携带他们的百威。

而这些美国佬经常到访的地方,总是会有手榴弹的爆炸。

福尔克:西贡也听得到手榴弹声吗?

蒂齐亚诺:那可不。嘣!餐馆里也听得到。嘣!

扔手榴弹的大部分都是游击队员,但偶尔也会是黑帮成员。在今天,那就是所谓的"恐怖主义",但在当时,还没人这么称呼。

福尔克:对方拿什么打仗呢?

蒂齐亚诺:他们有 AK-47。他们的坦克,用几周时间穿过丛林,然后从河内沿着胡志明小道驶来。轰炸还在继续。武器、补给品、大炮、弹药都得扛在肩上。

福尔克:这些越南人真是富有决心。

蒂齐亚诺:啊,不得不说,他们让人印象深刻。那是他们的独立战争,你了解吗?长久以来,越南人一直与国外的威胁进行斗争。越南深受中国影响,他们的语言可能接近一种中国方言,但使用的是欧洲化的拼音文字,这要感谢一位普通的法国传教士。但你还能在越南的庙宇中找到汉字,因为他们一向保留了对中国文人智者的高度崇敬。然而,他们传说中的英雄们也有过和中国历史上的王朝交手作战的历史。越南人对自身的认同感非常强烈，他们必须突出自己的特征，以和外人区别开来。

19世纪末，法国人来了，他们大肆扩张自己的殖民地。可恶的西方人开始剥夺压榨他人的资源。法国船只进入河内港的同一天，越南人就开始反抗。自此，战火从未停息，一直到1975年才结束。

1954年，美国，这个伪君子和操纵者，并未帮助在印度支那的法国人。他们先是让法国人在奠边府战役①中被打得屁滚尿流，然后再以自己的方式担负起所谓的"白人使命"，这是他们的招牌伎俩。一开始，他们并没有武力作战，而是利用了新殖民主义。他们支持南部一个亲西方的政权，引入了资本主义和消费主义。1954年，《日内瓦协定》将越南分为两个部分，并计划进行举国选举。本来，北越共产党主席胡志明能够显而易见地赢得选举。但是，美国人支持南越政权，因此阻碍了历史的自然发展。

西贡最终于1975年独立。越南也实现了统一和独立，这是越南整个历史上最为重要的事情，但这一梦想实现之后，一贯的悲剧也接踵而至，这些早已司空见惯。不过，当你回顾越南历史时，还是会发现那场战争是他们最后的一场独立战争，随着美国的战败，越南人重新赢得了独立。

福尔克：越南最后还是赢了！

蒂齐亚诺：那些数着日子回家的美国人怎么可能会赢呢？越南人在自己的土地，而美国人只想早日回家，所以这场战役他们终究不会赢。狡猾的基辛格早就看透了这一点。1973年，他对美国总统说："最好的办法就是声称获胜，然后撤军！"他们最终也是如此行事的。1973年，停火协议《巴黎和平协定》签署。美国人离开了西贡，将南部留给了南越政府，于是，战争进入了新的阶段。

福尔克：那么，那两年来，是南越政府独自在与北越战斗？

蒂齐亚诺：是的，可他们还是在美国人的协助下，不断从高空进行轰炸。他们可真了不起，对吧？在远离地面三千米的地方，"嘣！"投掷炸

---

① 奠边府战役：法越战争中法国与越南之间最后一场战役，该战役发生于1954年。作战一方为武元甲手下的越盟军队，另一方为法国空降兵及法国外籍兵团。

弹，杀死众人。

基辛格来到西贡，他们扶植阮文绍[①]建立了伪政权。阮文绍严刑拷打、为所欲为，竭尽全力地与共产主义者作战，而美国人为他提供了大量的武器和金钱。只是，现在没什么美国大兵了，他能推上前线的只有南越人民。

然后，在1975年，战争即将结束时，阮文绍前往西贡中央银行，下达命令，将所有黄金取走，装上飞机离开。他余下的一生都在伦敦安静地生活，无人打扰。他给这个国家留下了巨大的混乱，而他只是挥挥手走人了。

福尔克：他把国家金库带走了？真不敢相信，总有这么一些人那么坦然地做这样的事。

蒂齐亚诺：他是个糟糕透顶的家伙。但是现在，美国人将对越南所做的事情施加在伊拉克之上。记住我告诉你的话：美国人将试图在伊拉克建立军事独裁政权，让萨达姆的叛徒进行酷刑判决等等，而他们则隔岸观火，在必要时给出当头一棒。

树林里传来布谷鸟的歌声。

福尔克：游击队，他们又是什么样的？你见过他们吗？

蒂齐亚诺：是的，我见过。随着1973年停火协议的签订，越共的前线已经接近西贡。他们占领了湄公河三角洲的大部分地区。我和伊朗摄影师阿巴斯，还有《世界报》的记者让·克劳德·波蒙蒂[②]一起出发了。那是场货真价实的大冒险。波蒙蒂的越南语说得很好。一天晚上，我们开着各自的吉普车，一辆挂着法国国旗，另一辆挂着意大利国旗，等待越共主动找上我们，因为我们无法摸清他们的踪迹。后来，一位老人走近，波蒙蒂用越南语对他说："我们是记者，我们想见越共。"而他用英语回道：

[①] 阮文绍：前南越将军和总统。
[②] 让·克劳德·波蒙蒂：一位专门研究东南亚的法国记者。

"我不是越共！"

福尔克：他是一名越南共产党员吗？

蒂齐亚诺：当然了。但当时回答的惯用套路一直是："和我没关系，我不是越共。你想从我这里得到什么？"不过最后，他还是提供我们一个精确的见面地点：往南的国道走个几千米，然后转入一条土路，再行驶三千米，找个有阴凉的地方，把车停下。要警惕南越政府士兵，他们可能俘虏我们，或向我们开枪，还要小心飞机。最后，我们得沿着一条小水堤前行。

那天阳光普照，一个十来岁的小女孩突然从棕榈树后出现，带领我们沿着稻田的长坝前行。那时候，我们意识到会面成功了。她带我们去了一个村庄，我们在那里很受欢迎。大家惊呼："国际媒体！"如此等等。

福尔克：他们很高兴见到媒体？

蒂齐亚诺：呵！他们能最终取胜，媒体也算帮了大忙！我记得，我们在那里待了四五天。然后，搭乘着独木舟，我们沿着湄公河最隐蔽的支流前进，穿越的丛林里到处都是巨大的红木和可怖的鳄鱼。对了，还有蝉声与蛙鸣不时地响起。

我们从一个村庄到另一个村庄，每一个村庄都绝对忠于越共，无论是孩子，还是配有步枪的年轻女性。由于我们是客人，陪同的人员为我们准备了一袋米，用来做圆形的、漂亮的米饼。他们把饼皮摊在白布上，放在阳光下晾干。那真的很美味，不过，还是不能和菠萝虾球比！每每与他们相处，我都很难不对他们产生好感。

我们继续向前，在一个村庄住上一晚，然后赶往另一个村庄，度过另一个夜晚。一天晚上，我们观赏了在丛林中上演的一出特别精彩的喜剧，一块幕布作为背景，一个演员扮演美国士兵，有一位女性俘虏了他，还把他绑起来打。我们睡在随身携带的蚊帐里，四下一片寂静。湄公河三角洲的夜晚真是美不胜收！

几天后，他们觉得情势日益危急。关于我们的谣言四散开来，他们已经找到了我们的汽车，发现了我们的行踪，而这意味着我们离开的时候到了。我们原路返回，一路上并不高兴。最后，持枪护卫我们的越共说道："从现在开始，你们要靠自己了，我们不能再陪着你们了。"那个十岁的女孩再度出现，带我们向来时的那条路回行。我们的车还在那里，就这样，我们回到了西贡，成为世界上最早接触过越共的三名记者。

我们见过、聊过、拍了照片，所有这些，对我来说都很重要。因为在 1975 年，当我回到西贡时，我担心北越人会杀了我，所以我冒着会被阮文绍的那群南越人抓到的风险，把其中一张照片塞到了内裤里面，但与此同时，耳边又响起了另一种声音：这样一来，南越人又会杀了我啦。

布谷鸟还在歌唱。

这是一段不错的经历，毕竟我算深入了所谓的"敌方阵营"。他们是谁？他们想要什么？他们是如何生活的？这样的冒险经历，为你开了扇窗口，不是吗？一个我们并不了解的世界的窗口。因为就像我说了好多遍的那样，在此之前，我们见过的越共，都是在沟渠中的尸身。然而在那里，你会接触到活生生的人：例如手枪擦得锃亮的政委、司令、主任、剧团团长，还有那些晚上借着灯光清点船只的人。那俨然是一个运作良好的社会。

戏剧性的是，我那时候在写作上遇到了极大的困难。你听了都要笑的。我们从那趟旅程回来的三个小时后，波蒙蒂敲了敲我的房门，他看起来清爽笔挺，问我是否要吃晚饭。可我连一行字都没写！第 2 天我也没写，再往后的一天也没能写出来。我把自己关在房间里三天，身穿纱笼，在他们送给我的越共国旗前，尝试写下那个故事的开始。

福尔克：那波蒙蒂呢，他已经写好了吗？

蒂齐亚诺：他早就写好四篇报道了！三个小时后，他就已经写好了一篇导言，随后几天，他又写了另外的四五篇。到最后我都陷入了绝望。而我拥有如此劲爆的独家新闻，编辑部又给我设了交稿期限，所以我不得不写，我还记得那让人羞耻的开头像是这样："并非旗帜的颜色，而是人们快乐的脸庞，只要看到那个，你就知道，自己已经跨越了一条鸿沟。"

总之，糟糕透顶的开头。

他笑了出来。

・新加坡

福尔克：我们呢？你在印度支那探险时，我们留在新加坡？

蒂齐亚诺：是的，我穿梭于两地之间。在越南两三个星期，在新加坡一两个星期，视情况而定。我写过关于新加坡、马来西亚，又或是印度尼西亚的新闻。对我来说，飞往新加坡很方便，乘飞机从西贡出发，45 分钟就到了，如果我没记错的话。

福尔克：为什么你要回新加坡呢？

蒂齐亚诺：我还有家人在那儿，不是吗？！我把你们留在那里，是因为新加坡很安全。我从未想过要带你们去西贡，那里每天都会拉响手榴弹。我希望你们住在安静美好的家里，那也是我们在亚洲的第一座房子。它几乎坐落于赤道之上，家里风扇的叶片需要不停转动，你才能感受到一些凉意。为了使空气更好地流通，一楼的窗户没有安装玻璃，只有百叶窗。后来，一切都被摧毁了，包括我们漂亮的屋宇。那是东方在改变的一个迹象。

几个月后，在汉堡有传言说我是中央情报局特工。毕竟，当时编辑部里有很多人想去越南，有一个我认识的人开始说："那个还会说点德语的意大利人究竟是谁啊？他在美国研究中国？他就是中央情报局的特工！"

因此，国际部的迪特·怀尔德到新加坡来对我进行调查。他在我们家待了三四天，一直对我说："泰尔扎尼，我想邀请你和我一起去台北！"这对我来说似乎并不真实，出于谦虚，我说："不了，谢谢。"最后，你妈妈说："看，他是真的希望你和他一起去，也许，他只是为了测试你的中文。"于是，我们去了台北。那会儿，我的中文说得相当好，我安排了一切行程，拿中国人的话说，我是个行家里手。之后怀尔德回到汉堡，说："这家伙毫无问题。"

从此，我成了正式的通讯员。

福尔克：你是怎么让他们相信你不是特工的呢？

蒂齐亚诺：没有那么刻意，仅仅从十来天的聊天与交往，他们就能知道我不是间谍。而且，如果我都能够立即察觉出谁是间谍，别人又怎么看不出呢？不过，作为记者，当时的我还是个菜鸟，幸亏怀尔德好心地帮助了我。有件我从未向人提起的事儿证明了这一点。

当时在柬埔寨，冲突已经屡见不鲜。当南越军队挺进，北越和高棉人曾试图把他们给击退，之后大概有15或20个记者凭空消失了。

新加坡在那时可谓是谍报的中心，各式交易都在那儿进行，因为它是一个向所有人都开放的自由港口，拥有着得天独厚的地理优势，距离印度支那仅一箭之遥。有一天，我们遇到了一位德国中年男子，他和他的中国情人一起，他知道我为期刊工作，是他找到的我。他的名字叫路易斯·冯·托哈迪·达拉贡，一听就是个假名字。他说，他是一艘在新加坡和中国之间穿梭往来的商船的船长。你想啊，我们那个时代，中国还是一片神秘未知的大陆。尼克松刚刚前往北京，外交关系尚未建立。

这位"船长"讲述了他在中国的旅行、他在拉丁美洲的工作，以及如何跨出这一步的惊奇故事。他还告诉我，通过他的人脉，他了解到有一名奥地利摄影记者在老挝和柬埔寨边境失踪了，他还活着，有些人愿意释放他，以换取一定的报酬。

而我，一个初出茅庐的伟大记者……

他笑出声来。

我对这个故事着了迷，还以为自己找到了一篇独家报道：有个记者还在人世，而我可以去把他救出来。我的天，这绝对是篇精彩的独家新闻啊！再然后，这件事拖了几个月，其间，我让他们给我发过一张奥地利摄影师的照片，还要他亲自给我写一封信，附有参考的资料，以确保他们还没有将他杀死。然后，万事俱备，只需要支付一笔赎金就可以了。也不是很大的数额，我打算和达拉贡去老挝的万象完成这交易。到那时候，我就可以写信给编辑部："兄弟，这是我的独家新闻，我需要这笔钱。"但怀尔德是怎么回答的呢？他说："得了吧。这世界上，这一类的事情少说有个几百几千件。"

福尔克：诈骗？

蒂齐亚诺：没错。不过事情还没结束。一天晚上，在我们家的花园里，灯火通明，我们为在新加坡认识的所有人举办了一场晚宴。你们已经睡了。我们还邀请了众所周知的苏联大使馆的两名特工，因为他们与塔斯社的通讯员谢尔盖·史维林有联系。

晚餐结束的时候，达拉贡躺在了草坪上，醉得不省人事，史维林在他身边。

史维林靠在他身上，不停地重复："告诉我，您叫什么名字？您以前告诉我的那个故事叫什么来着？"但是达拉贡酩酊大醉，就只发出"呃嗯嗯"的声音。

多年后，我们在中国遇见了史维林。他已成为苏联驻北京大使馆的二把手，但显然，他也是苏联国家安全委员会在当地的负责人。

福尔克：他也是特工？！

蒂齐亚诺：对，他狡猾得很！他的英语说得很好。有一天晚上，他邀请我们吃饭，我问他："你们怎么这么能喝，为了灌醉别人，你们也要喝吗？"然后他向我透露一个重大秘密：在出发去参加世界上任何一个晚宴之前，他们都吞下半根黄油，等黄油在胃部形成一层保护性的薄膜，之后，你喝下一整瓶伏特加都不会醉。

所有这些，都让我和你妈乐得要命，我们可是来自单纯的城市米兰，然后陡然之间，竟然在国际特工之间插上了一脚！

福尔克：那时候，你在写《豹皮》吗？

蒂齐亚诺：是的，当他们在米兰给我第一本书的印刷本时，那天晚上我去了商业银行，把它带给了马蒂奥利。我跟他说："我不再需要每月的1000美元了！"同时告诉他，我一直在关注中国发生的事情，而他付了我两年的薪水。"我不再需要。但是，如果您仍然希望我给您写信，我会写给您的。"这是对的，不是吗？他带给我很多，我欠他很多，他给了我这份笃定，如果没有他，我不会这么自信。

我用那些钱在新加坡给你们安置了一个家，送你们去上学。

你看到了吧，生活多么美好。而我有什么好抱怨的？

不过现在我想休息下了，福尔克。

福尔克：要看新闻吗？这个点应该刚刚开始。

电视机："六名遇难者是通用电气旗下公司的技术人员。他们在能源部门工作，帮助修复在伊拉克战争中遭到破坏的电力设施。"

蒂齐亚诺：今天也还是在发生一样的事，老一套，你看到了吗？

电视机："谣言在巴格达人民中流传，说他们实际上是中央情报局特工。为此，有人……开枪以避开人群。即使对于记者，尤其是西方记者，情况也变得非常紧张和危险。需要申明，这是巴格达的第16起汽车炸弹事件。就是这样，我把镜头转回罗马。"

· 记者们 |

蒂齐亚诺：你需要明白一件重要的事：阅读在我的工作中十分重要，特别是去阅读大量的历史材料。你会看到，我的藏书里满是关于印度支那和殖民地历史的书，它们指明了我的方向。我会将它们随身携带。

当下发生的事情，必须放在历史的背景里去理解，否则我们永远不会明晰。因此，一定要做足功课。如果你不了解历史，那么就不会理解今日。如果视野只局限在当下的新闻，那你便仿佛放弃了用望远镜才能看到的世界，只执着于显微镜下的细枝末节。记者是无法培训出来的，这就是为什么我反对所有的新闻学院。他们做的与我说的背道而驰，因为他们教你技术，教你如何创作，如何精巧快捷地完成并发表作品。然而，你真正需要做的是兼容并蓄地准备，这是你自己得去细细琢磨的，你需要研究历史、经济，以及它们塑造的文化，这些不是你能从新闻学中学到的东西。去那种地方学习，就像去诗学院一样，能学到些什么？他们能教出一个诗人吗？

说到基本功，我非常钦佩时刻准备着的盎格鲁－撒克逊人。他们有卓越的传统，不仅仅是文字记者，包括摄影记者，他们的基本功都十分深厚。当我们一起去柬埔寨时，菲利普·琼斯·格里菲斯给我留下了深刻的印象。他读过所有我读过的东西，我了解的有关柬埔寨的一切他也都了解。他不是为了写出报道，而是为了拍摄照片！实际上，他是最伟大的摄影师之一。我们需要了解事实背后的含义，才能够更好地将它展现。而不是仅仅是拍照——咔！这是每个人都会做的事。

福尔克：记者这个行业在你那个年代被看重吗？

蒂齐亚诺：你要知道，那是新闻业的英雄时代。那时候，新闻业还没有去模仿电视表演，而文字也不像现在这样肤浅。在那些年里，大家真的是在写作。不幸的是，电视的出现分散了人们的注意力。这使得报纸也逐渐变成一个大杂烩，里面什么都装，但只能吸引三分钟的注意力，就像电视广告。它们将世界上各种各样的信息放在一起，一锅乱炖，很快你就迷失在其中了。

今天，人们已经不可能写出像以前那样的长篇大论的深度报道，转而追求耸人听闻的内容与标题。没人会就此新闻进行深度的讨论。这也是对新闻业所背负的使命的极大侮辱。当然，我也相信，今天要去做我们当时所做的事情已然不再可能，因为如今已经没有那样的空间。

我在越南的时候，也为《快报》①写过文章，写了整整两个版面，在光亮的纸张上排好照片。我写过很多文章，讲述所看到的一切。一开始我就知道，即便通过一个微小的片段，也可以挖掘出一个精彩绝伦的故事，因为故事的背后，总有一个人的经历、一个人的生命，或者一个村庄的生存。比起提笔写下"死亡人数6000"这样的字眼，你能说明的问题有更多更多。6000个消散的生命，没人亲眼见到，但如果你讲述一个死者和他家庭的故事，它便会瞬间引起人们的共鸣。

我想给别人讲述那些他们看不到、听不到、不曾察觉的东西。想想看，你即便在新闻报道中看到有人死去，看到血流成河，可能也不会产生深刻的印象，因为这一切缺乏真正的真实。但如果你讲述的是你的亲身经历，那就完全是另一回事了。通过那样的叙述，你会把情感转移到读者身上。这一点我很快就领悟了，不过我也是从伟大的前辈那里学到的。

正是在那些年里，传奇人物层出不穷，比如我提到过的神话般的贝尔纳多·瓦利，还有《世界报》的记者让·克劳德·波蒙蒂。他对越南这个

---

① 《快报》：意大利杂志，成立于1955年。杂志的方向为政治、文化和经济。

国家了解得十分透彻。波蒙蒂为了理解某个国家，会特意前往当地。在越南时，他的越南语说得很好，还同他的一个越南学生结了婚，跟一个越南家庭生活在一起。要知道，在一个国家，要能深入"内部"，可不是随随便便什么"空降兵"会做的事。

然后，像《卫报》的马丁·伍拉科特，我钦佩他的冷漠，他以历史记录式的精准方式分析事物，从不含糊。还有一些伟大的美国新闻工作者，例如大卫·哈伯斯坦和其他反战的新闻工作者，我们的反战立场以及同情心，让我们联结在一起。而我也是哈伯斯坦唯一的好友，因为别的美国人无法与他缔结友谊。另外，我还有一个朋友——来自《纽约时报》的西德尼·尚伯格。

我在哥伦比亚大学图书馆的餐桌上读过他们的文字，然后当我去了越南，发现这些人就在我的面前。波蒙蒂比我年轻、有趣，一点儿都不自命不凡，非常谦逊，总是穿着拖鞋。我从未见过他穿一双正式的鞋子。鲍勃·沙普伦①是另一位伟大的人物，虽然我和他合不来。他是右翼分子，甚至与美国特勤局有些联系，但他的确很有深度。他为《纽约客》撰稿，每篇文章都透露了他在一些事情上的洞见。对我来说，最重要的是不断学习，因为这决定了之后我的工作方式。

从他们每个人的身上，我都获益良多。然后，我找到了自己的风格。在我看来，新闻记者是一项伟大而重要的职业，我认为只要从事真正的新闻事业，这项职业的使命感就会一直存在下去。

但问题是，一切都日渐堕落。与权力的亲近、对权力的偏袒，已经使得过去的情形一去不复返，新闻的力量在于它的独立，甚至包括经济上的独立。当报纸依靠广告（例如现在在意大利发生的情况），并且广告掌握在那些拥有政治权力的人手中时，你怎么会自由呢？如果报纸是由大型公司所有，你永远无法与之抗争。而且他们拥有政治利益。那么，你要怎么才能从事真正的新闻业？

反观《世界报》，它由记者所有；《纽约时报》由一个非常在乎自身独立性的悠久家族拥有；《华盛顿邮报》也是由一个有着悠久传统的大家

---

① 鲍勃·沙普伦：美国记者，他的敏锐报道使他成为亚洲最知名的记者之一。

族里的女士所拥有。唔，这就使很多事情不一样了。实际上，如果《华盛顿邮报》不归属于凯瑟琳·葛兰姆夫人[①]，那么水门事件将不可能被报道出来。的确，美国人也因为新闻而在越南输掉了战争。因为那时新闻界是自由的，新闻界会看，会去观察，直到扒出真相。

当我在越南和中国开始写作那会儿，这个行业仍然有"新闻调查"的观念。例如，在西贡的军事司令部，每天5点，一名美国将军会告诉大家当天的情势：这里的袭击、那里的袭击、一场战斗中的死亡人数。我们称之为"5点胡说时分"。而你有两种选择：回到房间，把将军说的话写下来，晚上你就可以去酒吧消遣消遣，因为你的工作完成了；或者你记下村庄的名字，走出记者会，去当地瞧一瞧，验证下事情是否属实。

如今去哪里做这样的调查呢？没人做，没时间，不关心。但是，调查永远是重要的。

新闻工作者必须特立独行，甚至要有些傲慢，他要觉得自己身处自由，不仰赖任何的权力。无论发生什么事，我在任何地方被捕，我也总是说："随便你们，你们想怎样就怎样！我反正继续写我的。"要有这种感觉，你所拥有的说真话的权利近乎神圣，而这会给你强大的力量。

福尔克：记者之间的关系又是怎样的？你们会互相聊天、讨论分析、交流信息吗？

蒂齐亚诺：我们之间拥有着了不起的团结，如果没有明显的竞争，尤其是在越南，在印度支那，我们都"勾肩搭背"地在一起。我们确实算得上一个小部落，拥有强烈的团体意识，并试图捍卫它。比如，我记得中央情报局有一次开着一辆印有媒体字样的汽车，内部藏着一批装扮成记者或摄影师的家伙，衣服上都是口袋，夹克里装着机枪，而非照相机。而我们真正的记者为此发起了一场暴动，在美国大使馆前抗议。简言之，我们有种一家人的感觉。

[①] 凯瑟琳·葛兰姆：曾任《华盛顿邮报》的社论版记者、《华盛顿邮报》前发行人，被誉为全世界最有影响力的女人、美国最重要的报人之一。她以"活在当下，瞻望未来"的人生态度而知名。

不过，人与人之间的关系总是很复杂。尤其是在美国人之间，竞争非常激烈，所以如果有人对一则新闻一知半解，他不会在吃早饭的时候拿出来说。发生在尚伯格身上的插曲就很有意思，它很好地展现了当一个记者想要独家新闻时，可以使出多大的能耐来。

他笑了笑。

你知道，在驻金边美国大使馆，他们设计了一种有特殊标记的地图，根据间谍情报进行标记。比如说，丛林某处藏有红色高棉游击队，他们便在地图上画个三角形，而 B-52 则奉命轰炸该区。但没人核实这个三角框里有没有平民或者村庄。然后会发生什么呢？他们只是驾着飞机抵达上空，向整个区域投下炸弹。持续五分钟的地毯式炸弹袭击，"嘣，嘣，嘣，嘣，嘣！"最终留下一片焦土。丛林没了，树也没了，如果之前曾有一座村庄，那它也不复存在。

有一次，要么是框画得很不清楚，要么是 B-52 驾驶员理解有误，他们没有炸掉红色高棉的游击队，却轰炸了隶属于政府一方的整座村庄，所有人都死去了。那是一场大屠杀，彻头彻尾的屠杀！

我不记得尚伯格是怎么获得的消息。也许是那种我也曾经使用过的伎俩。由于当时的通信方式不像今天的卫星通信，而是由一架被称为"探子"的小型飞机在低空飞行，并向 B-52 传送命令，向飞行员或大使馆发送信息。有些记者破解了它的频率。而我们用来收听 BBC 的便携式收音机的波长便可以听到飞行员与大使的对话，因此大家就知道发生了什么。也许尚伯格是听到"探子"的驾驶员说"乱套了，这是屠杀！你们错了！"。

被炸毁的村庄位于一个小岛，离湄公河 100 千米。当尚伯格得知消息，立即去河边租了一条船，付钱给所有的船夫，让他们都回家，这样，其他记者就无法跟着他，而他拥有了独家爆料。

福尔克：你也去看了吗？

蒂齐亚诺：没有，因为当我赶到河边的时候，船已经都划走了。

他笑了。

这一事件在世界各地的报纸上都有报道，它向你展示了尚伯格的才能。他是一位伟大而勇敢的记者，但也是个冷酷的人。

现今，当我在电视上观看五角大楼的新闻发布会时，我感到恶心。这些所谓的"新闻工作者"缺乏任何的进取心，他们只是仆人。他们每天都在那里，坐在座位上，等待像拉姆斯菲尔德[①]这样的强者露面，然后举手高喊："那么，艾尔、山姆、鲍勃、琼！"他们都熟悉彼此的名字，仿佛是多年的至交好友。而在当年，尚伯格才不会放过其中的任何一个。他会在美国大使馆的新闻发布会上站起来，提出些显而易见但尖锐异常的问题，从而抨击当权者的谎言。这会使得使馆难堪，因为尚伯格会暴露他们的所有伪善。你知道的，那是一场肮脏的战争。

福尔克：美国人一直对你们扯谎吗？

蒂齐亚诺：对，他们谎话连篇。在1973年到1974年的柬埔寨战争期间，美国人想让西方媒体相信，那三位著名的柬埔寨反抗军首领都不存在，是幻想出来的。这三个人分别是乔森潘、胡荣和符宁。另外，还有一个原名叫作萨洛·特绍的人，化名波尔布特，这四个人都是"幽灵"，是不存在的，是虚构人物。据他们说，波尔布特并不存在，他只是一个名字代号。他们把他杀掉，然后会有另一个人继续用这个名字取代他。关于金日成，他们也这么说过。他们曾声称，金日成并不是真正的金日成。是的，曾有过一个名叫金日成的英雄，但他被杀了。另一个接任他的人也叫金日成，他后来也死了。再之后，又来了一个金日成，成为朝鲜民主主义人民共和国的领导人。

福尔克：这真有意思！五个萨达姆的故事也同这个类似。

蒂齐亚诺：但是，那时我去拜访了乔森潘的亲兄弟，他对我说："不，不，我的兄弟当然真实存在。我向你发誓。"明白了吗？美国人胡编乱造！从那个时候开始，美国大使馆就已经习惯撒谎了，一直到今天，

[①] 拉姆斯菲尔德：美国第13任和第21任国防部长。

现如今，美国人已然成了谎话专家。

这就是为什么最后我们连并非谎话的事情也不再相信。例如后来的红色高棉，当美国人说起红色高棉的罪行，我们已经不再相信。但那确实是真实的。

一切都如此可疑和虚假，以至于像我这样的人，对官方的一切都持有怀疑，并不相信。然而他们说得对，红色高棉确实犯下了罪行。

福尔克：我还有一个问题想问你，爸爸。你的工作累吗？

蒂齐亚诺：实际上，我从来没有"工作"过，我所做的都是自己喜欢的事情，而且甚至还有人付我钱！我从未觉得自己的工作是一种负担，站在客观的角度来看：你所售卖的是你的时间，而薪水是一种报酬，因为从某种意义上说，他们抢走了你的某些东西。而我从来没有这样的感觉。对我来说，成为一名记者或者做些其他事情，反而成了一种借口，可以使我去做这些我真正感兴趣的事务。

福尔克：你在你所在的国家、地区都能结识朋友，学会当地的语言，甚至总打扮得跟当地人一样。在中国，你打扮成中国人，在印度，你开始把自己看成印度人。为什么呢？

蒂齐亚诺：这是个常见的难题：若是你不想成为"外人"，不想成为闯入者，不想成为蜻蜓点水的过客，更不想成为走马观花地拍拍照，然后带着礼物拍屁股走人的游客，那你要成为什么呢？我们必须融入。你可能无法想象……我和你们的妈妈一起去了白沙瓦，到达了与阿富汗接壤的边界。你知道我喜欢买地毯的，对吧？通过购买地毯，你会遇到一个朋友，他会带你去他家，邀你共进晚餐。你能学到很多东西。从一开始，搜罗地毯就很有趣。只要你说出自己的要求，全城就开始搜罗一番。然后身上挂着地毯的骆驼到达，满是灰尘。买地毯也是融入的一种方式，不是吗？每个国家都拥有各自的特征。

作为一名记者，你的旅行不仅是为了寻觅几起事件，撰写一篇短文，而是要感受整个的生活，感受被整个家庭热烈欢迎的喜悦之情。我从他们那里买了一块漂亮的地毯，而我们之间也建立了良好的关系。为了买那张地毯，我花了几个小时在那个地下室喝茶，直到一个晚上，商人邀请我们去他的房子。你们的妈妈被女人们带到她们的房间接待，和她们一起吃饭，她不再是个外人。而我和男主人在一起谈天说地。

然后你就会明白，如果身着外交官装扮，带着保镖，在五六点来的话，你是不会享有这样的待遇的。你会明白，懂得变通总会有很大的帮助。因为面对陌生人，人们的第一反应总会是抵触："这是谁？他要干吗？他说的话好怪，样子也好离奇。"可如果你学会他们的问候方式，他们立刻会把你视为同类，关系也就随之建立起来，而且是更加真实的关系。当然，你需要争取的还有他们的信任，这可不是带来新电视的匆匆过客就能做到的。这行不通。

我的观点是：如果你能借助一种具体的事务，比如地毯，你就会比从政客那里收获的多得多。如果有人想了解今天的意大利，他是不是要在电视前聚精会神？不，如果他那么做了，他依旧一无所知，因为那根本不是意大利！但如果一个人走出去，到处转转，不就亲眼见到了活生生的意大利？这些总是本能地控制着我：出发，走啊！当我们的狗狗保利在东京走失，我因为找它，对日本的了解，比我在那里五年学的还要多：关于日本的官僚系统、组织架构、完美主义，还有它的残酷。

福尔克： 了解一个地方的真相并不容易。

蒂齐亚诺： 老实说，盎格鲁-撒克逊人所追求的客观性，在我看来有时候近乎可笑。我可从来没有说过自己是一个客观的记者，因为我确实不是。没有人绝对客观，即便有人曾这样自称，那也是装出来的惺惺作态。怎么能做到客观呢？那是永远不可能的。正如黑泽明在电影《罗生门》中教给我们的那样，六个人看到的同一故事，会变成六个不同的版本。因为你观看的方式、选择的细节、感受的情感是你的个人选择，而这会极大地影响你的判断力。

而且，为什么我要装作自己是客观的？所谓的客观性又有什么价值？读者知道你并不客观，你拥有这样那样的想法，这是一件好事。我写的第一本书《豹皮》，非常个人化，全是私人的评价，充斥着强烈的情感以及我对战争的感觉。里面当然存在着客观事实，但其他的事实就是我的情感。在越南，我希望越共赢得战争，我站在越共这边，而不是美国人那边。坦白自己的主观见解，比起明明不客观却假装自己是客观的，要显得真诚得多。

福尔克：等一下，我想要搞清楚这一点，人们不能做到客观吗？

蒂齐亚诺：有时，你会发现自己面临着可怕的情况。多年后我去缅甸时——你会在那些盒子里找到一些照片，那是我用远摄镜头拍摄的两到三张非常引人注目的照片，近距离拍摄的话，我可能会一命呜呼。我们从照片里可以看到，在河床，一群年轻人在做着碎石头的工作。他们是持异议的学生，被安排去做修路这样的艰辛工作！这会让你对那个军事政权有所了解。当我接近他们的时候，发现他们患有疟疾，面黄肌瘦，臭气熏天，有些人还发着烧。

福尔克：他们干了什么呢？

蒂齐亚诺：他们只是持不同政见，提出了抗议。

所以，哪里来的客观？你想象一下，一个英国记者去军方那儿问道："为什么你们要把人都押起来做苦力？"

"呵，你知道的，他们反对政府。"

然后英国记者又去找反对者，他们告诉他"已经有300人死于疾病"。

他回到军方那里："他们告诉我，已经死了300人。"

"怎么可能？纯属胡扯！最多20人，死于痢疾。"最后记者把这一切都写下来。哗！一篇新闻稿写好了。难道这就是客观？

福尔克：你是说，这篇文章什么都没有说？

蒂齐亚诺：是什么也没说啊，不是吗？不存在所谓的客观性。

福尔克：更确切地说，它确实是客观的，只是不能解决问题。

蒂齐亚诺：这也算不上客观。

福尔克：不，从某种意义上说，是的，这是客观的。它告诉我们有些人说了些什么，另一些人又说了些什么。

蒂齐亚诺：但是，真相被扭曲了，而且这等于没说，不是吗？

福尔克：我没明白。他确实转述了正反两方的说法。

蒂齐亚诺：是的，但真相，即事实本身，并不是这两个家伙所说的，不是吗？因为当你去采访士兵们，他们只会说些被收买了的废话，否则他们就要进监狱。其他人也只会"好吧，谢谢，这菜不错"，否则，等你一离开，"啪！"，他们可能就要吃枪子儿。你告诉我，这叫客观吗？

长时间的停顿。我还没有被说服。坚持问了下去。

福尔克：那应该如何讲述那件事呢？

蒂齐亚诺：用心，参与其中，走到那群被套脚链的人中间，设身处地地去设想他们的境遇和心情。然后，你必须问自己一个问题：站在政府的立场，这些人是否会有出路？

媒体报道伊拉克战争的时候，是客观的吗？不是的。实际上，你找不到答案。在这种情况下，你只能去更深层次的文化历史背景中探寻。所以我总是随身携带许多书，它们是我的精神食粮。书的作者通常是先前去那里旅行过的人，比如说耶稣会士，他们为了了解那个国度，融入了当地。

后来，我意识到自己不再对事实感兴趣，因此，我的记者生涯也就告一段落了。

福尔克：啊，你不想再去考察研究了吗？

蒂齐亚诺：不，一点也不想了。因为我已经都看过了：太阳底下，无新鲜事。福尔克，30 年后，你再去伊拉克——我没去过那里，但我读过我年轻的同事写的东西，那里和越南发生的情况是一样的。有人召开新闻发布会说："全都是我们的敌人。今天我们杀了 24 个人。都是恐怖分子！我们已经找到了藏匿的武器。他们还有 100 万第纳尔①。"我听到的一切，和 30 年前的一般无二。无论在任何地方，情况都一样。

如此这样，我还有什么兴趣呢？同样的战争、同样的论题、同样的死亡。那些人荒谬的决心也是如出一辙。看那美国将军、恶棍，说的话和在越南的时候简直一模一样。

---

① 第纳尔：一种货币的单位。有数十个国家采用这种名称的货币，但是各国的第纳尔的价值和面额并不尽相同。

我不禁笑了起来。

我难道还要再写这个吗？不，谢了。

福尔克：如果要报道的东西都一个样子，那么我懂你的意思。

蒂齐亚诺：同样的说辞反反复复。我没兴趣，不再关心。如果你明白了其中的道理，还要怎么去写伊拉克费卢杰或纳西里亚的战役？十年后，你甚至都不会记得的。那时候，可能会有另一起战争在马里的通布图上演，一如往常。

我笑了。

然后又会有一个美国将军宣称"今天我们成功杀敌 30 名，这是他们的耳朵！"一贯如此。在越南，他们把耳朵拿出来给我们炫耀："我们真的歼敌成功，以耳朵为证！"

是这样的吧？如果你深思熟虑，便会察觉到确实如此。纳西里亚的屠杀有什么特别值得报道的吗？你知道曾有多少类似的事情上演？想想当年在越南的广治和顺化的血腥战役吧。一方为命逃亡，另一方赶尽杀绝。尸山血海，然后推土机到来，掩埋尸体。现在是在纳西里亚，而十年后，或许便是通布图，到那时候，还是会有一个美国的发言人宣称："今天我们成功歼敌 50 名。他们皆为恐怖分子。"所有这些，对我来说都是可笑的。然后还会有人在那儿记笔记，提问道："不好意思，您确定那里不是一个婚礼？"

"不，确凿无疑。因为现场没有新娘。"

我笑了起来。

福尔克，就是这个样子的，就是这样。

我俩都笑了。

你知道,这些在白宫举行的新闻发布会——发言人抹上头油,做好发型,盛装出席。这种人……

福尔克:你别拿他们当回事儿。

蒂齐亚诺:我才不会呢。我现在什么都不在意了。这只让我觉得好笑。我也感到抱歉,因为他们放弃了如此重要的事情,也就是想象力。

沉默。爸爸在思考。

这就是为什么我这么轻易就停了下来。写完《在亚洲》(*In Asia*)这本书后,我就和新闻业告别了。它像一个遗嘱,里面说:"在我的时代,在世界的这一地区,我是一名如此的记者。我从没有假装过自己是客观的。"至此,我结束了记者生涯。如果你读我写的《反战信》(*Lettere Contro La Guerra*)这本书,你会发现我没有和拥有卫星电话和数码相机的记者一起共事过。在我能控制的范围内,你所读到的内容都是真实的。但是《反战信》是我身为记者的最后一声呐喊。我去那儿,到炸弹掉落的地方,我这样做的目的是了解战争背后的原因,对吗?我一直试图解释的是真相。这不是一本出自记者的书,而是为了和平,抗议那些在战争中开枪的人的书。记者必须是冷漠的,记者要给你报道事件。可这毫无用处。人们读一读,翻页看一看,喝口卡布奇诺,然后离开。

但如果你能从一个小篇章中提炼出情绪,提炼出愤怒,然后试图了解那里究竟发生了什么,那么我相信你可以让许许多多的人大开眼界,帮助他们理解这个世界。会有人说:"这只是你自己的想法!"的确,但我会回答:"我就是这样认为的。你自己决定你对此的看法。但我不会假装我是客观的。"

这很重要,你懂了,对吗?

福尔克:是的。

蒂齐亚诺:现在我很乐意看个五分钟的报纸。我感觉……谢谢,不好意思。

我正准备离开，但又想到了一件事。

福尔克：那么，爸爸，你的职业究竟是什么呢？

蒂齐亚诺：很明显，太明显了。曾经有一个亲爱的朋友，所罗门·鲍曼，我在海牙认识的他，那时我还在奥利维蒂工作，他是个犹太人。这是一个很棒的故事。他存活了下来，他的家庭把他藏在一个荷兰农民家里，他们把他当作家中的成员对待。但是有一天，一名党卫军军官来了，他检查了这个家庭，发现这个男孩儿和这家人不相干。他这辈子都记得，那时他只有五六岁。这位官员让他坐在膝盖上，摸了摸他，看着他，然后对他说："你是个犹太人吧。"他瞬间崩溃了，以为要死了。不过德国军官起身离开。他就这样活了下来。

后来，所罗门·鲍曼在以色列当了新闻记者，那时候我还没从事新闻业，他说的一句话对我好似圣经一样："环游世界，为了寻找真相。"

这才是真正的记者。我以极大的决心和热情做到了这一点，因为我过去一直在寻找事实的真相。

"这里死了多少人？"

"什么时候的事？"

"谁先开的枪？"

有时候，这很困难。有时候，你很清楚大家都在说谎，而你必须去挖掘严谨的事实，将这种严谨当作一种宗教，就好像确保事实的准确度是人生中最重要的事情。

我还意识到，说谎是没用的，那太可怕了。但是这种精确性同样是没有用的，因为我所寻找的事实，实际上不是事实，它是事实的背后的背后的背后。

而那里，才是我真正的归属。

・柬埔寨

蒂齐亚诺：可以与越南的历史相提并论的是柬埔寨和老挝的历史，它们是并行发展的。现在，让我喝上一小杯白葡萄酒，然后跟你说说。

福尔克：少喝点儿吧，喝酒对你身体没好处。

蒂齐亚诺：像越南一样，老挝和柬埔寨也为自己国家的独立而奋战。在越南人看来，那两个国家有点像自己的后花园，因为三个国家之间的边界不是在历史中被界定，而是在殖民时期被划分的。老挝是法国在地图上创造出来的，就像今天我们在非洲地图上看到的那样，各国的边境是用尺子量出来的，而不是根据历史、河流和山脉的边界划定。不知什么时候，起了冲突的两个殖民大国说："来吧，让我们和好。这一块你拿着，那一块就归我了。咱们来画一条线。"就是这么简单。

巴基斯坦和阿富汗之间也是同样的情况，这同时也造成了普什图民族的分裂。分裂是由一个英国上校杜兰德先生一手操办的，他被派去建立所谓的"印度帝国"，然后把阿富汗与巴基斯坦分离开来。这个英国人被派到那里，说："好吧，来吧，我们这样一分为二。"因此，直到今天，仍然有一条"杜兰德线"在地图上将普什图人民分开。

在其他许多地方也都是同样的情况，不是吗？这就是为什么今天少数族群的战争几乎在所有地方上演。它们是殖民政体的遗产。

让我们回到正题,我发现了那个灿烂壮观的国家——老挝,它是"万象之国",但是好景不长,它差点儿被地毯式的轰炸毁灭。

福尔克:那柬埔寨呢?你不是差点儿在那儿被枪杀吗?

蒂齐亚诺:我不喜欢讲那个故事,因为它会被看作自我吹捧。而你知道有多少记者身处同样的处境,却无法幸免于难吗?数不胜数。至少在柬埔寨就有35个,其中包括埃罗尔·弗林[①]的儿子。对我来说能逃过一劫,是多么幸运。好吧,还是让我给你讲讲这件事情,不过,只是因为我喜欢它的结局背后的"寓意"。

在那时,我终于设法与越共会面。之后,我产生了要见一见柬埔寨游击队的梦想,因为我们往常见到的他们,也已经是一具具的尸体了。

福尔克:后来你见到了吗?

蒂齐亚诺:一直没见到过。如果我去见了他们,或许我就不会在这儿讲述这个故事了。见过他们的人,都很难幸免于难。

福尔克:就连记者也是如此?

蒂齐亚诺:所有人。所有试图越线的人都遭遇了不幸。《在亚洲》这本书,我本来是要献给马克·菲乌克斯[②]的,他和一个精通柬埔寨语的老挝朋友去见过红色高棉的人。后来我得知,他一踏上柬埔寨的土地,就被乱棒打死了。

福尔克:难道他们不想要别人讲述他们的故事吗?

蒂齐亚诺:不,他们不感兴趣。他们不在乎宣传。他们把我们看作敌人,深深地憎恨我们。在他们看来,我们和那些从高空轰炸他们的人毫无不同。因此他们也会杀掉记者。

曾经有一位姓石原的、富有同情心的日本记者,他仰慕埃德加·斯诺,想撰写一本柬埔寨版的《红星照耀中国》。他叙述道,他和红色高棉

---

① 埃罗尔·弗林:澳大利亚电影演员、编剧、导演、歌手。
② 马克·菲乌克斯:法国法新社记者。

生活过一段时间，有时候，他远远地看到他们骑着车路过。但这都是虚假的。我相信他们会像对待其他人一样杀了他。越共从来没动过记者，哪怕一根头发，但是被红色高棉抓走的人都消失了。

福尔克：然后红色高棉夺取了政权。

蒂齐亚诺：1974 年 4 月 17 日，红色高棉占领金边。幸运的是，我那时候刚离开柬埔寨，如果我还在那儿，就无法见证几乎同时结束的越南战争。比如我的朋友西德尼·尚伯格就滞留在了柬埔寨首都。

福尔克：所以金边沦陷的时候，你不在柬埔寨了吗？

蒂齐亚诺：不，我那时候住在柬埔寨驻泰国大使馆里，听闻许多人试图逃生，可最终还是遇害的消息，很多人在街上就遭遇了枪击。那时，使馆仍然与金边唯一一个开放的政府新闻办公室保持着无线电联系。我一位亲爱的朋友法西亚·迪·卢纳负责播报消息。他是一个胖乎乎的柬埔寨人，也是一名记者，我透过那个年代收音机沙哑的音效，从他那儿听到了最后几个词："他们来了，他们来了，他们进来了！上帝保佑我们……"嘣！一切结束了。

金边的沦陷满是冲突，人们很快就明白，可怕的事情正在上演。我感到绝望，因为我丢下尚伯格和金边的其他人，去轮班执行"信鸽"的任务，从曼谷寄出大家写的报道。但那就是历史啊！我是一名记者，我可不能错过每一个见证历史的机会。

然后我就有了一个疯狂的想法，由于那时候金边的机场已经关闭了，红色高棉开始疏散成千上万的城市居民。于是，我在清晨租了一辆车赶到柬埔寨边境，从那儿通过铁路上的桥到波贝，那里还没有被红色高棉占领。从波贝再继续步行到金边，在那里和其他记者会合。当时，我对红色高棉究竟意味着什么还一无所知。

当时可谓惊心动魄，我刚进波贝，就见到了从首都出逃的几百辆巴士，上面搭载的全是出逃的难民，还有政府军的装甲车和脱下制服、扔掉武器的政府军士兵，以及成群结队的妇女和孩子。他们都赶着走完最后这一段路，穿过桥，逃往泰国。他们对我大喊："快走，快走！你快往回走啊，快！"而昏头昏脑的我穿着白色衣服，沿着这条路继续前进，好像不会有人看到我的样子。

之后，第一批红色高棉到了。他们封锁了桥梁，阻止人们出境，并包围这座城市，他们的目的是找到敌人，即朗诺[①]军队的士兵。我并未害怕，只是平静地对自己说"我是新闻记者"，然后就去四处拍照了，直到一支年轻的巡逻队注意到我。在那里，我第一次见到他们，就是那群我和你说我从未见过的人。这一部分我记得我之前同你讲过，从远处看，他们灰灰的一片，不像寻常柬埔寨人那样黑压压的。他们的肤色是灰色的，那是来自丛林的灰色，是疟疾的灰色，是不得不躲藏起来的灰色，他们曾经就像老鼠一样，生活在被轰炸的地洞里。他们的眼神奇怪极了，甚至不像人类。他们从街的另一边看到我，开始大喊"美国人，美国人，美国人！中情局，中情局！"，然后，我被抓起来了。

当时我并不害怕，而且始终认定身为新闻记者的我享有豁免权。可是他们把我带到了集市，把我面对墙按住了。有一个头儿模样的人，18岁上下，命令他的手下监视我，这我大概也能理解。这些男孩中有一个约莫只有16岁，他掏出了一只中国制造的手枪，以极大的好奇心，努力拿着这把手枪在我眼前比画。这些浑蛋围着我转来转去，让我十分愤怒！过了一会儿，我觉得他们要向我开枪了。他们让我面对墙站起身，高喊着"中情局，中情局，美国人！"，就是那个时候，照我后来教给你的那重要的一课，如果有一把枪指着你的脸，你就笑！我开始大笑，紧接着我拿出我的意大利护照，那是绿色的，一直放在我的口袋里，我都不知道它怎么就在那儿的，我用中文大喊："不，我是意大利人！我是意大利记者，意大利人！"

幸运之神再次眷顾了我。波贝的集市很大，有些人也许并不害怕红色高棉，因为本来就和他们有生意往来。然后一个中国人走过来，我用中文

[①] 朗诺：柬埔寨政治家、20世纪70年代柬埔寨政坛的风云人物。

向他解释，我不是美国人，我是意大利人，在那儿是为了一同见证他们重新夺回自己的国家的"伟大胜利"。他翻译给那些人听，其中一个人认为杀死我算一个重大决定，必须等上级定夺。

没吃没喝，我就在那儿对着这个一直拿枪围着我转的人熬了几个小时。下午，一群军官到了。我想我永远不会忘记那个场景。他们可不是年轻的小伙子，是红色高棉的指挥官。他们没有搭理我，就好像我是一只在墙上趴着的苍蝇一样。他们径直去找了男孩们，问他们什么情况。终于，一个生着斗鸡眼的人转向我，用法语对我说："柬埔寨欢迎您。"

我的天哪，我在被解放的柬埔寨是受欢迎的！

他对我说，他欣赏我为了解红色高棉做出的努力，但此刻我应该回去，然后向全世界讲述这个故事。在随从的保护下，他陪着我到泰国边境，打开了铁丝网，让我过桥，还对着国际记者们微笑。他们那时候也开始注意公共关系了。

在我之后，不到一会儿的工夫，又来了几十名记者。来自全世界的记者们，都急匆匆赶来，想要弄明白正在发生的事情——一个外国人被困在那儿的新闻被传了个遍。就这样，当我在这群士兵陪伴下到达边境的时候，所有人都在那儿拍摄，拿着数不清的麦克风朝我问问题。

我当然没有准备好要和他们讲述这整件事，我想自己把它写下来，这是属于我的故事。我爬上开往酒店的车，像着了魔似的快速逃离，不仅是因为我想快点儿写下这故事，更是因为需要平复一下恐惧的心情。两个小时后，我抵达曼谷。我立即打电话到佛罗伦萨，我妈妈很高兴地说："喂，我们在电视上看到你了！所有频道上都有你，你笑着的样子还挺帅气。能看出来，你在那儿过得不错。"她什么都没弄明白，光是在电视新闻上看到了她儿子，在佛罗伦萨看到我上了电视，谁管你是什么记者。老天！我就跟莉莉·格鲁伯尔[①]一样，不是吗？

[①] 莉莉·格鲁伯尔：意大利电视一台晚8点新闻的女播音员，被人称为"弹劾贝卢斯科尼的女人"。伊拉克战争时期，她全身心地投入新闻采访中，其采访对象从出租车司机到宗教领袖，什么人都有。意大利人称她为"红色的莉莉"。

从这件事中，我产生了一种困惑。就这个故事而言，我在忍受着极大恐惧之时，你们的祖母正乐呵呵地看到我在电视上，而你们的妈妈在阳台上写着日记，阿青在洗着土豆，为你们准备晚餐，你们在花园里踢着球，而你们的爸爸在那个时刻完全可能就"嘣！"的一声消失在这个世界上。

世界当时在两个不同的轨道上运行。

福尔克：死亡就在眼前究竟是什么样的感觉？

蒂齐亚诺：我写下来了，当人快死的时候，或许就不再受苦了。啪、啪、嘣！然后就一命呜呼了。唯一困扰了我很久的，就是到时候如何让你们知道这一消息。或许应该由一个朋友，或者同事，把你们的妈妈带到一旁，告诉她："是这样，昨天……"每当我有这个想法，我就难受得喘不过气来。因为首先，我会意识到自己慢慢地失去了意识，这已经足够让人沮丧了。再者一想到你们要被人告知，我因为一件蠢事糊里糊涂地死了，这更让我心情沉重。生命到底就是这么回事儿。

福尔克：这一段经历刺激到你了。

蒂齐亚诺：这是我生命中最戏剧性的一段了。

连着好几日，我整夜难以入眠，刚睡着就又惊醒，喊着"我是意大利人，我是意大利人，意大利人！"。浑身是汗。那时候你妈妈也很痛苦，她知道我受到了可怕的惊吓。

福尔克：我后来也感觉到了。因为我小的时候，有一次拿着一把玩具枪对着你的脸假装射击。突然你像气疯的野兽一样，看上去着实生气，我不得不跑到花园尽头，和你保持着安全距离。那只是个孩子的玩笑。

蒂齐亚诺：对你而言是的，但是福尔克，我希望你知道，也许被强按着面壁而站的这则小事每个记者都经历过，可对我而言这意味着什么呢？我只感到深深的徒劳，说到底，那会儿我真是自我膨胀，一点儿也不专业，就一心想着去要去的地方，看想看的东西。现在一想到如果会有人到你老婆那儿去告诉她："知道吗，他在波贝的集市上被枪杀了。"这种英雄事迹看起来会变得多么滑稽啊。瞧，如果一个人被枪杀，是因为他想刺杀阮文绍，那还说得过去，这事我倒也是想过。

福尔克：你想过要杀掉阮文绍，南越总统？

蒂齐亚诺：肯定啊。就在前去采访时，潜入内部，然后给他一枪！

福尔克：我怎么不知道你这样想过。

蒂齐亚诺：你知道吗，这些主意就是会时不时浮现在脑海。成为记者，可以获取很多的特权，那么难免有些时候你会想说："老子干掉你，让你看看我的厉害！"阮文绍就是那个把越南人关在那种铁栅栏围成的、一格一格的老虎笼子里的人，然后他们为了保持笼子的干净，往里面撒石灰，再扔点儿吃的进去。人就这样死在里面。当笼子打开，我再去看的时候，惨不忍睹！

战争太残酷了。全是这类无端的暴力和非人性化的待遇。

福尔克：你累坏了吧，想休息会儿吗？

蒂齐亚诺：只要五分钟就行了，你再给我倒点儿酒吧，还有那里的饼干也拿两块来。你也吃点儿，我们把那几块分完吧。我们下次去贝蒂娜那儿买糕点的时候，得记得再买些这种饼干。

电话响了。我起身接起，简单说了几句。

福尔克：是玛拉打来的，简单问候了一下，甚至都没问一句"他还好吗？"。

蒂齐亚诺：好的。

我们一起喝着甜酒。

・历 史

蒂齐亚诺：金边的沦陷，还有与红色高棉的会面后，我带着受伤的心回到了新加坡。但一周之后，西贡就解放了！

那会儿，我并不想去那儿，因为我的心里依旧满是恐惧。我的一个朋友，法新社的保罗·莱安德里刚刚在那儿被杀。有一天晚上，他经过一个检查站，脑袋一热，态度很不好地回应了当地军官，那人当即掏出了手枪——嘣！他就被杀死了。

福尔克：所以后来妈妈才陪你去了机场……

蒂齐亚诺：她把我送上去西贡的最后一列航班，还说着最好我被抓起来，不然我会在家里年复一年地唠叨"那本来是属于我的报道，我却给错过了！"这样的话。西德尼·尚伯格有柬埔寨的故事，越南则是属于我的，可恶。

就这样，我见证了西贡的解放。而我之所以能成为今天的我，我所做过的一切、战胜的一切，都源于你了不起的母亲，离不开她的祝福、理解和慷慨。她从来都没有问过我"为什么"。因为每一次她都很理解我，也从未把内疚感强加于我，"你为什么这么做？那我呢？我嫁给你是为了什么？"她自始至终都给我留下了无限的自由空间。

就像那次把我推上去西贡的飞机一样，实际上，是她成就了我的记者生涯。

福尔克：所以解放西贡的时候，你在现场。

蒂齐亚诺：是的，我乘坐最后一班飞机回到了越南。

你知道吗，福尔克，那天晚上，当人们察觉到这座城市已经被包围，快要撑不住时，恐惧让我感到不安。我就想着怎么才能保护自己。我从那些逃掉的人的房间里拿走了所有的床垫。当时很多人都逃走了，包括大多数的记者。我们只剩下大约20人，所以酒店差不多是空的。我去所有的房间转了一圈，搬走床垫，你可别以为是为了睡觉，我是为了把它们架在身上，要是炸弹来了，它们至少可以保护我免遭弹片的伤害。

越共开始进驻西贡。秘密巡逻队就藏在郊区。美国人乘坐带探照灯的直升机正要逃跑，却被人们追着攻击，直到飞机坠毁。美国大使馆也一片混乱。

那一夜，我感受到的是真真切切的历史。这就是历史，福尔克。

当我看到第一批坦克进入城市，以及第一辆载满越共的卡车从卡蒂纳特街上下来，他们喊着："解放！解放！"对我来说，这就是对历史的见证。

那一刻，我热泪盈眶。不仅因为战争已经结束，而且因为我对历史最真切的感受。那是历史上最重要的一刻。在30年后回想起来，印度支那的历史就是在那一天被改写了。也许群众的声音是多样的，好比有人说越共是糟糕的。但这些看法都富有争议，而历史是无法改变的。

我一直都保持这个看法。

一种激动、波澜起伏的情绪涌上他的心头，我几乎从未见过他如此激动。他压低声音，像要向我透露一个重大秘密。

蒂齐亚诺：在那一时刻，谁输谁赢都不重要了，重要的是，他们一道创造了历史。

他再次停了下来。

你知道，每个人会用不同的方式去体验那一时刻。作为一名记者，有人可能会做笔记，有人会摄像，拍下发生的一切。那会儿也有非常优秀、极其勇敢的人，比如一个电视台的记者，因为是个新人，所以他全程和我在一起。对他来说，这一切其实就没什么意义。他在现场进行拍摄，然后把带子寄回去，他没经历过之前的事，内心不动如山。

福尔克：他没有感受吗？

蒂齐亚诺：没有。但对我来说，那是我生命里最重大的一件事，我很幸运能够亲身经历其中。不过你明白我想要表达的意思吗？对于那个意大利电视记者来说，西贡的解放没有任何意义。完成拍摄后，他就想回罗马了。他也的确是在机场重新开放后就马上离开的人之一，而我却住了三个月。这对我来说就好像：天啊，"孩子"出生了，我想多看看它是什么样子！

福尔克：历史带给你的感动是生命最强烈的，对吗？

蒂齐亚诺：是的，一直都是。不得不说，我总是依靠本能感受它，我能真切地感受到它在我的生命中流淌，流遍我心灵最深处的角落。我的整个记者职业生涯都很幸运，我能感受到"历史"。我到一个地方去，处在一个环境，都能辨别出，那是一种寻常情况，还是一则特别的新闻素材。

正如15年后听到的那样，当我和醉酒的苏联记者一起乘着宣传船只，沿着阿穆尔河航行时，我在BBC上听到了这一消息：反对戈尔巴乔夫的政变！我的老天，我当时……我当时……我就像一只正在沉没的船上的老鼠。我必须离开，我必须去看看。这就是历史啊！

我逃离了那次探险，转而开始了一场令人难以置信的冒险，与此同时，我还犯了很多错误，因为我愚蠢地也想着要去莫斯科，当时的记者都挤在那里。也许我应该庆幸，苏联的低效率救了我。那天下午，一架飞机在布拉戈维申斯克停了下来，那是去莫斯科的直飞班机。当飞机即将降落，在跑道中间有一台压路机，正在那儿修路。所以飞机没在莫斯科经停就离开了，就像这样，"呼"的一下飞走了。莫斯科的计划也就泡汤了。那天晚上，我突然意识到自己是多么幸运。因为如果去了莫斯科，我可能和其他三四百名记者一起挤在旅馆里听新闻发布会，而在那里，我是唯一一个留下的记者。

历史！我切身体会到了历史性的时刻！我看到列宁的一座雕像在亚洲

内陆，伴随着人们的呼喊被拆毁，他们嘴里呼喊着口号。如今，那里诞生了基地组织。你看到这联系了吗？

福尔克：有意思。

蒂齐亚诺：你了解的，我一直对人性深感兴趣。人类到底是个什么东西？这就是我最终要问自己一个愚蠢但又非常重要的问题的原因："我是谁？"这也是所有人的疑问。人类，人类啊。总之，对人类以及人性的思考深深地吸引了我。人类去向何处？会带来什么？在进步吗，还是不在？

历史是有关这个的，不是吗？

福尔克：而那些你见证历史的时刻……

蒂齐亚诺：那些时刻带着几分狂喜。

福尔克：你这辈子里有哪些时刻是这样的呢？

蒂齐亚诺：有西贡的解放，还有苏联的解体，但那是满心的激动喜悦，因为我发现了自己从前无法想象的东西。你能想到吗？也许不能，因为你还太年轻。然而我们这一代从小就认为："我们在的地方是西欧；然后有一堵墙，此处有龙①，有苏联。"苏维埃社会主义共和国联盟的所有人都是一样的。而当这堵墙倒塌，人们得以以某种方式进入其中并找寻真正的苏联时，它到底在哪儿呢？有蒙古族人，有维吾尔族人，有哈萨克族人，他们甚至彼此互相厌恶着。我的天，那一刻，所有的真相都在一夕之间被揭发开来，而它们全都是新的发现！

福尔克：也就是说那是你生命里另一个伟大的时刻。还有其他的吗？

蒂齐亚诺：我得想想。

福尔克：遇到那个在喜马拉雅山上的老人时算吗？

蒂齐亚诺：绝对是的，不错！你说得对。那个时刻也是的。一点儿也没错。这种感觉是一样的。我感到被某样东西所触动。这是一个值得思考的问题。我得想一想。还有很多其他的事情。

福尔克：的确，就是有那么一些时刻，你感知到它们的流逝和驻留。

---

① 此处有龙：欧洲人用来表述地图上未被探索或被认为很危险的地域的术语。通常他们会在地图上的那块区域上画上龙、蛇或其他神话中的怪兽。

真美好啊，太美好了。我能理解你面对这些时刻的感受，那流经的事物，无边无际，无穷无尽。那就是我感受到的，当我面对——不，那对我来说还算不得历史事件，到头来，它们只是人与人相遇的经历，有时候是爱情。而与一些僧人相处的几分钟，让我感觉几乎失去了正常的意识，进而体会到入定的境界，还有特蕾莎修女和加尔各答的仁爱之家，这些是我一生中最重要的时刻。它们能带来真正的兴奋之情，让人迷失，从某种层面来说，也让我们感受到真正地活过。

蒂齐亚诺：没错，这会给你带来强烈的、活着的感觉。这超越了一切道德主义，超越了社会道义。有人可能会说："怎么会呢，你35岁了，而且已成家立业。你学过多种语言，拿到了两个学位，一个美国学位，一个意大利学位，你完全可以去当个律师、议员呀。而你偏要选择冲到前线去感受枪林弹雨。真是个怪人！"

有人会说两种语言，而两种语言所连接的两个世界，东方和西方，都不能让他有所触动。

而且我认为你是对的，我完全理解，站在我所说的——大写的"历史"前所感受到的东西，你可以通过其他方式去感受。也许，甚至宗教经历也是这种类型的，不是吗？一场伟大的神秘体验就是这种类型。面对着这伟大的神秘感受，一切都仿佛不再存在，再也没有牧师或红衣主教对你说："不，你不能与上帝建立直接关系！"你知道，一切都消失了，不再重要了，因为那一刻，你抽离了这一切！

他发出像火箭升空一样的声音。

福尔克：也就是说，历史的逝去是否如影子一般，像幽灵一样难以捉摸？

蒂齐亚诺：……

他叹了口气，不知如何回答。

· 战　后

蒂齐亚诺：基本上，我的人生在越战结束时，也告一段落。正如我期望的那样，越共赢得了胜利。我继续在我的领域工作着，也经常会回越南看看。我的书《自由！西贡的陨落与解放》（*Giai Phong! La liberazione di Saigon*）被翻译成越南语，在学校里可以读到。关于西贡和越南多年来的报道都可以从那本书中得以了解，因此一年后，当我去河内的时候，受到了英雄般的接待。越南最伟大的知识分子接见了我，他是一位非凡的人，曾是反法的游击队员，由于法军的酷刑而失去了整个肺部。

总之，我有了点小名气。虽然出了名，但我还是我：一个对事物抱有怀疑的人、一个佛罗伦萨人、一个不信奉任何主义的人、一个与任何政党都没关系的人。在一生中，我从来没有加入任何政党，我不为任何意识形态发声。而且在解放一年后，我开始意识到事情没有按照我预期的进行，无法这样继续下去了。我开始看到它的阴暗面。

福尔克：举例说说呢？

蒂齐亚诺：比较糟糕的一件事是，我探访了囚犯集中营，那是我的越共朋友们监禁旧政权的将军、上校及犯下可怕罪行的罪犯的地方。但当我进入监狱，我总是会不由自主地同情牢房中的那些人，反而憎恨狱卒。

他们把我带到监狱那儿，向我展示它修建得有多好，犯人们被关押得有多好，还强迫那些前任官员们给我演奏莫扎特四重奏。这让我想起了纳粹集中营中，囚犯不得不为游客弹奏的场景，当营长对我说"您去问问看，您只管问问他们过得怎么样，吃得如何呀！"的时候，我只好大喊了句："先生们，今天天气怎么样啊？"

最让我难过的是，当我走出那里，还要将自己的评论写在留言簿上。在那上面，我看到来自波兰的共产主义新闻工作者已经在我之前来过这儿了。所有人都在赞扬"这是民主自由的一个绝佳的例子"。而我则写道"这是件可怕的事情"，还签上了我的大名——蒂齐亚诺·泰尔扎尼。这让他们气极了。

我笑了。

随着我的失望与愤怒与日俱增，最终我写了一篇很长的文章，批评了这一切，但从头到尾没否认1975年4月30日是历史性的解放日。他们立即把我列入黑名单，我成了他们的敌人。

但是后来情况又转变了。两三年后，他们邀请我回来，这回，我写了一篇非常不错的文章。我记得那报道确实挺好，因为这个破旧、肮脏、可怜的河内着实让人动容。傍晚时分的街上，人们点着小灯，吃着越南粉，喝着越南汤，有的上面放了一条木鱼，因为他们没有真正的鱼可以吃。

你知道，我总是介于这两种感情之间：一方面，是对人民的极大同情，对于在河内的雨中斗争着的人们，在潮湿的房屋里挣扎、没有食物、没有暖气、没有衣服穿的穷人，我没法不产生极大的同情；另一方面，是变得越来越专制的政体，因为美国人就跟往常一样，不会让事情就这么安静地过去。他们的间谍组成小组去破坏铁路，还有建筑。一直都是这样。也部分因为这样，政权变得专制，越共必须自卫，必须对抗，必须监禁。

当我回到越南，感受到了这种景象。

就是这样，我也一直很矛盾，而且直到现在都是。如果你问我如今对越南的看法，我会觉得，随着1975年西贡解放和国家统一而发生的事情是神圣不可侵犯的。但是我也认为，越共失去了一个伟大的机会。因为他们完全可以更仁慈一点，更有远见一些，慎重地管理一个潜力巨大、未来会繁荣发展的国家。

看看现如今的越南，我会想要说些可怕的真相：如果其他人获胜，结果可能并不会更糟糕。其他人可能更擅长管理这种类型的社会。总之，这场革命本应创造出一个更公正、更平等、更加人性化的社会，但我的梦想破灭了。

在那儿，我想通了一个一直困扰着我的疑惑，它也是美国人今天在伊拉克所面临的老问题：赢得战争容易，但是要打造和平繁荣的国家则困难得多。可是在我看来，更仁慈一点就足够了。说到底，统治者与人民是可以用真心来换真心的。

而当社会交由特务组织管理时，如果有人抱怨一句被间谍听到后就在夜色中消失了，那么最后统治者什么都无法推行，很快就会迷失在历史的洪流中。我认为，当越共进入西贡，他们具有极其深厚的群众基础，行为上表现得也非常好。有人担心会有大屠杀或者行刑队，然而事实证明，没有一个人遭到处决，没有一个人是因为遭到报复被杀害的，甚至在私人层面上也没有，你想想看！他们拥有了这一资本，却没有好好加以利用。

因此，要创造一个良好的形象。也许胡志明就是这样成功的，我不是很清楚。不过你要知道，得有一个优秀的人站出来："来吧，我们团聚了，我们现在都是兄弟，战争结束了。不要互相背叛，因为你将背叛的是人民和我们的历史。让我们一起努力！"我相信，许多人会被这种价值观感动，愿意同舟共济的。

可是，掌权后的越共带着巨大的优越感。他们希望自己的牺牲得到回报，而其他人都是叛徒。你要知道，叛徒有时也是被迫的。国家是分裂的，有两种制度，你出生在其中的一边，然后你顺其自然成为其中的成员，并不是所有人在所有时刻都拥有选择的权利。了解吗？

这就是他们犯错的地方。

福尔克：所以说越南战争后，并非一切都好起来了。

蒂齐亚诺：不过，在柬埔寨发生的事情更令人恐惧，那些逮捕了我的红色高棉上台了。他们想建造另一种社会，一个人人平等的社会。他们想创造新的人类。这是一段重要的历史，是值得我反复强调提及的，因为我们必须了解它的恐怖所在，也必须了解其背后的原因。

红色高棉的领导人波尔布特意识到，古老的柬埔寨拥有吴哥窟、伟大武士和世界上最杰出的寺庙，这确实很伟大。

柬埔寨人曾有一段奇妙的历史。但是后来，被泰国人击败的这一民族逃到了丛林，遗忘了他们的过去，直到被法国的昆虫学家重新发现。当时这位昆虫学家正在丛林中捉蝴蝶，突然意识到自己正站在阇耶跋摩七世①的面前。这一幕神奇极了，那笑容刻在石头上，甚至比蒙娜丽莎的更加深奥和神秘。从此，柬埔寨人重新认识了他们的过去。

在巴黎学习马克思主义的民族主义者波尔布特知道，如果要赋予无产阶级权力，就必须摧毁资产阶级。像法国知识分子在巴黎的咖啡馆里所说的"啊，我们必须摧毁资产阶级！"，但仅仅消灭"阶级"是不够的！

我的意思是，他以自己的方式，发现了富有逻辑性的正确的事物。他发现，城市使柬埔寨农民堕落。农民是干什么的呢？是在有着千年历史的稻田里播种水稻，而这事儿能在城市里做吗？他们能做什么呢？在货车上堆满东西，然后去市场上交换商品，带着走私物品去泰国吗？这根本不是真正的柬埔寨人，这是懦夫，而他们的敌人泰国人将他们鄙视为蛆一样的存在。

于是，当波尔布特掌权后，他做了什么？他封闭了整个国家，不允许任何人进出，然后开始扼杀城市，摧毁它们。24小时内，福尔克，波尔布特让整个金边都撤空了。所有医院都变得空空荡荡，一个个家庭推着病床，病人们挂着吊瓶。成千上万的人纷纷离开，不少人死去。

波尔布特并不是孤例，但他的狂热主义得到了更强有力的实施。这与

---

① 阇耶跋摩七世：柬埔寨吴哥王朝最著名的统治者之一。

我告诉你的那个想法有关，这个想法在当时的世界上是一种普遍的思想：就像化学反应一样，社会学操作也可以引发社会问题，社会学家可以创建一个新社会。而新人类群体的最终目标能是什么呢？是一个没有记忆的新人，是不会反社会主义、没有资产阶级的理想社会。

红色高棉想消灭所有来自城市的人。你念过书？出去！你戴眼镜？出去！这些人全部要排队爬椰子树。知道如何攀爬的，意味着你是农民。而不知道怎么攀爬的，则说明你是个城市人，可能是邮局工作人员，可能是市场交易员，做着10点买进、10点卖出的活计。而要塑造新人，就必须除掉旧人。所以你知道发生了什么。

福尔克： 真是意味深长啊。

蒂齐亚诺： 这是一个邪恶，但又有些刺激的设想，我们得去好好理解。你要知道，如果有人告诉你这些独裁者都疯了，这根本不可能是真的。希特勒不是疯子，波尔布特也没疯，他们的所作所为之中是包含很强的逻辑性的，如果我们想了解其意义，就必须去理解其逻辑。

波尔布特曾经就创造了这些新人。我亲眼见到过，因为俘虏我的孩子们就是新人类。他们十五六岁的样子，灰头土脸，死气沉沉，不带一丝微笑，他们看到的尽是战争、暴力和饥饿。波尔布特把所有的锅也销毁了，因为锅代表着家庭，也就意味着会有人秘密地聚集，窃窃私语。他还教会了孩子们去监视。孩子有义务举报他们的父母，而父母会被带走。

他让人把锅都捣毁，你感觉到其中的逻辑性了吗？这一切并非偶然。你不能只看日报，必须阅读真正的报纸，才能把大事都串起来，找到线索。

有一种说法我是绝对、肯定、一定不会接受的，那就是所有的独裁者都是疯子。萨达姆是疯子吗？一点也不是！尽可以说他是个虐待狂、凶手，但他不是疯子。他建立了一个使一国团结数十年的政权；一个一旦失去他，就会分崩离析的国家；一个避免伊斯兰宗教激进主义的国家，那是中东的世俗、反宗教的堡垒！我想要说的是，他没有疯。他的创想使得数十万人丧生，但他并不疯狂。

福尔克：不过他的逻辑值得商榷！

蒂齐亚诺：岂止是值得商榷的，他的行为是应该被谴责，是极其恶劣的，你怎么评价都行。但是他们不是疯子，不是那种某天早上起来说"走吧，为什么不去杀个一万人呢？"的疯子。

他们的狂热之中有巨大的逻辑，他们拥有了不得的逻辑思维。

一旦掌权，红色高棉就做出了不可思议的事情。他们呼吁逃离到国外后做了医生、牙医、教授的柬埔寨知识分子回来，帮助重建祖国。几百人回来了。可当他们下飞机后，便意识到自己掉进了坑里。他们连同家人一并被带走，所有人都被带到了"死亡稻田"。

这是骇人的故事，简直令人发指。

一位幸存下来的女士，就这段经历写了一本十分动人的书。他们回到那里，是为了帮助人民。你懂吗？国家解放了，我们要回来当家作主！我们的心与人民联系在一块儿，我们要去帮助他们。

一阵沉默。我在这儿停了一下。

福尔克：等一下。这太令我惊讶。这一段历史充满戏剧性，但在这之前我从未明白过，现在突然懂了。

波尔布特政权持续了多长时间呢？

蒂齐亚诺：从1975年到1978年。1978年底，越南人发动闪电战，进驻柬埔寨，推翻红色高棉并占领了整个国家。支持红色高棉的平民逃向泰国边境，在烈日下行走数日。在丛林中，他们没有水，没有食物，患上疟疾，濒死挣扎。我当时正在泰国和柬埔寨边界附近徘徊，为了搞明白发生了什么事。我在距离边界约500米的一片空地上看到了几个妇女，她们的眼睛和嘴巴里满是苍蝇。看起来面若死人，但一息尚存。她们是红色高棉妇女，曾经也是杀手。

当时我陷入了痛苦的两难。我该怎么办？我数一下人数，然后继续前进？还是将记事本收起来，把这些垂死的人带走呢？

直到现在,我都记得我抓起一个满身被狗屎覆盖的妇女的场景,我那时穿得清清爽爽,一直身着白色的衣服,我把她扛在肩上行走,她的头好像空的皮囊一样,一下下砸在我的背上。嘭,嘭,嘭。我扛着她去了红十字会组织营救行动的那条路,然后又回去,再把剩下的人给扛来。我救了这些曾经的杀手。

目的是什么呢?

这不是作为记者应该做的,但那时候我仍然荒谬地坚持盎格鲁-撒克逊客观性观念①。面对这些令人愤恨的女人、濒临死亡的杀人犯,你要决定是否救助她们。而目的是什么?

这是个无关紧要的小片段,是为了说明,我们这一生充满了选择,你必须在不同的时刻做出不同的决定,好让你以后心安理得。

看起来他说完了。

到了晚上,怎么说呢,就叫奇遇的喜悦吧。我回到了旅馆,那个糟糕透顶的客栈叫作小矮人孕妇旅店,因为店主是个矮小的女人,一个荡妇,肚子很大。

福尔克:这不是它真正的名字吧?是你给取的?

蒂齐亚诺:对,当然啦。旅馆在泰国与柬埔寨边界附近的亚兰贾普特。晚上回到这地方后,会有人不停地敲你的门,要么是要给你提供服务,或者要给你按摩。你去冲个澡,洗漱干净,然后下楼去,喝一杯凉爽的啤酒,坐下后就感到一阵轻松!你知道有一位柬埔寨妇女正躺在医院的病床上,而不是在丛林中垂死。你知道你做了对的事。坐在那里,你喝着冰啤酒,有点享受帮助他人给你带来的快乐。但你能明白吗?这终究还是有点罪恶的。

就在那时,关于我的神话就诞生了。人们传说泰尔扎尼身着白衣,来

---

① 盎格鲁-撒克逊客观性观念:即遵循事实与观点分离的原则。

到小矮人孕妇旅店,耳朵上别着一支红色玫瑰花,登上一个纸板箱,朝着柬埔寨边境眺望,并说道:"放眼望去,什么历史都没看到!"

我笑了。

福尔克:这都是谁说的呀?

蒂齐亚诺:都是同一个人传出来的。那个人也颇为神奇。我是应该在耳边搭一枝玫瑰花的!这也是那里生活的一部分。

然后还有与我那些有点儿蠢的同事们度过的无数个无尽的夜晚。英国人喜欢夸大其词,说蒂姆·佩奇为了拍摄他新书的封面,卧在了柬埔寨铁路的铁轨上。火车朝他开去,其他人给他拍了那张照片。

我很喜欢,真的喜欢这些小旅店。你上楼,走进木头做的小房间里,为了挡住洞眼,四周全是张贴的海报,这样你就看不到隔壁在做爱的人了。那时候都是这样的。

钟声从山谷底部的村庄升起。现在是早上10点钟。

蒂齐亚诺:一年后,我与《远东经济评论》的钱达·纳扬一起成为第一批返回柬埔寨的记者。越南人在此期间占领了柬埔寨,并且因为我们曾参与过西贡解放,而与我们保持着良好的关系。他们在某种程度上是信任我们的,也就是说,他们知道我们不是美国人的间谍,并出人意料地给予了我们一些特权:不仅被允许进入柬埔寨,还可以长期停留。

当我们到达金边,越南官方派人来找我们说:"伙计们,很遗憾我无能为力,不能给你们提供护卫队了。如果你们愿意的话,就把车开走吧,想办法搞些汽油,穿过村庄。"

行程不知不觉就这样开始了。无人护送。老天,这多冒险!但我们后来才意识到其中的危险性。

我们穿过一个之前无人见过的国家,它曾经就像不存在一样。城市一片荒凉，连一口能让人喝水的水井都没有，水井里堆满了尸体。在田野里，脚下踩的也是骷髅和头骨。而且，由于红色高棉的残党仍然在乡村中游荡，那路走起来令人胆战心惊。

我们走在这些荒凉的街道上，什么也看不见，只有星星点点的光在空中闪烁。我们走着走着，来到一个小村庄，村民从屋子里出来，一个个瘦骨嶙峋、邋遢不堪，他们打量着我们，神情痴傻。这群人很久没吃上过一口饭了。我们就驻扎在废弃的棚屋里，屋子里没有人，什么都没有。我们随行带了些米饭煮来食用。

福尔克：连吃的都没有吗？

蒂齐亚诺：从哪儿弄吃的呢？那里可不是有饭店的地方。哎！人全都逃光了。

福尔克：真可谓一片焦土。

蒂齐亚诺：的确如此。然后我们在整个柬埔寨绕了一圈。

我们穿过所有河流、湖泊，穿过洞里萨湖。我们走走停停，收集了让人难以置信的故事，好比鳄鱼的故事，在那里，人们都会愿意把它讲给你听，因为这些都是真事。你还记得孩子们被扔进鳄鱼井的图画吗？

福尔克：那是小时候最让我感到不安的图画，他们把这刊登在周刊上了，所以这是真实发生的事，不是在做宣传？

蒂齐亚诺：见鬼！人们甚至没有勇气越过一个池塘，因为担心掉进鳄鱼的嘴里！柬埔寨全是鳄鱼。到了像马德望那样的城镇，你就能感受到些生活气息。那儿有一个市场，有些深色皮肤的妇女在卖鱼。

然后发生了一件妙极了的事情：我们终于到达了吴哥。天哪，吴哥真令人印象深刻！那里简直是一片巨大的墓地，全是空的，一无所有，那儿的寺庙穹顶散发出蝙蝠粪便的味道。一个人都没有，我产生了一种奇妙的直觉：实际上，巨大的吴哥浅浮雕是一个预言，因为上面展现的一切在后来都发生了。你去看一看的话，会看到被殴打的人、鳄鱼，还有大屠杀，就好像1000多年前的柬埔寨人已经知道将来会发生的事。

福尔克：那真的是预言吗？

蒂齐亚诺：对，雕刻在石头上的预言。

我们找到了一间旅馆住下，它叫暹粒大酒店。里面全都是寡妇。她们被安排在那儿，因为她们的丈夫都被杀害了。我模糊记得有那么一天晚上，有点奇怪。在那天晚上，这群给我们烧饭的妇女都坐在酒店大堂的地上，用小木条生火，烹饪湖里的鱼。

之后我们就离开了，回到了金边。

结束旅程后，我们的心情久久不能平静，然后从这显然不可能再重建的文明中离开了。那里究竟要怎样才能恢复呢？

也就在那里，我萌生出另一个让我感到愉悦的想法：生命是不会完全消逝的。你可以扔汽油弹，撒盐，扼杀一切。一段时间的生命迹象确实看不到了。但然后，"啪！"，一个新苗冒了出来，一个集市再度出现，两个人相遇相爱，生命以它对活着的渴望再次回归！我们能感受到它的顽强，这种感觉非常强烈。

福尔克：这算得上最让你震惊的旅行之一吗？

蒂齐亚诺：它令人印象深刻，令人为之感动。那不是平平常常的景象。但都被遗忘了，被忘光了。

福尔克：你忘记了这一切吗？

蒂齐亚诺：不是我，是世人将之忘却。那些死掉的人有数十万之多，有些幸存者在巴黎的唐人街开了一家高棉餐馆。过去的一个世纪，带来令人震惊的失望。这也是为什么，如今人们如此迷失方向。因为我们没有任何可追寻的东西，没有可依附的根据。

・禁忌游戏

福尔克：不知你是否还记得，但我很想知道你十岁时，当别人问"长大后想做什么"的时候，你的想法是什么。

蒂齐亚诺：我那时候想到的，全是不存在的工作，我肯定不会说"我想成为一名新闻工作者"。关于梦想，我从来没有过，只是一直往前走罢了。我想要做些事情，去改变，因为以前我蜗居的地方和现在的我一点关联都没有。

福尔克：倘若你觉得和周遭的人如此格格不入，你的身份又是什么呢？那时候，你认为自己是怎么样的一个人呢？

蒂齐亚诺：一个越狱者。

沉默。

要知道，逃跑向来是我的天性，从某种意义上说，它是积极的，但也有其消极的意味。因为当我逃开，我也逃避了责任，例如政治责任。毫无疑问，我本可以从事政治事业。当我还小的时候，我经常在满是佛罗伦萨人的环境中活动，这些地方本可以带给我从政的便利；我还常去本西先生[①]的小礼拜堂，他是个小有名气的天主教教徒；我认识了拉皮拉[②]和许

[①] 本西先生：原名拉斐尔·本西，意大利牧师。1925年至1985年间，他是佛罗伦萨教会的重要人物。

[②] 拉皮拉：全名乔治·拉皮拉，意大利政治家和学者、佛罗伦萨前市长。

多其他我本可以与之一道同行的人。但我知道,那不是真正的我。

就这样,逃跑是我的天性。真的是这样,你要是问我对自己的认知,我会说:我一直都是越狱者,一个逃跑的人。说来好笑,我可以对你讲,我第一次逃跑就是逃离母亲给我建立的形象。在生命的前三四年,我被打扮得像个女孩,正如我已经告诉你的那样,我的母亲原本想要个女儿。这一切糟糕透顶,教我如何不想逃开那个穿着小围裙的女人呢?而且我在家什么也不能做,因为那会弄脏自己。可我喜欢在厨房里奔来跑去,切切东西,做番茄汁。我也喜欢做蔬菜汤,于是我时常从家逃出去,去找我的祖母埃莱奥诺拉,她住得离我们有三户远,我们的门牌号是147,她在153。在那里,我可以埋头做我想做的事。

逃离的想法一直且永远地存在于我年少的脑海之中。我渴望逃离所有的束缚与控制,就像同你讲过的,为了学法语而前往瑞士的冒险旅程一样。我这一生都在逃离,当然,这也有消极的一面。

福尔克:但到了某一时刻,你一定意识到,你已经成功了。就在你到亚洲后,你成功逃离了,不是吗?

蒂齐亚诺:算是吧,不过在那之前,我却没有!你看看我在奥利维蒂上班时拍的照片,打着条领带。天啊,我从入职的那一刻起就想逃走了。

福尔克:那么对于你来说,这股想要挣脱出来的劲头是你的推动力吗?

蒂齐亚诺:的确,说到底,那确实曾经是我的动力。我想往前走,去看看这个世界,从而产生全新、迥异的好奇心。我一直对差异性兴趣满满。但在佛罗伦萨,什么都一成不变。我必须强调,我的好奇心并不是费脑筋的事。相反,知识分子式的绞尽脑汁、保持理智才会压制我,因为我认为那是使世界变得复杂的一种方式。就此我有句玩笑话:知识分子会使简单的事情变得复杂,而记者则要简化复杂的事情。

我从来都不是一名知识分子,从来不是。有时候,我的好奇心甚至纯粹是身体层面的。我曾感受过印度支那,实实在在地感受过那里的炎热、静寂与日落。你知道吗,在湄公河与琅勃拉邦一条支流的交汇处,有座最古老的寺庙之一——普西寺,在那里,伴随着日出日落,庙里的小铃铛叮当作响。我喜不自禁,醉心其中。

不得不说的还有战争，尽管我反对战争，但我必须承认，在危难关头，关乎生死存亡的战争也有它独特的魅力，这不能否认。因为毕竟，在人类灵魂的深处，我们有种对暴力的渴求。也可以说，后来我的心毅然抛弃了这种暴力，但是有些东西，你要知道……

他的声音降低，变成了耳语。

当我们早上离开，赶往前线，从不知道迎接我们的会是什么样的结局。许多人一去无回，那是场冒险。比方说，我们跟随一个年轻的司机早上出发赶往一个未知的目的地，他开着一辆旧梅赛德斯，还是点火发动的那种，"突、突、突"，需要十分钟才能发动起来。如果我们陷入伏击而不得不逃跑，它却在那里"突、突、突"又该怎么办呢？

福尔克：你经常旅行在外，一走就是几个星期。你会因为离家而不舍吗？

蒂齐亚诺：不，我不假思索地往前进，找寻，再找寻。找寻所有的与众不同、超出常规。旅行对我来说非常重要，其中最重要的就是寻觅。那就是我的生活，没有什么能阻止我。而且，我必须说，家庭，就像孟加拉语诗人所说的，对我而言家庭就像一根柱子，我们之间由一条丝线连接着。但是，我和我的家庭一直联系着，我从来没有背叛过我的家庭，从没有过，不像一些失去理智的人，同波来古市的歌手私奔了。我得承认，一部分的我很享受这样的自由。

福尔克：即便是承担冒险的代价。

蒂齐亚诺：怎么说呢？我总是尽量避免冒险，或许因为我是个胆小鬼。我一直害怕，这就是为什么我说我真的很勇敢。但有一些人是毫无畏惧的。比如了不起的尼尔·戴维斯[①]，他在曼谷政变时丧生，因为那些政变的蠢货经过他的车，以为他的摄影机是巴祖卡发射器[②]。他记录了自己的死亡，他把摄像机开着放在自己面前，拍摄了自己的逝去。

---

① 尼尔·戴维斯：澳大利亚摄影记者。
② 巴祖卡：第二次世界大战中美国陆军使用的单兵肩扛式火箭弹发射器的绰号。

他是个勇敢的人。你要是去前线，最靠近那儿的巡逻队会提醒你："注意，那里有红色高棉！100 来米外，就有一只瞄准我们的巴祖卡。"你再看看戴维斯，会发现他就在距离 50 米处拍摄着。

沉默。

啊！这简直是拿生命开玩笑。关于这一点，我是要忏悔的。事实就是这样，我的确是个爱说教的道德主义者。

我还记得我们在柬埔寨湄公河玩的愚蠢游戏。多么疯狂！那时，大家把衣服脱了，全部换上纱笼。在金边，在西哈努克亲王王子赌场旁边，所有人跳进水里。纱笼下面因空气涌进而鼓了起来，我们在河上漂流，耳畔传来远处大炮的轰鸣声。我们顺着这条巨大的河流漂流了好几千米，我们的车夫在岸上跟着我们，然后把我们带回酒店。

福尔克：没有鳄鱼？

蒂齐亚诺：没有，那里没有。日落时，我们能看到歼击机在城市上空盘旋，而我们就在水里徜徉。然后，等所有人回到住处，还能在邮局附近的咖啡厅吃到巧克力舒芙蕾。有一天，一个叫阿尔·罗科夫的人把手榴弹往桌上一撂，说如果他们不把点心做好吃点，他就把舒芙蕾都炸飞。

福尔克：这个阿尔·罗科夫是谁啊？

蒂齐亚诺：一个美国摄影记者，一个了不起的疯子，他的房间里全是手榴弹。后来，金边酒店的经理来了，对他说："啊，罗科夫先生，您随身携带的手榴弹太多啦，还是另寻住处比较好。"

说完他笑了。

他那房间里可真的全是手榴弹！

福尔克：他究竟要干吗呢？

蒂齐亚诺：他是个疯子啊。

那些失败的作家，所有梦想着写出《安静的美国人》①的人！想想看，《安静的美国人》是唯一一部关于第一次印度支那战争的伟大小说，所以，大家的梦想都是写另一本。所有人都在写啊写，却始终没人写出来。

其中，有一个自称为"恶之花"的女人，名叫莎拉·韦伯。她让人无法言说，让我难以忍受。她的胸部垂到了膝盖。有一幕很有意思，一个名叫尼克松的摄影师送了她好多照相机。等他回来的时候，我记得不太确切，晚上11点左右，他找到旅店的看门人，大张旗鼓地问道："你们有谁见到韦伯小姐了吗？"

"见到了，应该在房间里，24号。"

然后，看门人的助手说道："不，她刚从24号房间出来了，现在应该在37号。"

他笑了。

不过，她真算得上一位女冒险家。后来在非洲，她被她的最后一任情人枪杀了。

所有这一切的美妙之处在于，其中交织着死亡、形形色色的人物，以及闲适的时光。那些四五十岁、逐渐上了年纪的人，在他们壮年时代的尾声，丢下和他们一同来到亚洲的妻子，跟着这群年轻的女孩子私奔了。

我从未交往过越南情人，但我曾和一个女孩子有过一段美好的关系。我不知道我是否曾同你讲过这个美妙的故事。她是越南航空的乘务员，我偶尔请她吃饭，以示关心。战后，新政权把她派到田里工作，说是让她进行自我教育。

我最后一次见到她，是在一天晚上的卡蒂纳特街上。我假装没认出她，因为我不想让她尴尬，但是她迎面向我走来，伸出胳膊，抱住了我的脖子，告诉我她只是想闻一下我耳朵后面皮肤的味道。这让我感到既好笑，又感动。在那之后，我们彼此挥别。她去了河内，我留在了西贡。我想要告诉你，我们仅仅止步于这样的关系。在如今的伊拉克，我不相信会

---

① 《安静的美国人》：英国作家格雷厄姆·格林的小说。

有女人想要去闻一闻哪个美军的耳朵。

我饿了。从昨天开始,我还是第一次想要吃东西。

福尔克:从昨天到现在,你都没吃东西吗?

蒂齐亚诺:午饭没吃,你知道的。但如果我想吃东西,就说明我好多了,因为它能补充点能量。

福尔克:哎,你要是不吃东西的话就没力气,会饿得头昏眼花的。

蒂齐亚诺:还有一个通讯员。他的品行,我非常欣赏。傍晚,夜幕低垂,人们在金边饭店的游泳池旁吃着黑椒牛排,门口有黄包车在等着他们。等喝得有点醉了,在场的人就爬上黄包车,往赌场去了。他们常常会带女人回来,有时候也会把这些女人带回自己的房间。老天爷呀!我最喜欢的那个家伙,他也会带女人进自己的房间,但是与其他人不同,他早晨还会照常出现,穿着得体,和那位女士一起吃早餐。他是唯一一个这样做的,其他人则都装作若无其事。他还会问那女人:"您想要煎鸡蛋还是煮鸡蛋呢?"他的做派,我很喜欢。

然后那男的也栽在了韦伯小姐手里。当尼克松发觉后,有一天,他趁她在泳池边晒太阳的时候,走到她身边,把送给她的照相机全部扔进了水里。

福尔克:太戏剧化了!

蒂齐亚诺:还有呢,晚上还有烟局。那些不去妓院的人,就去抽烟。

福尔克:那是你生命中最自在的时光之一吗?

蒂齐亚诺:它确实富有戏剧性。或许因为我是刚到那里,你也知道我生长的环境……你看过那张我在米兰拍的照片吗?那上面,我还戴着一只领结呢。然后,我发现自己突然置身于截然不同的环境,那里乌烟瘴气,可在米兰,可从没人告诉过你如果有人开枪的话,你该怎么做。

福尔克:似乎在所有的记忆中,印度支那仍是最令人难以忘怀的。所有的友谊都可以追溯到那时。当时经历的一切,都给你们上了意义非凡的一课。

蒂齐亚诺:是的,每天都有神奇的事情上演。"谁当时在越南,谁不在?"我们自觉分成了两派。而我们那会儿都年轻气盛,我不得不承认,对我的许多同事来说,印度支那就意味着女人和妓院。

◼ 插曲

一天早晨,一位来自英国的朋友打电话来。他听说爸爸身体不好,说他要在三天后来拜访。我给他重复了一遍我对所有人都说过的话,爸爸不想再见任何人。但是他不接受。"你告诉他,如果他不见我,我会追他到天堂,给他屁股狠狠地来上一脚。"我向爸爸转达后,爸爸似乎很高兴,最后为这一位越战时期的老同事破了例。

蒂齐亚诺:亲爱的马丁,欢迎!你瞧瞧,自我隐居到此,我现在谁都不见了,连电话都不接!我不知道你是否看到我贴在大门上的标牌:不欢迎任何来访,绝无例外。

马丁:我一开始还不清楚哪里是你家。后来我看到标牌就说:"肯定就是这里了!"

他们笑了。

福尔克:如果你弄错了,那么就会有人拄着拐杖吼道:"您是不识字吗?"

蒂齐亚诺:起初,我们挂的不是这块牌子,先前的那块牌子要温柔一些,和海明威放在他最后一个家的那个一样,写着:到访出其不意,我者无心接待。

福尔克:语气很温柔,效果也很差。这一块效果就很好。甚至客人都不好意思在此停留喝咖啡了。只有小鹿、野猪、狐狸、獾,还有豪猪路过,来吃鸢尾花。

蒂齐亚诺:不过当他们告诉我是你要来的时候,马丁,我真的很想见你。我们曾拥有一段很长的回忆。就在几天前,福尔克还问过我,年轻的时候我崇拜的记者有哪些。那肯定得是《卫报》的马丁·伍拉科特!当我到达西贡，见到真实的你时，我惊呆了。

马丁：原来如此，你近来如何？

蒂齐亚诺：我好极了。现在，我内心感受到前所未有的舒坦。周遭的一切，和我一起等着结局的到来。这一切已经圆满，连成了一个圈。你知道吗，有一位著名的禅宗大师，在他生命的某个时刻，有人问他："这一切的含义是什么？"他拿起一支中国的毛笔，浸了浸墨，然后画了一个圆。这也是我的梦想。真美好，不是吗？圆满的一个圈。

我现在状态极好，笑对所有的时刻。但是，我身体各个部位都在出水，就要烂掉了。为此在过去的三四年里，我一直在练习脱离自己的身体，抛开肉体，轻松上路。我在学着把它给放下！

他笑了。

而且我不希望有朋友或新闻记者报道我，说什么："他棒极了！与癌症抗争到了最后一天。"那根本不是真的，我从未抗争过。嘿，顺便问一下，很久以前，当我们还在中国香港那会儿，我听到过一件关于唐·怀斯的事，据说他担心他的同事要给他写传记，就自己先写下了讣告。这是真的吗？

马丁：我不知道那是否真实，但是我知道有一件事是真的。《泰晤士报》社长邀请了两位著名的记者来撰写彼此的讣告。然而阴差阳错，这两份讣告并没有寄回报社，詹姆斯·卡梅隆收到了雷内·穆克龙给他写的讣告，而雷内则收到了詹姆斯写给他的那份。

不久之后，他俩在一场晚宴上遇见了，詹姆斯脱口而出："浑蛋！"然后雷内回道："彼此彼此。"

他们笑了起来。

唐·怀斯我不清楚，但这听起来像他做的事。

蒂齐亚诺：你知道我有多享受一个字都不用写的日子吗？那真是太好

了。人这一生，如果你有机会不重复你曾经做过的事，就抓住机会。如今，我阅读这些优秀的年轻人写的东西，他们是在重复着30年前的事，好比报道中国和越南的关系，写美国人切掉伊拉克人的阴茎，而不像他们对待越南人那样割掉耳朵。如今他们写着一样的东西，再没有好文章问世了。

你想要一杯杜松子酒再加一片柠檬吗？

马丁：不了，我更想要一杯威士忌，如果有的话。

我去柜子那儿拿威士忌。

蒂齐亚诺：就像这样，生命中的美好之处就在于可以坐下来再回首。所有那些已经不存在的人啊！回想起来真有趣。我看到鲍勃·沙普伦叼着雪茄，从大陆饭店吱吱作响的楼梯上下来，后来他就被杀死了。这一切就好像——我的老天！就像伟大的印度史诗电影《摩诃婆罗多》的场景。

他笑了。

过来吧，我带你去你的房间。但那间房的供水有点问题，因为野猪把我们的供水管道给弄坏了。

那天晚上，马丁打开了父亲的话匣。他们聊啊聊，像以前一样谈论政治，聊当下的事件，谈战争，说到过去共同的生活经历和未来的日子。父亲告诉过我，他不想再谈论政治了。"绝对不会，我拒绝，因为这太庸俗了。所有这些就像内脏一般，现在对我来说近乎无关紧要了，都过去了。"但是一见到这位老同事，他不再抗拒，两人喝着威士忌，持续争论了几个小时。第二天早上，他们最后一次互相告别，然后马丁启程离开。

·到达中国

蒂齐亚诺：今天我状态不错。可以说上一小时。
福尔克：看，小猫在那儿。

它被我们邻居那只巨大的牧羊犬追赶着。

蒂齐亚诺：给我走开！狗不可以来这里。

牧羊犬走开了。猫弓着背，一动不动地趴在家门口。

蒂齐亚诺：你看，猫怕那狗。
福尔克：我觉得它们闹着玩呢。言归正传吧，越南的战争结束以后，我们全家搬去中国香港住了几年，等着前往最终的目的地……
蒂齐亚诺：中国内地！
那真的是一趟非凡的历险旅程。我和你妈妈一起准备了很久：学习中文，阅读一堆文件。我们等了很久，才终于能够前往那个我一直想看看、想了解、让我无限着迷的国度。算算看，我们1967年还在纽约的时候就想去了，而到了1980年，我们才终于能够去那里生活。

我们在香港的那会儿,已经了解到内地正在不断地对外开放,他们仔细挑选并考量要邀请哪些记者前往。

因为他们知道,很快会有间谍趁虚而入,肯定会有人想要批评这个国家。而我,坦白而言,我尽了一切努力向他们介绍自己,一个真实的自己,不捏造、不虚伪——我是中国的一位朋友。

我从来都不是中国的敌人,我不是一个希望中国出问题的人,但是有些其他人是这样想的。我真心认为自己是中国的朋友。我喜欢那里的人民,我喜欢从1921年开始的共产党的历史。共产党曾遭受过的沉重的苦难,那是不能被忘记的。在当今世界,人们为伊拉克被斩首的人痛哭流涕,发表长篇大论,但在中国,共产党人也曾遭受过同样的苦难。

当时中国香港有一个谍报中心。中国人容忍着英国占领这块土地的屈辱,而不起正面冲突,作为交换,英国人允许两地往来通行。

毛泽东于1976年过世。在香港的中国银行举办的纪念活动中,我遇到了几个有影响力的中国人,我是少数被邀请去参加这类晚间聚会的外国人之一。我必须说,他们对我一直都很真诚,也从未尝试过网罗我,我们成了真挚的朋友。

正是这样,当第一批记者被允许进入中国内地时,我被列入其中。为此,编辑部对我十分感谢。而且,我们成功地成为第一批采访华国锋同志的人,他是毛泽东的继任者,毛泽东曾经夸赞他"你办事,我放心"。

我甚至不知道自己是怎么得到这次采访机会的。那是我人生中运气最好的一次,因为从那次采访中,我们获得了开设北京办事处的许可。

他笑了起来。

福尔克:对你而言,那段日子应该很美好吧。

蒂齐亚诺:因为一切都很新奇,懂吗?我们是第一批在1949年后到中国内地生活的记者。

我回到香港,收拾行装,这对我来说是一段难忘的旅程。你妈妈来到罗湖那里为我送行，我从那里步行过桥，坐上火车。那时候的火车列车长都很年轻，穿着老式制服。每到一站，在乘客上车前，他们会把车厢的把手擦亮。一切都很到位，井井有条。

我一个人在北京生活了一阵子，然后你们也来了。

福尔克：哦，没错，在中国内地的日子，你一直带着家人。天啊，在我们习惯了相当舒适的生活之后，那是真正意义上第一次进入未知世界的旅程！

蒂齐亚诺：我们已经说到咱们在北京第一个家的故事了！我满心欢喜地来到中国内地。哇哦！不过我们也看到了另一面。你知道，我们住在分配的公寓里，结果发现人们不能独自使用电梯，总会有一个小个头的女人和你一起乘坐，因为她必须记录、汇报每个人到达的楼层，以及去的是哪里等等。厨子、司机，也是一样的情况。

真是有意思，不是吗？你到了这样的国家，然后不禁自问："我到底来了一个什么样的地方？"

我们是第一批可以游览中国的记者，我们有太多需要去了解的历史。

福尔克：所有那些你没法放在文章中发表的事迹，你都会在旅行回来后，在家里讲给我们听。

蒂齐亚诺：我通常在晚餐的饭桌上说一说，为了逗乐你们，还有我的同事。我们在餐桌上，享用了多少美酒和逸事啊！

正如我所说，记者们可以在中国到处走动，只是需要有人的陪同。每当乘巴士到达一个新地方，总会有一个官员前来接待："你好，你好，你好！喝茶，喝茶，喝茶！①"然后所有人就都跟着到接待室喝茶。

而我呢？嘣！我偷偷转到巴士后面，自己溜到城里去了。当然，之后总会有人来找我。因为往往一刻钟之后，他们意识到这个给德国报社工作的、打扮成中国人模样的意大利人（"那到底是谁？"）消失了。他们把我带回接待室，说："劳驾，再喝杯茶吧！"

---

① 原文此句为中文。

而我一直特立独行。比如，作为第一批去中国西藏的记者的时候。

父亲整理出桌子上剩下的一堆黑白照片，然后抽出一张。

这是西藏。

西藏，我亲爱的西藏！

我和一小群记者在拉萨停留了十天左右。第一天，我是躺在床上度过的，按照当地人的建议，抵达那样的海拔高度时，最好先一动不动。第二天，头痛消失了，而我有了一个绝妙的主意。我带着一架宝丽来相机——我早就料到，照片会是个讨好当地人和孩子的办法——去了拉萨的市集，找到了一个能做交易的尼泊尔商人。我对他说：我把宝丽来相机，连同四五块电池给你，你借我三四天你的自行车，然后我再把它还给你。

于是，我又找到了在西藏自由来去的方式。

我去了拉萨附近最美丽、最大的寺院之一——色拉寺。

那里也受到了冲击。四周静谧无声，我从地面拾起了碾碎的旧彩绘石头，看到一个老人出现在了窗边，他用中文和我聊了一个小时。他告诉了我许多。我是记者团中唯一去过色拉寺的人，唯一一个和那里的人交流，并且得知发生了什么的人。

很明显，这种找寻真相的意识一直都存在于我的大脑之中。

我就是同那位老人打探到了天葬是在哪里举行的。我们知道，藏族人不用火葬，而是把尸体喂给秃鹫。在拉萨，一块巨石上有一小处特殊的区域，便是用来举行天葬的。于是，我再一次骑上了我的自行车。我躲了起来，在那里待了几个小时，看着葬礼进行，我用远摄镜头，从远处拍摄了照片。

福尔克：中国不想让其他人看到那样的仪式吗？

蒂齐亚诺：不想，对于他们来说，那毕竟是未开化的传统。

当我们去参观布达拉宫时，我有了另一个更疯狂的念头！布达拉宫是世界上最神奇、最宏伟、最雄丽的建筑之一。它依山垒砌，群楼重叠。如果你翻阅那堆照片,会看到一张上面有我。那是一张半身像,我在黎明时分,坐在一块布达拉宫后面的巨石上。也就是在同一个地方,英国人荣赫鹏[①]用刺刀征服了拉萨,而这段神秘的传奇经历让他一辈子都没能从中脱离。而我坐在一模一样的地方!真是不可思议。

有一天,有人对我们说:"我们去参观布达拉宫吧。"我们是一个由七八名新闻工作者组成的小组,由一个中国人带领。

在看不到尽头的走廊上,挂有精美绝伦的壁画,当你问道"那是谁"的时候,他们会回答:"神像。"

他们并不知道众神的名字。我们在那里待了几个小时。他们向我们展示了装满书的地下室,告诉我们藏族母亲将孩子带到这里,经过满是经书的架子下,以使经书的圣洁和智慧灌输给他们。他们可能会认为这种想法有些好笑,而我却觉得美妙极了。

当我们走下台阶,准备乘大巴返回时,躲在布达拉宫的想法浮现在我的脑海。雄伟的大门关上了,而我把自己反锁在了里面。

我的天,只剩我一个人,独自留在那座绝美的宫殿!

那是薄暮时分,我照着自己的感觉向上走去,最终登上了最高点,在我眼前展开的,就是令人神往的拉萨。这里的一切是人类文化至关重要的一部分,而我能够看到眼前的景象,是最伟大的荣誉。拉萨美极了。那里仍有藏着金币的老城区、老房子,我很享受待在那儿。你能想象吗?一个人,在布达拉宫的最高处,看着那片平原上的日落。这一切多么令人心醉神迷!

但就在那时,我感到有人在朝我靠近。"糟糕!"我说道,"谁?"是一个藏族人。他会说中文,而我也能零零散散说上一些,就这样,他邀请我去他的屋子里喝那令我害怕的酥油茶,吃糌粑。我无法拒绝,于是在那儿待了两三个小时。他坐在炕上,上面铺着几层毯子,像床垫一

[①] 荣赫鹏:英国军官、作家、探险家,是1904年英国入侵中国西藏侵略军的总指挥。第一次世界大战结束后担任英国皇家地理学会主席,负责珠穆朗玛峰的探险活动。

样柔软。

后来我问他:"不好意思,这个能卖给我吗?"

他说:"嗯。"

最终,我们达成了协议:100美元!真是疯狂,我给了他100美元!然后我们一起把毯子卷了起来。夜幕降临——我在等着天黑,他重新打开布达拉宫的大门,然后我抱着我的毯子走下了台阶。

他笑了。

我从布达拉宫出来时,一定有人见到了我,后来我也确实遭到了盘问。

真好。我全程小跑,抱着我的毯子回到酒店,我感到由衷地高兴。整件事很有意思,明白吗?毯子是一种象征。我并不觉得自己是毯子的主人,而更像它的守护者。实际上,如果我有机会再次回到中国西藏,我会把它物归原主。

同你讲起这些,是为了跟你说说我那时候的德性。在中国的一段时间,我一直都是这样的,一直都是。我制造了多少麻烦啊!

・书籍

蒂齐亚诺：他们说几点钟到来着？

福尔克：还有段时间。

蒂齐亚诺：等一会儿。你把电话放哪儿了？打个电话给他们吧。

我拿起电话。

福尔克：他们刚着陆。大概一小时到。

从绣球花后面，突然出现了爸爸唯一还很乐意接见的拜访者——马里奥·德尔·奥西格纳。他是一个牧羊人、一个农夫、一个采蘑菇的家伙，也是科皮特的公交车司机。

蒂齐亚诺：马里奥！

马里奥：近来如何？

蒂齐亚诺：亲爱的马里奥，今天我状态特别好，你都不能相信。萨斯奇娅这会儿，还要把尼科洛带来给我见见，我还没见着呢。他们会在一小时左右以后到。你那篮子里装的是什么？

马里奥：我给你带了……

蒂齐亚诺：沙拉！

马里奥：不是的，是给你吃的甜菜。

蒂齐亚诺：太好了！把这些茎去掉，然后切成薄片，再淋上奶酪烩白汁。

马里奥：我还给你带了鸡蛋。下面还有一捆芦笋和两篮子沙拉。菜地里的菜都开始长了，有沙拉菜，还有东西要移栽到那里。如果没下雨，我就把菜园收拾了。可怎么办呢，昨天下雨，前天又是整整一天的雨。

蒂齐亚诺：我是想问你来着。你能否帮我割些草，开辟一条直到尽头的小路。你知道的，那样的话，我就能带着孩子走几步路了，可以一直走到长凳子那儿。

马里奥：那过了中午我来一趟。你瞧前几天，我走到一半不得不跑起来，因为雨下太大了，我像一只落汤鸡一样，浑身湿透了。天哪！那么，就这么定了。现在我要回去了，去我妈妈那儿，午后我过来。

福尔克：今天又有太阳了。

马里奥：但愿如此吧。他们和我说今天天气也很糟糕。看来他们没猜中。

蒂齐亚诺：你晚些时候再过来吧，这样你还能见到尼科洛。你们的小猫也长大了。

马里奥：我可以给小猫带些牛奶，不过山羊奶就不一定有了。我把这个放进厨房，待会儿见，蒂齐亚诺。

蒂齐亚诺：可不是，去忙你的事儿吧！

马里奥回去了。

蒂齐亚诺：福尔克，他们大概快到了，得先把他们房间的火炉准备好。你能去拿一些木头生火吗？这样，他们到的时候，房间里就很暖和了。

屋子已布置妥当，等着迎接新外孙时，我们又回到花园里坐下。

福尔克：昨天聊到了中国。我想问你来着，爸爸，当时是你计划自己的行程，还是由报社规划的？

蒂齐亚诺：不是的。你知道，我一直坚持阅读和学习，也决定做许多事。在这世上有哪一块地方是谁都没去过的吗？你只需要爬上火车，第二天早上就在那儿了。

福尔克：你总是随身带着很多书。在中国，有一些你直接让翻译小刘帮你译过来了。

蒂齐亚诺：那么多的旅行，要是没有书与我相伴，我想都不敢想该多么枯燥无趣。

福尔克：可是你从没用过旅行指南，而是看一些50年前、100多年前发黄的旧书，皮革装订的，标题用金色字母写成。你旅行时从不会带着《孤独星球》，总是随身携带那样的旧书。

蒂齐亚诺：是这样，因为我想了解的，并不是哪家酒店更便宜。我想去找寻的，是这个世界背后的历史。而导游往往说不出什么，即使他们看似给你讲述了当地的一些逸事。不同的是，在遥远过去的那些伟大的旅行家，我通过书与他们相伴而行。书是我最好的旅伴。当我希望他们沉默时，他们保持沉默；当我需要他们与我交谈时，他们就会对我说话。而现实中，合适的旅伴是不容易找到的，因为他们会强加自己的存在和需求。一本书却不会，书是静默而美好的存在。

福尔克：那么，有哪些书？有哪些旅行家对你有所启发？

蒂齐亚诺：太多了，你知道吗，即便是那些无名的作者，他们的著作也会精彩绝伦。有一个名叫哈利·弗兰克的，还有出色的瑞典考古学家高本汉，以及那本出色的《北京，光辉永存的城市》（*Peking, the City of Lingering Splendour*）。我和你妈妈也曾经非常喜欢伊丽莎·西德莫尔写的一本绝妙的书，她是一位杰出的女性、一个古怪的美国人。她于20世纪初来到中国，当时的中国还在清政府的统治下，人们衣衫褴褛，身上长着虱子。北京之外，长城围绕，她就漫步其上。她是在清王朝衰败的前夜来到中国的,她为它的美丽惊叹。她帮助你去理解和重拾那些激情。而且那本书辞藻优美,就像你妈妈写的日记一样。我的意思是,如果你重读你妈妈关于中国的日记,你还会想着将它与《孤独星球》进行比较吗?当然啦,它并不能告诉你可以在哪里睡觉,要去哪家餐馆吃烤鸭,但是它可以使你了解人们的生活。

后来,我拜访了西德莫尔的陵墓——在横滨公墓,为了向她致敬。我去找她倾诉,表达我的谢意。瞧瞧我对墓地的爱!

福尔克:不过你并不愿意被埋葬在墓地里。

爸爸深吸了一口气。

那些旅行家们的故事,给你的出行提供了参考。

蒂齐亚诺:当然了,我从中获益良多。斯文·赫定[①]的著作就深深启发了我,在20世纪初,他从北京出发,开始了他的远征。仅仅从权威人士那里获得一些建议,他就去探索丝绸之路了,随行的有骆驼、大象、马和几个搬运工。多勇敢啊!尽管他们不知道路线,但终究还是发现了美妙绝伦的景致。他们是探险家,也是极具文化修养的知识分子,因为找到那里的前提是,你得清楚那一切。

福尔克:那些人是你的楷模,你从中汲取营养,可他们是探险家、考古学家,不是记者。

蒂齐亚诺:许多20世纪二三十年代在北京生活的外国人,被称为"汇款人"。也就是说,有些大家庭为了摆脱家庭里的败类,每月给一些钱,让这些人混混日子。实际上,我就是他们中的一个,我的身上有许多不合格的地方。

福尔克:真好笑,小的时候你没有一本书,现在家里却有成千上万

---

① 斯文·赫定:瑞典地理学家、地形学家、探险家、摄影家、旅行作家。在四次探险考察中,他发现了雅鲁藏布江、印度河和象泉河的发源地,罗布泊及塔里木盆地中的楼兰古城遗迹,出版了多部关于探险所见所闻的著作。

本，甚至连墙都看不到了。你怎么能收藏这么多书呢？

蒂齐亚诺：因为我们一直生活在没有图书馆的地方，为此我不得不自己建一个图书馆。

福尔克：我记得这些书来自世界各地。每一本你都仔细查看，给它们上蜡、盖章、标注好日期。在那里，你能待上一整天。你对自己的收藏非常上心，那里充满了令人愉悦的寂静。夏天到来的时候，你会开车去古董商那儿，一开就是几个小时。我也去过一次，在威尔士的一个小地方。

蒂齐亚诺：好家伙，按斤买书，按斤买！好像选择不多，但你抱走了一批，然后回家一看，天哪，它们简直是宝藏！知道吗，当所有从殖民地回来的英国官员死了以后，他们的家人们不知道该如何处理他们的书，就干脆扔掉。我记得有一回太让人喜出望外了，有一个应该是在中国工作过的海关官员，他有20世纪初出版的很多书，其中还有我非常喜欢的哈利·弗兰克的著作，都是些已经找不到的旧书。所有这些书，你要去哪里找？谁会再印这些1912年写的有关北京的书？或许你会在这里捡到一本，在那里拾到一本，但在我的图书馆里，它们整整齐齐地摆在那儿。

还有一些非常棒的书，让我在天津给找到了，天津是一个中国北方城市。我是在一座巨大的库房里找着的。我问他们有没有旧书，他们打开一个房间的门。1949年新中国成立以后，整个20世纪20年代、30年代还有40年代的书都被放在了那里，很可能是从外国人那儿没收的。我从那里买回许多极好的书，因为它们涉及新中国成立以前的时代，所以都无人去读。书上标注了地点和年代：天津、上海、北京等等。有人把这些书藏了起来，不然给红卫兵找到的话，它们难逃被烧毁的命运。但其中记载了多美好的经历啊！

这些书的美妙之处还在于，其中许多包含了照片。那些由达盖尔照相机拍出来的旧照片，看上去别有一番风情。之后你再去照片里的那些地方，也许能看到的已经是一个新工厂，留在院子里的或许只有庙宇了。其余的一切都在历史动荡中随风飘散。要想找到曾经的细枝末节，可真是一项侦探般的任务。

我记得我们还去了承德——那是长城那头儿,曾经是皇帝的避暑地,我们遇到了两三位试图修复宝塔的师傅。在他们面前,是七十二罗汉铜像,全都是真人大小。

福尔克:罗汉是什么?

蒂齐亚诺:它们是佛陀人类姿态的化身:一个在唱歌,一个在弹琵琶,一个醉酒,另一个则在微笑……总共有,我记得,72尊雕像。他们不知道要以什么样的方式重整。当时我手里正好有斯文·赫定在20世纪30年代所书写的,关于承德旧城热河的书,就在那本书里,他描述了这座塔的模样。

我跟他们提起,他们简直不敢相信!

"把它给我们吧,把它给我们吧!我们真不知道要怎么去排列这些罗汉。"

那本书真是妙极了,我现在还保存着。

福尔克:怎么会呢?你没给他们吗?

蒂齐亚诺:没给。对他们而言,它是宝贵的,但对我们而言,它同样宝贵。我后来给了他们一份复印件。

他想了想。

书,它们是我的至交好友,因为没有什么比和已经走过同一条路的人一起旅行更好了。它会给你讲述一个地方曾经的模样。这样你就能够进行比较,继而感受到或许不复存在,又或是仍然存留的气息。

再后来,奥森多夫斯基[①]成了我的好朋友。在货船上,他向我描述乌尔加周围美丽的蒙古平原上某种药草的气味,我立即心领神会。因为蒙古人会将其烘干,然后制香,供寺庙烧香使用。于是我去找那药草,并在奥

[①] 费迪南德·奥森多夫斯基:波兰作家、记者、探险家、政治活动家,法国科学院院士。

森多夫斯基的书中谈及的地方放了一小把。

  而且,他就好像跟我生活在一起一样。在那个时刻,奥森多夫斯基复活了。我希望在 50 年、100 年后,有人会偶然在废墟或旧图书馆里找到我的书,虽然他不知道我是谁,但总有一天会是这样的。人们开始读我的书,开始认识我,并且在书里找回自己曾去过的、同一地方的感受。

  而那个时刻,就是我在不朽的时空中再生的瞬间。

· 中 国 的 学 校

今天是一个灿烂的晴天，我们再一次坐在花园里。和我们在一起的还有萨斯奇娅，她来探望我们，和我们待上几天。她坐在一张躺椅上，怀里抱着小尼科洛。

福尔克：我们趁着萨斯奇娅也在，讲一讲中国的学校吧。

蒂齐亚诺：行，你们尽可以问我，比如，为什么把你们送到内地的学校。你们本来在香港一所漂亮的国际学校读书，我却把你们丢在了那个单调乏味的地方。

对我来说，这是一个非常简单的问题。我们生活的中国仍然是一个对外国人有些封闭的中国。说到底，作为外国人，我们生活在一个美好的小世界里，看起来一切都很完美，光鲜亮丽。如果有兴致，可以在国际俱乐部就餐；要是出游的话，可以选择仅提供给外国人的软座车厢。但这样导致的结果就是外国人还是处在各自的圈子，意大利人仍然在煮意大利面，英国人做自己的烤牛肉。

要是我们和大部分的外国人——也就是来自第一世界、生活富裕的外国人做同样的事情，那就等于没有在中国生活过，也从没了解过这个国家。

我本可以把你们送进法国人或美国人的学校，继而你们会与通布图大使的儿子，或者德国使馆一等秘书的女儿成为朋友，然后去参加他们的生日聚会，但这样，你们就见不到真实的中国，中国也就成为你们生活之外的事物。

所以，那会儿我的用意很明确……靠枕在哪儿？啊，在这呢，谢谢。

爸爸感到胃部不适。

我们去中国时怀抱的期望，与那些想在那儿过两三年奢侈生活的其他外国人完全不同。他们仅仅把中国当作职业生涯的一个阶段，并以此为跳板，再升职去华盛顿或巴黎。可对我们而言，中国是完全不同的。我们去那儿，是为了了解，为了融入这个国家。我被中国迷住了，如果我被当地的生活隔离在外，那么我会十分难过。另外，我和你妈妈在此之前都学习了中文，这对我们有很大的帮助。而如果我把你们送到国际学校去，你们对中国就一无所知了。

福尔克：因此，我们学会了齐步走、升旗，还有扔手榴弹。

蒂齐亚诺：是啊，那不就是中国吗？向前看齐！你们学会了齐步走，学会了打扫办公室，你们对中国有了全面的认识。我在《禁忌之门》[①]（*La porta proibita*）这本书中写道："献给福尔克和萨斯奇娅，我在他们身上注入了对中国的爱。"这绝不是无心之举。事实上，是我把中国灌输给你们，甚至是强加于你们。但我确信这终将是一件有益的事，我给你们创造条件，去获得一份美妙而又与众不同的经历，你们的生命也会因此增添一些美好。

福尔克：不过那时候，我可真是一点儿都喜欢不起来。

蒂齐亚诺：我清楚得很哪。啧，我都快要……

[①] 《禁忌之门》：蒂齐亚诺·泰尔扎尼于1984年出版的一本书。该书收集了他在中国期间所写的一系列文章。

福尔克：我还记得，当时在我看来，那是人生中最糟糕的经历。那段日子，放学一回到家，我就哭鼻子。不过后来……

蒂齐亚诺：后来发现和其他孩子相比，你总是被优待，是吧？

我转头看向我的妹妹，她刚给尼科洛喂完奶。

福尔克：你呢，萨斯奇娅？那时候你喜欢中国的学校吗？

萨斯奇娅：我倒是没你那么不喜欢。

蒂齐亚诺：嗯，你年纪也更小一些。福尔克，你那时候多大来着？有11岁了吧？

福尔克：没错，我不明白那里为什么总那么严厉、枯燥，过于单调、一板一眼。我时常会想：这都是为了什么呢？

蒂齐亚诺：那时候我还以为，你要成为一名小小的"反动派"了呢。真要是那样的话，也是蛮有趣的。

他笑了。

福尔克：也许之前，曾经有过那样的岁月，那时人人情绪激昂，但在我们那阵子，已经不存在了。

蒂齐亚诺：对，你没有通过任何带有意识形态的有色眼镜去看，而是观察到了它的本来面目，在我身上也发生过类似的事情。

福尔克：是啊，当时我觉得，人们的自由确实受到了一些限制。很多事情都神神秘秘的，还有许多禁忌。比如学校里的中国同学就不能来我们家。

蒂齐亚诺：对，这确实是关于自由的问题。福尔克，这也是我们在其他场合谈到的主题之一。自由是一个非常模糊的概念。当然，你所谈论的是一种根本的自由。

福尔克：当我们在中国时，我似乎觉察到一种倦怠。尽管大家每天还是重复口号，清扫大街，但在我看来，他们已经不再那么积极。

萨斯奇娅：因为有些事情本身确实也是无用功。我记得，刮沙尘暴的时候还有人出门扫大街，那有什么用呢？

福尔克：对，这就是个很好的例子。人们当时要做一些只在理论上有用，而实际上无用的事情。

蒂齐亚诺：你说得对。然后我自己也意识到，那所学校对你来说并不容易，他们教给你的东西与我所信奉的价值观也并不一致，不是吗？比如说让你们打小报告，或者是解剖一条鱼。这曾令你感到非常震惊，萨斯奇娅，是吧？在生物课上，你们要把鱼鳍一个个去除，而鱼还活着！

不过我得说，能够去打扫厕所，确实是我对新世界的愿景的一部分。为什么厕所就应该由别人清洁，而不是我们自己呢？当时我还是很意识形态化的，也就是说，我从政治和历史的角度看待发生的事情。我了解到，对你们来说，在那样的学校读书不容易，但我丝毫不担心，因为我知道你们都能够坚持下来。

福尔克：的确，当有过这样坚持的经历后，我觉得整个人变得坚强了。

蒂齐亚诺：肯定的，我也是这么觉得的。

福尔克：你呢，萨斯奇娅，你从中国的学校里学了些什么？

萨斯奇娅：他们数学教得很好。然后他们还保留了一套课堂上的规矩，那在意大利的学校里是见不到的：学生们要站起来回答问题；坐在板凳上的时候，双手要放在背后。所有这些行为准则，有些军事化的作风，但对小孩儿们收效甚微。相反，我们都乐坏了。还有许多活动，比如唱歌比赛啊，风筝比赛啊，做好事评比啊，比如学习雷锋，帮助老人家过马路。说到底，这些活动能使孩子们具有公民责任感和归属感。

蒂齐亚诺：雷锋是多么棒的榜样！让孩子去崇拜一个像雷锋一样优秀的战士，比梦想成为一名足球运动员，以200个进球的成绩赚得4亿欧元，难道不是更令人振奋吗？那是与欧洲不同的世界，我很高兴能够把它展现在你们面前。

后来大家都对我说："你写写你的孩子们在中国生活的事吧！"但是为什么要由我来写呢？我说："我让他们自己来写。"这才是极妙的体验。

因为你们每个人都用孩子的语言，用自己的方式描述了自己的印象，而且这些印象如此真实，以至于最终被《快报》发表了。没有什么比吐露真相的语言更能打动人心了。

对了，你们别忘了还有一件很有意思的事：你们帮我拿到了独家新闻！有一天，你们放学回到家，说："爸爸，所有班里华国锋的肖像都消失了！""哎呀！"我说。这是一个非常重要的信息。

爸爸忽然之间急促地呼吸了五六口气。

福尔克：你想打嗝吗？

蒂齐亚诺：是的，跟小尼科洛一样。

所以，让你们进中国学校学习，就意味着让你们融入中国。强迫你们说中文，可以令你们与中国人建立联系。尽管你们对于经历的一切，不比我记得清楚，但你们终归获得了一份珍贵的体验。而这个决定与我们的生活紧密联系。我们乘火车旅行，与人们交谈，骑自行车。当时，极少有外国人购买自行车，大多数人选择坐汽车出行。我们那时候也有一辆汽车，当我们去比较远的地方时，就开车，但我们每个人也都有自己的自行车。你还记得你的自行车吗，福尔克？还有你的，萨斯奇娅，你的那辆还是有四个小轮子的。

福尔克：你们大人的是正宗的中式自行车。

蒂齐亚诺：黑亮黑亮的，车把提高高的。

不，你们理解我想说什么吗？我坚信一件事：中国是一个伟大的文明、一个奇妙的文明，是人类为数不多的伟大文明之一。当然还有亚述－巴比伦、埃及，但中国真的让人叹为观止。我不想你们错过了解它的机会，在我看来，让你们在那儿上学，让你们去学习当地的语言和举止，是了解它的最简单方法。

当开始在中国旅行时，我们自己设计了一整套办法，把自行车带到火车上，然后去找空座。这有些好笑，但也很实用、有效。

萨斯奇娅：我还记得我们为能不带口音地讲话而感到相当自豪。

蒂齐亚诺：得学着入乡随俗，对吧？乘火车的时候，我们避开专门为外国人开设的车厢，同那些吃着包子的老百姓挤在一块儿。这就很好，不是吗？这才叫生活！

你们还记得那让人欣喜的场景吗？当时我们在等夜车，顺便在车站的一个小餐馆吃饭，他们端来了一盘炒饭，还记得吗？突然听到有人发出"咳，咳，咳"的声响。在餐馆外面的一个人设法打开了窗户，然后所有人的目光都从他身后投向我们。

他笑了。

那真是个神话般的时代，真的！

福尔克：不过，后来让我们从普通学校转学到中医学院可是个相当大的风险。

蒂齐亚诺：我认为，只有当要去念大学的时候才需要一些正规的教育。但当我们在中国的时候，我觉得一家人骑着自行车，在全国各地旅行个十天，比起让你们留在学校学习数学有趣多了。那玩意儿可以之后再学，下雨的时候学！

萨斯奇娅和我都乐了。

福尔克：在美国时，我曾经去过一位诺贝尔物理学奖获得者的家里。我问他："你是如何成为这般优秀的人的？在大学里你做了哪些不同寻常的事？你比别人学得更用功吗？"他说："不是的。其他人除了读书，什么都不做。而我每个周末都去爬山或进行海底探索。就这样，我学到了那些使我与众不同的知识。"

蒂齐亚诺：棒极了！

福尔克：可惜的是，我遇到他的时候，我已经完成学业了，不然我会遵循他的建议。

蒂齐亚诺：好极了，这就是关键所在。我对这一点也感同身受。一个人会成为什么样的人，并不是由他的出身决定，而应该取决于他所过的生活。你们回想一下，当我们骑着车去曲阜——孔子的家乡，那不是令人难忘吗？我们总能学到些东西。

你们还记得那里的孟子墓吗？

福尔克：孟子是谁？

蒂齐亚诺：孟子是中国最伟大的哲学家之一，被称为"亚圣"。你们还记得在前往他的陵墓的路上，那些骑自行车经过的人吗？

福尔克：不记得了。

蒂齐亚诺：那种装着帆布的自行车，后面拖着板车，我们在平遥也见到过的，你还记得吗，福尔克？

福尔克：平遥我倒是记得，一个坐落在古城墙中的城市，那里的居民似乎从未见过外国人。我那时年纪很小，但它还是给我留下了深刻的印象。

蒂齐亚诺：在那个年代，我们作为外国人是不能去那里的。有一年春节，我们去了太原。但我早就知道，100千米外有个地方叫平遥，它是中国仍被城墙包围的极少数古城之一。我认识一个叫皮耶拉奇尼的神父，他是来自托斯卡纳的一位传教士，1949年以后一直在中国香港生活，他说平遥曾经是他的教区。也是因为他的讲述，我特别想去平遥瞧一瞧。我把你妈妈和萨斯奇娅留在太原，然后我带着你上路了。我们打扮成中国人的样子，去车站，像当地人一样买车票，来到了这座城市。

那座城市真的奇妙而动人，烟雾缭绕、老旧古朴，四周是古老的塔楼和城墙。然后我们在一座房屋的墙壁上，看到了用石膏制成的十字架。

我们开始在街上闲逛，随手拍些照片。后来，还是被当地人发现了。当然，我们确实太明显了！人们打量着我们，看出我们是外国人。后来四五个警察好心地把我们带到办公室。"喝茶，喝茶，喝茶！"又是喝茶那一套。他们告诉我们，由于我们没有平遥的通行证，他们会让我们搭乘

第一班火车回去。而我们呢，就在那儿装傻说道："啊，是吗？抱歉，我并不清楚。很抱歉……"反正我已经看到我想看的东西，照片也拍了，对这个地方，我已经有概念了。

他们把我们带到了车站。当火车开动，我们看到一个人从人群中冒出来，朝我们的车窗奔来，用拉丁语喊着"神父，神父，为我祈福吧！"。他显然是那些在墙上标记十字架的基督徒之一，还以为我是个牧师，希望我能赐福给他。因为这群人以前接触到的西方国家的人只有牧师。片刻犹豫后，我推开玻璃窗喊道："以圣父圣子的名义……"我说了赐福的祝语，而他手画十字，追着火车。

几个月后，我去香港的时候，拜访了皮耶拉奇尼神父，向他讲述了这个故事，并请求他的原谅。他笑得几乎要哭出来了，然后对我说："做得好！"他赦免了我在平遥假扮神父的罪过。

· 新中国，旧中国

福尔克：你嗓子不哑了，爸爸！

蒂齐亚诺：是啊。但这不是嗓子的问题，福尔克，问题在这儿，我感觉食道要塞住了。你知道吗？"我的这个朋友"，它开始一点点啃食我的身体。这样一来，我就不能吃饭了。

福尔克：很难吞咽吗？

蒂齐亚诺：不，我试过了，目前还能下咽。不过食物就卡在那儿，不上也不下。这里，就卡在这儿。我感觉像被挤着，也不知道是怎么回事。

福尔克：之前呢？之前你有这样的感受吗？

蒂齐亚诺：没有。之前就感觉发烫，我也不清楚，有点……但现在这种感觉持续不断。

福尔克：哪里疼吗，还是？

蒂齐亚诺：不，疼倒不疼。就这样吧，再观察看看。

福尔克：那早上你还能安静地度过吗？

蒂齐亚诺：可以的，今天早上我就花了一个小时静坐。我在禅修室沏了杯茶。睡一会儿，喝喝茶，听听收音机，靠墙打坐。好极了，真的好极了。

福尔克：也就是说，你有自己的一方小天地。

蒂齐亚诺：今天早上，我看到了一只布谷鸟飞来，就停在窗前的七叶树上。"咕咕，咕咕！"真是好玩。其实，我问过布鲁纳尔巴那是不是布谷鸟。它没什么特别吸引人之处，就像一只小鸽子。我在这之前，以为它会像猫头鹰或者雕鸮一样。相反，它更像鸽子，灰灰的颜色，体形甚至比鸽子还小。它停在那儿叫："咕咕，咕咕，咕咕！"

你们谁要是去佛罗伦萨的话，可以找找看关于鸟类的书，那种彩绘的科学类图书，这样我们就可以给诺瓦利斯读一读，教他如何识别它们，对自然有所感知是很美好的事。对孩子来说，一只流浪鸟的故事已经很有趣了。如果你把它讲给你的儿子诺瓦利斯听，他会非常兴奋的。你还可以教他唱这首歌："布谷鸟，布谷鸟，告别四月，五月来临。"

他重重地咳了几下。

让我们回到中国吧。我们在北京的餐桌旁接待过各式各样的客人，钢琴家傅聪、骆惠敏，还有历史学家、演员等等。

福尔克：在这些有趣的人中，我尤其记得你们那个非常奇特的朋友时佩璞[①]。他的故事真是令人难以置信。他究竟是个怎样的人呢？

蒂齐亚诺：啊，他是一位著名的京剧演员，专门饰演女性角色。他是那个古老中国的一抹倩影。我们在剧院里见到他时，他一身女性装扮。我们邀请他共进晚餐。在当时，邀请中国人来家做客尚需谨慎。我让他在雍和宫前面等我。可等我到雍和宫之后，怎么都没见到他。我前后转悠，就只看到一位穿着巴宝莉风衣的男士——我还以为那人是香港来的呢。他四处张望，像一个游客。最后他朝我走来，我发现那正是他。

"啊，时佩璞，我都没认出你！"

"我可是一名专业的演员。"

---

① 时佩璞：1938 年出生于中国山东。北京青年京剧团的编剧、演员。舞台剧及影片《蝴蝶君》的原型人物。20 世纪 60 年代，时佩璞与法国驻华大使馆职员布尔西科相遇，并男扮女装与之相恋。

后来故事一点一点地像小说一样被娓娓道出，多么惊人（事实上，人们后来把这拍成了一部电影《蝴蝶君》）。多年前，他遇到了法国驻北京大使馆的一名小官员。后来他们成为恋人，但那个法国人一直认为时佩璞是个女人。作为一名优秀的演员，在黑暗之中，他显然设法使对方相信自己是个女的。这之后，他还假装怀孕了。事实上，他先假装自己堕胎，然后又装作怀孕，最后还证明给外交官看。那外交官时常出入中国。他生的是一个男孩，看起来像个混血。但其实，那是他从新疆买来的。

福尔克：那个人怎么可能不知道时佩璞是个男人呢？

蒂齐亚诺：外交官可能是个同性恋者，但羞于承认。因此，他们维持了数年这样的关系。

我们认识他一段时间后，时佩璞就设法前往法国与他的朋友相聚，两人后来在巴黎被捕。我记得时佩璞因此被判处八年徒刑，但几个月后他就被放出来了。

云层移动，阳光出来了。

不过福尔克，我们绝不能在这些逸事上停留太久。得说清楚，我在中国的经历对我的意义，以及我为何会感到有些失落。

我们算幸运的。多亏我们在香港生活了五年，当我们到内地的时候，有不少可以联系的中国人。那时，我们已经会说中文了，因此认识了不少优秀的人，书法家、科学家、教授，他们所有人都对社会主义坚信不疑，全心全意地投入其建设中。当然，建设的道路还很漫长，整个计划还没有完全实现，而且也出现了一些失误。

我们在中国的时候，越来越多的城市开放，越来越多的寺庙建成或修复。通过这样那样的渠道，你可以获得许多信息。人们谈论的东西也越来越多，能够谈论之前发生的事情。当时有许多中国人来我们家做客，其中也包括一些大人物。

福尔克：中国人如何才能去一个外国人家里做客呢？

蒂齐亚诺：他们获得自己单位的许可，然后就能与我们共进晚餐了。你还记得，当时的中国人都依靠于自己的工作单位吗？因此，如果你是一个中国人，接到外国人的晚餐邀请，那么你得把聚会的情况汇报给单位。于是我们呢，都是选择一个陌生的地方接上中国朋友，像侦探故事里描述的一样，让客人坐到车的后排，盖上条毯子。等车到我们家大门的时候，速度放慢，等守卫的士兵认出我们，就可以通行了。

我们花了很长时间，才得以让中国朋友告诉我们之前的情况，而所有那些，是当我坐在哥伦比亚大学的长凳上学习中国的时候没有想象到的。

福尔克：你在哥伦比亚大学那会儿，你一无所知？

蒂齐亚诺：我们知道的，毕竟只有官方宣传的部分。

我尝试对风起云涌的时刻以各种方式进行解释。它的确令人兴奋，因为你在致力于创造一些新的事物。我用最简单的话说过："革命就像一个孩子，他生得漂亮，但也许十年后，他变成了一个浑蛋。"甚至革命在诞生之初也令人着迷，因为它为你带来了新的希望。试想一下，要是今天在意大利，在西方国家，有萨伏那洛拉①或者圣女贞德一样的人出现，对你说："来吧，让我们推翻这个世界，让我们革新一切！"人们依然会紧随其后。福尔克，如今世界上一半的年轻人若是为了争取更好的东西，也会头脑发热，把手机扔到湖里。

但后来他们便会意识到，手机还是要用的，而湖水也会被污染。

而且，新鲜的事物也往往会流于形式，变得制度化，然后它会僵化，倾向于自我保护，而非前进。当时正是这样的情况，然后产生了一种剧烈的碰撞，一种想要革新、想要找寻另一种方式的思想，同更理性、更温和的观念的碰撞。它的结果令人始料未及。

其实，"旧中国"真的漂亮极了！当我们旅行时，到一个破旧的小村庄，就能看到一座湮没在尘土中的宝塔。你和我，在一次通往清朝皇帝陵墓的路上，试着打开了一扇门，然后发现自己身处一尊巨大的佛像面前，

---

① 吉洛拉谟·萨伏那洛拉：15 世纪后期意大利宗教改革家。佛罗伦萨神权共和国领导。

这尊佛像高约 20 米，有几十条手臂，那时你情不自禁地感叹道："天啊，这就是'旧中国'！"而这也是差点消失的东西，因为他们觉得，中国已经被过去束缚了。但其实，所有这些也正是中国的根源。没有这个"旧中国"的存在，新的中国又怎会产生？

总之，在中国我逐渐有了这样的反思：与其费心去寻找"新中国人"，不如在"老中国人"身上，找寻那种震撼人心的文化。于是，我就去寻找曾经的中国人、曾经灿烂绚丽的中国，以及保留下来的部分。

·蛐蛐儿

蒂齐亚诺：我的一生与美好的事物息息相关。从一开始在非洲旅行，我就喜欢购买各种小玩意儿：雕像、小雕塑、绘画。你要是去我在中国香港的书房，在长长的"蜂巢"式的餐桌上，会看到贝宁的黑色雕像，还有另一尊在尼日利亚购得的青铜雕像。

从某种意义上说，购买东西也是了解一个国家、进入这个国家或地区的一种方式。比如，我在1965年，以奥利维蒂外派员的身份第一次来到日本。那可真无聊啊！傍晚，在办事处里我做着惯常的工作。下班之后，我会去那里很棒的一个区，它叫神田，至今还保留着，而且依然是最让人喜欢的区域之一。那里有形形色色的书商、古董商。我和一个姓村上的人成了朋友，他每天晚上坐在榻榻米旁等我，穿着和服，而我穿着西装外套，打着领带。他请我喝茶，聊天。那时候，我对浮世绘非常好奇。

福尔克：什么是浮世绘？

蒂齐亚诺：你下楼梯，到厨房的路上看到的版画就是浮世绘，这是19世纪后期日本艺术的伟大风格。有一幅非常精美，那是帝国仪仗队游行时的版画。

福尔克：啊，日本版画！我也很喜欢。

蒂齐亚诺：歌川广重、葛饰北斋、喜多川歌麿[①]……村上当时让我大开眼界，带我见识了很多精美绝伦的事物。要知道，当时在日本的外国人很少，那时候日本还很穷。作为一个日本人，只要见到一个佛罗伦萨人，他就会卖力展示那些模仿海面纹路、富士山，还有桥梁行人的画。它们对我来说，完全是陌生的。我听不懂，也看不懂。即使它们的价格诱人，我也没有买。

而我做了什么呢？我在上野博物馆度过了三四个星期天的早晨。上野博物馆是东京最大的博物馆，那里有世界上最美丽的浮世绘藏品。我用眼睛尽情地欣赏着如此美丽的绘画形式，一开始我什么都看不懂，直到后来，我已经对它爱不释手的时候，才开始购买。

在中国香港的房子里，还有喜多川歌麿的精美版画，那是奥利维蒂送给我的，以感谢我做的工作。它在如今的日本会值很多钱。但这不是重点。

我一直把自己看作这些事物的守护者，尤其是当我赎回漂亮的物件时，我感到自己挽救了它们。想想柬埔寨，被毁成什么样子了！我有几个银色的、动物形状的盒子，后来当成生日礼物送出去了。对了，你的朋友尼克，我也送了他一个，这会儿他应该都在给孩子穿尿不湿了。那些东西都是独一无二的，因为在柬埔寨的乡村里，世代相传的打磨的工艺已经失传了。我祖父的桌子上有一尊佛像，差点儿被一个士兵给拿走，我把它救了下来。不然的话，谁知道它最终的命运会是什么样！在我之后，一定会有一个同样热爱它的人成为新的守护者。

讲到这里，我们可以再谈回中国。在中国，遍地都是让你啧啧称奇的美，向你展现历史的波澜与美丽。我不知道你是否还记得，有时候我会骑车载着你去寻宝。在中国有一种交易，这种交易在一些国家一直存在着，类似于"典当行"。假设你是一个贫穷的农民，你房子里有一个旧的带漆的衣柜，你可以把它带到一家商店，让老板帮你卖，卖掉后，老板会按一

[①] 歌川广重、葛饰北斋、喜多川歌麿：都是日本著名浮世绘画家。

定比例收取费用。我以前每天早上去办公室之前，总会习惯性地去看看，看看那些商店里都在卖些什么。在那儿，我有了很多发现。

我记得，有一个红木五斗柜，红木是最珍贵的中国木材，我花了20美元买来准备放在你妈妈的房间。整个柜子脏兮兮的，当我们到中国香港，我才把它摆出来，朋友建议我最好清理一下。当我清理完才发现，原来它是那么美。它产于明朝，而文艺复兴时期中国对应的朝代就是明朝。

对了，还有地毯！以前房子里举目皆是的那些地毯，有些看上去旧旧的、脏兮兮的，它们就是从那些店里带回来的。我路过的时候把它们买下来，等傍晚回家，把它们放在浴缸里面清洗干净。我一直有买纪念品的习惯，这让我感觉离那些我去过的地方更近一些，能够让我随时拾起记忆。我相信关于这一点，你妈妈也在日记里写到过。我曾经说过，清洗这些旧地毯和读《人民日报》比起来，可能前者让我对中国的理解更深。

然后是青铜器，还有扳指！你还记得满族人套在拇指上，用来拉弓箭的那些戒指吗？你想，在那么小的翡翠戒指上，镶嵌着精美的龙凤纹样和文字，这就是艺术啊！我感兴趣的另一种东西是鸟笼。那是多么精巧的手艺啊！每只鸟笼都与众不同。还有用来装鸟食的小罐子，你还记得吗？它们极为精巧，令人叹为观止。

我还时常去逛公园里的商店，我从一个老头儿那里买了些戒指，清洗干净。然后在北京的大栅栏，我寻到了一些精致的、带扣的小盒子，可以把戒指装在里面。

在中国，这种机缘还有很多。上帝啊，我真希望自己可以成为一名职业的收藏家！所有的那些物件儿太美了！简直太漂亮了！鸟笼一般是用竹子或其他奇特的木头制成，附有黄铜或锻铁钩。真是好看！每天早上去公园里转悠，看看那些轻晃鸟笼的老人，那是我最快乐的时光。他们摇晃着鸟笼，鸟儿在其中惬意鸣唱，而这么做，还活动了他们的手腕。然后他们把笼子挂在树上，在第一缕晨光下，鸟儿开始优美地鸣叫。

到最后，我还发现了蛐蛐儿这个小玩意儿。

福尔克：就是说呀！我对于中国的记忆，就数那蛐蛐儿叫最为深刻了。

蒂齐亚诺：是吧，你们那会儿还小。蛐蛐儿真是妙不可言的生灵！想想看，当时有许多人都是这样自由地打发时间。有些人会说这是浪费光阴，虽然从某种程度上来说这话也没有错。

大家反季养蛐蛐儿，是为了在冬天下雪时，也能听到春夏的声音。他们把蛐蛐儿放在哪儿呢？常常揣在外套贴身的口袋里。一个小的挖空的葫芦是它的家。葫芦塞子上有象牙镶嵌，有时甚至是玉，可谓精致漂亮。这样它就能适应冬天的寒冷。这些都是满族人的乐子。

这还没完呢，我很快又被另一种事物给迷住了。当葫芦长大后，中国人不会立刻摘下、晒干，而是把它放到黏土制成的模具里头，模具两边都有刻有图案，这样葫芦在里面长熟，图案就刻在葫芦上了，通常是象征长寿或幸福的图案。你能想象得到吗？

还有，如果有些葫芦的形状长得十分完美，人们就会在上面烙上山景甚至诗文。在寒冷的冬夜，人们把小葫芦裹在衣服里，在四合院里写写诗，喝喝茶，听着蛐蛐儿的鸣唱。

我养过不少蛐蛐儿，各种都有。我的兜里也总是揣着一只，然后四处溜达。我甚至有一只取了名字的蛐蛐儿，叫"井"什么的。它是所有蛐蛐儿里最小的一种，小到几乎看不到，可是它的歌声竟那么美妙。它是如此之小，以至于我不能把它放在葫芦里，不然我会找不到。我把它放在一个很小很小的象牙盒子里，时不时喂它些吃的，然后盖好盖子。

蛐蛐儿跟我们生活了好一段日子。家里有时候会臭气熏天，因为要养一些蠕虫来喂蛐蛐儿，你还记得吗？

福尔克：我记得，有一只蛐蛐儿的身体跟玉石一样，漂亮极啦！不过那可能是只知了？

蒂齐亚诺：什么知了啊！就是蛐蛐儿。

福尔克：对了，还有斗蛐蛐儿。

蒂齐亚诺：对！多有趣！你也觉得吧？我很喜欢看蛐蛐儿打架。同所有亚洲人一样，中国人也好赌，比如斗鸡这一类的，最后他们发明了斗蛐蛐儿这样的赌局。在以前，人们会带着蛐蛐儿去街上比赛，赢了的那只继续和其他的蛐蛐儿车轮战。

但是我最喜欢的并非蛐蛐儿之间的争斗，因为到最后，总会有一只被咬死。真正令我感兴趣的是人们斗蛐蛐儿时所用的那些艺术品般的小摆设。首先是竞技场，那是一种蓝色的瓷器，像盘子一样大，这也方便大家围观。而用来装蛐蛐儿的则是黑色的小容器，每个容器内都有精致的彩绘，还有迷你饮水槽。你见过娃娃屋吧？它们就像给蛐蛐儿住的娃娃屋。

最巧妙的就是那像毛笔一样的刷子。你知道它们是用什么做的吗？是老鼠的胡须！刷子柄则是用象牙制成。拿它轻轻地逗弄蛐蛐儿的屁股，蛐蛐儿就会斗志昂扬。

福尔克：我记得斗蛐蛐儿，我们在家里也会偶尔玩儿上一场。当然了，这有时还是让我感到良心不安。

蒂齐亚诺：在中国的时候，虽然不得不居住在单独划分出来的、仅供外国人居住的住处，但我们还是拥有真正的生活。我们吃着中国的食物，和中国人待在一起。中国各个方面都让我们感到兴致盎然。

福尔克：嗯，还有那些小市场，你常带我们去买些小玩意儿。

蒂齐亚诺：当时在政策上，自由市场还比较敏感，因此我们往往谨慎行事，那时，毕竟中国刚刚开放。农民们坐在地上，把他们的东西拿到市场上来卖。

福尔克：那里真的很好玩！我记得有一次，我们的车停在那儿，而车厢一下子暗了下来，因为人们不再看蛐蛐儿，倒是来围观我们了，好奇着我们这两个坐在后排的金发碧眼的小孩儿，还有那只狗。当时在中国的城市里，狗还不多，所以人们对我们的狗也很好奇！所有那些面孔都紧贴着车窗，我今天回想起来仍记忆犹新。

爸爸笑了。

蒂齐亚诺：我们还是王世襄的朋友，他的别名叫"明式家具之王"。因为当时，他是唯一写作有关明代家具的文章的人，也是唯一写作有关养蛐蛐儿的艺术的文章的人。我从他那儿学到了许多：养蛐蛐儿的技巧啦，蛐蛐儿的品种啦。你还记得我们去拜访他的场景吗？他的房子破旧不堪，院子里则塞满了其他房客们的垃圾。他那么满腹经纶，却受困于此。而我们，基本上是头一批注意到他的人。我们欣赏他，他也喜欢我们，还向我们介绍了他的另一大爱好——鸽子。后来，我们甚至也有了一个小的养鸽场！

我们完全无法想象，中国的文明甚至能够训练鸽子！他们在鸽子的尾巴上装上鸽哨，你大可以想象，鸽哨必须非常轻盈，否则鸽子就飞不动了，然后鸽哨会在空中鸣唱。如果你做了各式的鸽哨，每只鸽哨的开孔有所差异，然后给鸽子绑上，再让它们自由飞翔，你就能听到空中动人的音乐。呜呜呜！

我们的厨师小魏就很喜欢鸽子。总之，这是多么伟大的文明啊！你发现的这一切，都让你深深地欣赏和崇拜，而这些在当时的主流价值看来却是不正当的。因为它们都代表着游手好闲，属于有钱之余的闲暇逗乐，不是工人或者农民该干的事。农民才不需要吹什么口哨，就算要吹口哨，也应该是因为吹口哨能带来食物。

但这般的市井之乐却让我沉迷其中，无法自拔。要是我听说北京郊区某一个村庄的老人又开始演奏鸽哨，我就会去看看。那通常是星期天，我会开着车，找到这位老人，就为了听听他的鸽哨的声响。之前有些日子，这种活动被禁止，不过我们在中国的时候，它们都在逐渐恢复。斗蛐蛐儿、奏鸽哨、赛鸽都回来了。

你看，我根本算不上一个记者，不是吗？我的同事或许星期天会去大使馆参加晚宴，或者同政府部门交流，而我则是去逛集市。但最后，对中国了解更深的人是我。换句话说，中国在我身上留下的印记更多。这就是为什么后来离开中国对我而言是那么痛苦，而后来只有在印度，这才弥补回来。

福尔克：确实很有意思。你写了那么多的报道，但归根结底，对你重要的都不是那些。

蒂齐亚诺：没错！

福尔克：当邓小平同志在发展中国经济的时候，你在……

蒂齐亚诺：我在写养蛐蛐儿的文章。

・离去

蒂齐亚诺： 实际上，当时我就感觉自己在中国待不长久。这是一种直觉。

我感觉自己可能被注意到了，然后不得不提高警惕，在我自己离开的前一年，就将你们送回了中国香港。我们收拾好整座房子，只给我留下一间办公室和一堆书。当你们在香港生活的时候，我父亲去世了。总之，我只能两头跑，每隔两三个月，去看望你们一次。

福尔克： 我记得，有一天你从香港机场出发，登上去北京的飞机后就没消息了。你消失了，也没有打电话告诉我们你安全抵达。妈妈不停地给你打电话，但却没人回应。就连朋友们也没再见到你。航空公司确认你是登上了那班飞机，飞机也确实已经在北京降落。

你那时候到底在哪儿呢？这个谜持续了好几天。我记得妈妈心急如焚，即便她总在我们面前装得镇定自若，还一直安慰我们"没事的"。但是很明显，肯定有什么事情，因为她从早到晚都拿着电话。她打电话给意大利和德国驻北京大使馆进行交涉。她问过所有能打探消息的人，想了解到底发生了什么事。后来消息终于来了：你得离开中国内地。然后，你成功回到了中国香港。妈妈去机场迎接你，你从此却再也没有回到中国内地。这一切真戏剧化。

蒂齐亚诺：是的，就我的工作而言，被要求从中国内地离开，对我来说简直是一场悲剧。

比如，当时我在写作《禁忌之门》。我想写一些有关中国深层的部分，想写下普通记者们不会去的地方。我记录下来去山东和东北的旅程，还有许多我想去的地方，可惜最终还是没能去成。

福尔克：其他记者没做过这样的研究吗？

蒂齐亚诺：你要知道，他们中的大多数主要为报纸工作，或者为类似《时代》这样的周刊工作，他们不能写超过 1500 行的文章。但是，正如尼古拉·图奇①所说："为什么不停下新闻记者的工作，去写一份更长篇的报道？"我去中国是为周刊撰文，不过我几乎一个月才出一篇稿子，几乎就像在做月刊。所以我写了一整个持续数周刊载的专栏。那么久的调查研究，仅仅用几个版面来呈现是远远不够的。

我讲不下去了，福尔克。

福尔克：你睡一会儿吧，睡一会儿。

不久之后，妈妈过来了，她看看我们怎么样。

福尔克：他睡着了。

她用很轻的声音说话。

安吉丽娜：毫无疑问，离开中国对你爸爸来说是一大打击。中国对于他已然是第二故乡，他再也没有对任何其他国家产生过同样的情感。越南不算，中国才是他心之所向。但是现在这些，都是非常遥远的往事了。我留意到，最后的印度之旅对他来说十分重要，他似乎把自己的情感全部转移到了那里，然后与中国渐行渐远。

---

① 尼古拉·图奇：意大利作家。

福尔克：你还记得很清楚吗？

安吉丽娜：嗯，我记得很清楚，因为我没有经历他所经历过的事，没有像他一样浸润在另一种文化里，那就好像完全变了一个人。

我们静静地坐在那里，依偎在这个熟睡的老人身旁，沉浸在各自的思绪里。乌鸦在树上作响。20多分钟后，爸爸醒了。

蒂齐亚诺：因此，从很多方面来看，离开中国对我来说都是一场悲剧。你知道，如果你喜欢某件事，最大的惩罚就是让你与它分离。

我极度想念中国，毕竟对于她，我付出了很多心血。我学习中文、知识，以及在中国学到的一切……我曾经觉得中国属于我，我曾经那么近地凝视着她，而现在只能远远地望着，这是一件悲哀的事。

不过，福尔克，印度让我重新拥有了平静。但中国的那份伟大……就像人们不会忘记初恋带来的那份悸动。

福尔克：现在先不聊了，你的嗓子需要休息。我就在楼上，需要我的时候摇一下你的小铃铛。

蒂齐亚诺：我这一生爱的东西非常多，但最爱的就是中国，她是一个让我由衷热爱的国度。

・职业生涯

蒂齐亚诺：我所供职的媒体一如既往地展现了它慷慨的一面。我离开中国后，他们在汉堡的一家旅馆里接待了我，所有主编齐聚一堂。

这次会面真是别有用意，但我没什么要为自己辩护的。他们告诉我，如果愿意的话，我可以待在中国香港。

可是我不愿意从香港的锁眼里遥望内地。

回香港的选择对我来说只剩下一个安慰——那里有我们生命里另一个美好的家。从窗户和阳台望出去，你可以看到日出、日落，美不胜收。海面上点缀着星星岛屿，它们散落在海里，一直延伸向澳门。那所房子铺着红、白、黑相间的地板，有着偌大的房间，以及挑高的天花板。我们把我的藏书布置妥当，然后还放上了我在中国内地买的祭坛，其内闪烁着点点红光。总之，那是一个我希望能留在你记忆里的家。

福尔克：记忆有些零碎，不过氛围都还记得。

蒂齐亚诺：但是我并不想回香港，于是编辑部再次慷慨地给我提供机会，让我去任何我想去的地方。我可以去华盛顿，因为那里正好有一个职位空缺。我也可以去拉丁美洲。

那真是一种奇怪的诱惑，福尔克。你热爱拉丁美洲，也一定可以理解我想要把中国抛之脑后，从头开始的想法。但我考虑了一段时间，觉得那并不是我。我的生命属于亚洲，我学习过亚洲的语言、历史，看过亚洲的小说和旅行故事。当然，我必须老实交代，对于拉丁美洲，我连它在哪儿都不知道。是智利吗？还有，阿根廷、玻利维亚……我不清楚。简言之，我并没有去。拉丁美洲对我来说像一个黑洞，它是一个美丽、新颖、与众不同的存在。而我终究没有陷入这种诱惑。

还有华盛顿，你能想得到吗？作为一个天生的无政府主义者，我怎么能在华盛顿做通讯员呢？我怎么能成为一个奔波在新闻发布会的特派员？我对自己的记者生涯有着十分清晰的认知。我一直想作为一名真正的当事人来报道新闻。我从来没把自己的目标设定得太高，比如要成为主编。这样的想法是许多优秀的记者都会有的，他们想往上爬，直到成为所在报社的主管。

我在中国的时候肯定跟你说过，当时外国部主编邀请我去曼谷。我们在东方饭店的露台上会面，当时你妈妈也在，此外还有主编的夫人。他说："瞧，我们对于你的工作考量了许多，最终决定让你来汉堡，做我的二把手。"

我只说了句："抱歉，我得回房间一趟。"

"不，让我们把这个话题说完。"

"不，我要回房间写辞职信。"

我是绝对不可能接受这样一个职位的。

在当时的各种建议中，我对其中的一个比较感兴趣，那就是日本。日本令我好奇。我已经经历了亚洲的种种戏剧性的事件，而日本在当时体现了这片大陆另外的一面，他们成功摆脱欠发达的状态，变得现代化。

而现代化的亚洲让我感到好奇。所以我想去看看，想知道那里的生活是什么样子的。

·摄 影 师

蒂齐亚诺： 今天我想聊一聊我与我的照相机。

福尔克，就像我曾说过的那样，在佛罗伦萨的房子里，没有收音机、电话、书籍，更别提照相机了。即使在高中和大学，我也不曾拥有一台自己的照相机。

我的第一台照相机是一台禄莱，我为此花了不少钱。当时，我得知自己要去南非，而我不仅想写作有关种族隔离的文章，也想用照片将其记录下来。它像一只盒子，你把它抵住腹部，然后从上面往下取景。我用那台照相机拍了第一批属于我的真正的照片，它们背负着讲故事的使命。

之所以要用照片记录，是因为我始终觉得，仅凭文字不足以表达故事的全貌。照片就像我的记事簿，它们能够丰富故事的细节，可以表现我在现场未曾注意的细节。那台照相机陪伴我度过了在奥利维蒂的那段时光。后来去越南时，我则给自己配备了当时最流行的照相机——尼康生产的那款带变焦功能的尼康玛特。

它很重，不过我有一个相机包，所以能随身携带。

要知道，我从未觉得自己是一名摄影师。相反，除去我尊敬的一些伟大人物（例如菲利普·琼斯·格里菲斯、阿巴斯和其他一些人），尤其是在越南时，我甚至对一些摄影师产生了鄙视心理，他们真的讨人厌，当我们需要报道一件事情的时候,摄影师的需求总是同你有所差别。

我想成为的角色始终是一只变色龙,绝不惹人注意,只是站在一边,默默观察,而摄影师却始终需要影像。比如迪特·路德维希,他会推推攘攘、动手动脚、一股脑儿地挤到人们面前,只为了让自己站在最好的位置。当你在和一个农民交谈,对方正在告诉你炸弹袭击时发生了什么,摄影师走了过来,搞砸一切。他所关注的,只是农民对着光,站在瓦砾前的面孔本身。

这也就是为什么,尽管编辑部曾想派给我一名来自汉堡的摄影师,而我拒绝了。我选择自己拍一些照片,它们搭配我的写作,与我写的文字相映成趣。

在越南的时候,我偶尔也会羡慕摄影师。你可以想象我们是如何报道这场战争的。早上乘出租车出发,到达前线,经历六七个小时的奔波,直到日落时分,带着满身的恶臭回到房间,洗个澡,然后就去酒吧喝酒聊天。摄影师的工作就算完成了。

而我的工作才刚刚开始:有文章在等着我。如果我不把我的所见所闻写下来,一切就毫无意义。而摄影师们只需拿上胶卷,让"信鸽"带到机场,送到新加坡或中国香港冲洗,然后就和这一切说再见。

福尔克: 他们自己不冲洗吗?

蒂齐亚诺: 不。所以你大概可以理解我为什么一点儿都不喜欢摄影师了。

1975 年 4 月 30 日,我的生活以某种方式改变,因为在头一天,当美国人乘上拯救他们的直升机,从西贡房子的屋顶逃脱时,一个了不起的越南小偷偷走了其中一人的徕卡 M3。几天后,我在西贡市场遇到他,以 100 美元的价格买下了那台照相机,100 美元。

从那时起,它将伴我一生:中国、日本、柬埔寨、苏联。

M3 是德国制造,充电便利,这一点至关重要。在朝鲜战争期间,摄影师们就在使用它,因为你可以将它绑在脖子上,你只需转动、打开、放入胶卷,然后等待"咚、砰!"声响起,一切就准备就绪,非常易于使用。

福尔克：现在这台徕卡照相机还在吗？

蒂齐亚诺：当然啦。我把它清理干净，重新上轴。因为它很旧了，足足拥有 50 年的历史。但它仍然完美。

不过，我要强调，摄影并不是我表达自我的方式。我之所以拍照片是为了配合我的文章，因为它们给予我比所见更多的东西。比如你亲眼看到一个场景，能注意到场景中的 10 个细节，而照片却可以显示出 40 个。当你回顾照片时，一切都会浮现。

而且，我是一个工作时很容易受到启发的人。写作《越南纪事》时，我正在奥西塔的那座房子里，外面是八月的假期，镇上还在举办夺彩杆的活动，人们在广场上兴高采烈、载歌载舞。而我则必须埋头写作关于西贡解放的书。完全是两个世界！所以我就一边写一边听着那些歌曲。如同音乐可以把我带回那段日子，照片同样也可以召回我的记忆。

福尔克：可有时候你也同摄影师一起工作，对吧？

蒂齐亚诺：没错，有些时候我会带上某个朋友，只是为了做个人情。不过结果总是令人失望，旅程中总是充满着紧张的氛围。

我也同优秀的摄影师一起旅行过。我一直认为路德维希是一名优秀的摄影师。比如他在斯里兰卡拍摄的那张照片就非常精彩。路德维希是一个真正懂得要去看，而且知道如何去看的优秀摄影师。

对我而言，我没有这样的天赋。但是，摄影这回事儿……你也知道，它也可以是这样：拍上几百张照片，其中总会有几张佳作。

你在那杯菊花茶里放盐了吗？

福尔克：你的大部分照片都是在中国拍的。中国的照片，要比其他国家多得多。

蒂齐亚诺：对，但你要知道，中国可不是照相机能够拍下来的，这就是我们刚刚抵达北京时的印象。你妈妈曾用一幅美好的画面来形容：好比打开一座埃及的墓葬，其中有着石棺和木乃伊，然后，新鲜空气飘了进来，把它渐渐化成尘埃，仅余金色的细屑。

这就是那时候中国给我们的印象。

我是1979年到北京的,日夜兼程,乘坐那时候的旧式火车。在一声声的轰鸣中,它把我带到了中国的首都。我想告诉你,那段经历是独一无二的!我知道自己是最早见到那个世界的外国人之一。因此,即使只是从民居屋顶冒出来的烟雾,也让我着迷,我都会立即拍下来。

我很庆幸,自己能看到那样的景致。来到一个这样的世界,所有人都骑着自行车,这在今天已经不足为奇,但对当时的我们而言并非如此。街头的自行车一辆接着一辆,人们穿着相似的服装。那些古旧的建筑和同样古老的历史,虽然遭到长年累月的破坏,但依旧散发光彩,令人动容。当我旅行到广阔的河南大地时,我们看到巨大的雕像拔地而起。这些雕像可能有着1000年的历史,甚至更久,自秦始皇时代就存在了。这让你想要去记录,去描述这一切,不过,它们是难以用文字来形容的事物。

于是,拍照片自然而然成为一种选择。这就是我在中国拍了那么多照片的原因。后来,当我到了日本,就失去了那种要完成一件历史性事件的感觉。在东京,你能拍什么呢?世界上最伟大的摄影师都已经去过,甚至有人驻扎在那里。我要和他们竞争吗?你知道摄影师们拍了多少醉鬼的照片吗?我也拍了一些东京地铁里的酒鬼,但那不是历史。一个酒鬼算得上什么历史?没错,那样的照片或许体现了一个高度工业化的社会,但它们并不能启发我。

福尔克: 你不是专业摄影师,可你拍的照片真的堆积如山。

蒂齐亚诺: 是呀,这是我的财富。那些黑白照片里的30年,是一个已经不复存在的世界。你能想象我当初看到的那个中国吗?还有越南、尼泊尔的木斯塘。我也想去整理这些照片,但这样的工作真的过于繁重。你得从成千上万张照片中埋头挑选,所以我至今还没有做。或者,哪一天你要是来了兴致,可以整理一下。

・日 本

又是一个下雨天。我们坐在家里，壁炉里生起了火。

蒂齐亚诺：我的一生真是被幸运环绕，已经超过了大多数人，不是吗？大概是普通人的两倍、三倍，甚至四倍。真正倒霉的遭遇，我还没遇上过呢。

福尔克：你真的是这么想的？

蒂齐亚诺：的确如此。

福尔克：离开中国那事儿呢？

蒂齐亚诺：好吧，那算是不幸吗？那是我自找的，我有些越界。

福尔克：然后，你在日本过了一段十分艰苦的时光。

蒂齐亚诺：可这不就是生活吗？你能期待什么呢？到处都是玫瑰和鲜花？生活向来如此，没有悲伤，也就没有快乐。

福尔克：可你不是说自己一直都很幸运，没什么让你难过的。

蒂齐亚诺：那是因为我曾拥有过极度快乐的时刻。而这并不是每个人都能拥有的。就像那天在车里说的那样，福尔克，我感觉被快乐的光环围绕着。确实如此，你瞧我过得多好！你会说："这人疯了吧！"的确，我也可能是个疯子。人们总会说："怎么这倒霉事偏偏发生在我身上？我做错了什么，才得到这样的报应？"而我几乎总觉得一切都刚刚好。

福尔克：根据刚才你所说的，没有悲伤也就没有快乐，我想你应该也遭受了很多痛苦。

蒂齐亚诺：我从没受过什么苦。那些实实在在的痛苦，我从没有经历过。我知道苦难的存在，而且我知道自己可以忍受它。

福尔克：所以你挨过去了？

蒂齐亚诺：根本没什么苦难是我经受不住的，福尔克！都扛过来了。

福尔克：真是难得，那我们来聊聊你在日本的时光吧。

爸爸在泡茶。

蒂齐亚诺：我先说明，日本的经历对我来说是惨痛的失败，也许是我新闻事业唯一的败笔。

先从语言说起吧。显然，我不懂日语，于是请求编辑部给我报一门语言课。我赶赴东京，你妈妈和你们则留在了中国香港。我参加了一门强化课程，通过学习，你要么能在 3 个月内掌握日语，要么说明你对这门语言毫无天赋。

而我属于后者。当然，我年纪也有点大了，你得在年轻时学习语言。而且，我那时候感觉很不好，我学习日语，类似于左耳进右耳出！而且我的脑海中总是会冒出个把中文，毕竟，我对汉字记得倒是很牢。学习日语让我有一种深层的感觉——那似乎是对中国的一种背叛，而我一直在做出抵抗！所以，我对日语基本毫无概念。

这有点像那个历史学家加埃塔诺·萨尔维米尼，他在美国学习英语的时候，别人问他，老师，您的英语学得怎么样了？

"哎，"他说，"慢慢地，我开始能明白自己说的话了。"

瞧，这和我学日语的感觉几乎一模一样。

可是，如果你去一个国家，却不能使用当地的语言，这会将你限制，你总归是一瘸一拐的。这是我的第一个失败点。

在东京的最初几个月，我住在一间可爱的日式旅馆中，那是一家传统酒店，花园里的竹藤日夜滴水，晚上，我就睡在榻榻米上。那里的一切都很完美。我也曾想成为日本人，将自己日本化。

不过，一切都事与愿违。

很快，我就意识到去那里生活，是我人生中最大的败笔。要知道，我是从一个伟大的文明国度而来。无论如何，关于中国，你无法否认她博大精深的文化，在那里，人们拥有崇高的精神。而突然间，我又身处一个如此细致、小巧的文化中。这让我感到震惊。

在日本，一切的细节几乎完美。去餐厅吃饭，我的天，他们给你的只不过是一碗简单的米饭，但在米饭的中心——像日本国旗一样，点缀着一颗红樱桃，精致极了。就连本来是供穷人使用的装米饭的木质便当盒，都做得非常精美。而当初我们在中国，要是去一家餐馆吃饭，胳膊肘都会粘在桌子上。盘子送过来时，服务员也是往你面前狠狠一撂。而在日本不同，所有东西都很雅致，从孩子们的手工，到女人鞠躬的姿态，一切都很完美，但也很"小器"。

你细想一下，整个国家的空间都很有限。房间狭小，甚至洗衣机、洗碗机、雨伞和鞋子都要放在屋外。可日本实际上是当时最富有的国家之一，人们的生活颇为富足。

这种小巧精致的文化让我感到苦恼。

而且在日本，往往是通过死亡才能表达伟大。比如，在刀剑博物馆中，我会感受到死亡的文化，感受到美丽的死亡，以及日本特有的浪漫主义。

他抿了一口茶。

很快，另一件事也打击了我。在中国，我们曾有很多朋友，而我无法同日本人交朋友。与我接触的所有日本人都不太有个性，比起自己，他们更像在社会中扮演着的某个角色：你从来都不是自己，你不是蒂齐亚诺·泰尔扎尼，而是"那个报社记者"。由此可见，在日本，名片有多么重要。如果没有名片，你就不存在，因为你就是名片上介绍的那个人而已。

当时有一名法国外交官，他告诉我了一件令他困惑已久的事情。他到东京已经四五年了，日语说得不错，还同负责法国关系的外交官员建立了深厚的友谊。他们在公务上经常接触，也常去彼此家里做客。但有一天，法国人接到他日本朋友的电话："我想和您道个别。因为我换了部门，要去负责另一个国家的事务了，所以我们将不会再见面了。"他专门打电话来，就是告诉这个法国人，他们建立的友谊已经没必要维持下去了。

类似的事情也发生在了我的身上。和日本人建立起的关系真是莫名其妙！你想想看，你爸爸我，一直都那么外向，习惯了随时随地东嗅嗅、西瞅瞅，但这在日本可行不通。日本人从来不会邀请你去他们家里，最多会带你去一家完美的餐厅，那种有水从竹藤上不断滴下的高级场所。

我只和大友建立了友谊。为什么偏偏是他呢？因为他是个酒鬼，不守规矩，衣衫不整，信奉法国的存在主义。他非常聪明，但没有固定的工作。对于日本的社会机制而言，他算是个另类。我之所以能和他成为朋友，是因为他是系统之外的存在。

大友是我在日本唯一的朋友，我们一起去过不少地方。

福尔克：我们是在20世纪80年代中期到的日本，与我们相比，日本在科技领域异常先进，这令全世界着迷，不是吗？尽管现在他们不再让我们害怕，但那时日本确实是巨大的经济威胁，人们甚至不排除日本会在2000年统治世界的可能。

蒂齐亚诺：他们当时非常先进，这一点确实得承认。

1965年，我就曾在日本为奥利维蒂工作了几个月。那时，日本还是一个不起眼的国家，尚未重建。而你看到的日本，拥有百货商店和闪闪发光的摩天大楼的日本，那时也都不存在。每天早上，我和那些带着包袱布的男人一起乘坐公共汽车，那些彩色的包袱布是用来包便当的。它们真好看哪！你把东西放进去，用四个角儿打成一个结，然后就可以随身携带，拎着到处走。包袱布很便宜，每个人都有，它们绚丽多彩，富有个性。1985年，我再度回到日本时，就没见着过那种包袱布了，大家都改背路易·威登的包。那是另一个日本，它已经变成一个富裕而傲慢的国家。

　　我开始像以往一样写些文章。其中一篇很是有趣，我说若是一个人想在日本生活，就必须学会同机器说话。晚上，你要是去街上的自动售货机买啤酒，它告诉你要投入多少钱，机器会告诉你！当你进入商店时，有一只眼睛看见了你，然后电子声音响起："欢迎光临，早上好，对不起，我来了……"现在，这些东西到处都是。但是对当时的我来说，对一个来自中国的人来说，它们是全新的。我和日本人从来没什么交谈，都是和机器说话。

　　现代化摧毁了一切。我是佛罗伦萨人，而佛罗伦萨人的一大优点便是，虽然我们不清楚怎么去创造一些美好的新事物，但至少知道要保存古老的美。因此，如果有一天，有人想从美与和谐的角度出发处理问题，他们可以参考。而我在日本，每天都会看到推土机推翻旧房屋，一条一条的街道消失，只是为了建造办公用的摩天大楼。而昔日住在那儿的人，被赶到肮脏的郊区。你想想看，生活在一个没有参照点的城市意味着什么？

　　福尔克：你也想过要找一个适合我们家的传统木屋，那种有宣纸窗，地上铺着榻榻米的木屋，对吗？

　　蒂齐亚诺：是的，但没找着。所以后来我们住进了一座体面的、现代化的小房子。房子原本属于一位植物学家，他是裕仁天皇的朋友。从我们的窗户望出去，你可以看到美丽的花园，那里种满了他一生培育的植物，还有古老的棕榈树。植物学家去世后，他年轻的妻子卖掉了花园，有一天，有人带着推土机和电锯来了，夷平了这块土地，只为了建一个停车场。

　　这就是那时候的日本。

　　福尔克：那样的生活确实和你的性格完全相反。

　　蒂齐亚诺：你看出来了吗？那里过的是平庸的物质生活。每天，人们在郊区和城市间穿梭来回，工作、消费和通勤。

　　福尔克：你的生活也是那样吗？

　　蒂齐亚诺：当我对眼下失去兴趣的时候，就会逃进历史。你是否还记得我要前往亚洲的原因之一，就是我想看看对于社会和经济问题的解决，是否有西方路径之外的其他选择。因为我坚信，只有世界的多样性才能创造生命力，并赋予人更大的自由，而按照设定好的模型进行扁平化的处理，只会加剧问题，同时消除许多其他的选择。

历史总是在重复。西方人总是以他们拥有良好准则为借口，去敲击其他大陆的大门：这在今天，就是所谓的民主与自由；在19世纪的时候，借口是自由市场；更早的时候则是基督教。然后，在1853年，美国人带着四艘军舰（即著名的海军准将佩里的"黑船"）出现在日本海岸，迫使日本人开放边界，以便美国能把商品卖给他们。这是一种传统态度，也是葡萄牙人来到澳门的原因：他们想开放中国的边界，通过售卖镜子，窃取香料以及所有他们感兴趣的东西。西方扩张的故事总是大同小异。佩里的军舰凭借着"自由市场为人人服务"的名义，以及每个人都会从中受益的借口，去打开日本市场。

在中国也发生了同样的事。

福尔克：英国人利用鸦片战争，打进了中国。

蒂齐亚诺：对。美国军舰令日本遭受了沉重的打击。日本曾一直保持着悠久的传统——刀剑、武士道等。但当西方以炮弹威胁时，日本人却无能为力。于是他们灵机一动，得出了这样一个道理，既然自身的实力和传统经不起西方的考验，那么唯一的生存之道，就是将自己西方化。

然后，上演了一件对于今天的我们来说几乎无法想象的事情，而这只有坚韧不拔的日本人才能做到。在明治天皇统治下，日本在短短几十年内，就摇身一变，成为另一个西方国家。为了修建铁路，他们把整座火车站照抄了过去——原样复制！东京的火车站完全是照搬阿姆斯特丹的；他们复制了普鲁士军队士兵的制服；数以百计的外国人被邀请前往，教授他们西方的诸般事宜。他们被当地人称为"yatoi"。在明治时代，人们穿着西式服装，学会了跳华尔兹。他们照抄了西方的民法和刑法，组建了一支西式军队。他们建造的军舰也是模仿了英国。但值得一提的是，日本人获得了巨大的成功，他们用几十年的时间就实现了现代化。20世纪初，日本就向其他亚洲大国发起挑战，并在战争中击败了它们。先是清帝国，然后把沙皇帝国也击败了，而俄国是当时在亚洲实力最强的西方强国。

因此，日本成为一个经济和军事强国。他们重新制定政策，旨在统治亚洲，而其冠冕堂皇的理由是让亚洲人民摆脱战争，以及白人殖民主义的束缚。

我对此十分好奇，想看看日本人如何能够在古老的文化里，塑造一个本属于我们这个世界（西方世界）的文化和经济的替代品。但在我看来，日本与我所寻找的事物相反，因为它是西方制度的复制品中最复杂也最成功的例子。第二次世界大战结束，日本战败，他们开始按照美国泰勒主义的模式重制工厂，这让他们的复制计划更加完善。

福尔克：泰勒主义？

蒂齐亚诺：对。类似斯达汉诺夫运动①，在那之后，人们越发勤奋地工作。这段历史很有意思，不是吗？你知道吗？日本人平时都穿夹克打领带，只有在一些特定的传统节日才会穿正式的和服或轻便的夏季和服……日本曾经的模样与现在有多么大的不同！

现在，西方模式已被所有人接受。

这种模式也传到了中国、东南亚、新加坡，可能只有老挝还以某种方式保留着自我。这个话题在我写的书《占卜师的预言》里经常提到：这是亚洲欢欣鼓舞式的自杀，这些国家放弃自己的特性，迈向西方。

福尔克：他们为什么要这么做呢？

蒂齐亚诺：很简单，因为他们相信，那是进步的唯一途径。西方曾在他们的土地上传教，送去了殖民主义等糟糕透顶的玩意儿。最终，我们向他们传达了现代化只属于我们这种社会模式的观念，并通过电视等大众媒体将这样的观念发散传播，很快，这种说法在整个亚洲站稳了脚跟。

福尔克：但是传统的日本文化有一部分也保留了下来，不是吗？像天皇啊，神道教之类的。

---

① 斯达汉诺夫运动：苏联在20世纪30年代为提高劳动生产率而开展的群众运动，以其发起者命名，是社会主义竞赛的一种形式。

蒂齐亚诺：日本人觉得，他们只是在日本特性之外涂了一层西方式的油漆，以此拯救了自己的灵魂。这也就是他们常常念叨"你永远不会了解我们"的原因。

福尔克：因为他们的内在还是日本人吗？

蒂齐亚诺：他们以为自己的特性还在。

于我而言，另一个一直以来都极度重要的主题是和平。1945年的核爆使我十分震惊，我读了有关广岛和长崎的所有读物，我真的很想知道这一令人难以置信的事件。史上首次发射的两枚原子弹，落在两座平民聚居的城市，它们使城市在一瞬间燃烧，炭化成灰烬。我们倾向于忘记日本人的这段历史：他们是唯一遭受过原子弹爆炸的人。它一定产生了巨大的影响，对吧？我记得我曾去拜访许多幸存者，他们有一个专有名词——hibakusha（被爆者），其中有一位了不起的建筑师，他在孩提时经历了"黑雨"①。但最终，所有人都接受了现实，成了和平主义者。

即使在广岛本地，我也没找到我期待的东西。和平，已经成为一个重复性的主题，几乎是一件商品。我撰写的文章这样开头："在这里，就连鸽子都满嘴说着和平。"

福尔克：真不敢相信！

> 我从书房拿出《在亚洲》读了起来。

"和平"一词无处不在，甚至印在流行的香烟盒上。和平广场的鸽子、和平大道，到处都是和平的标示，而现在，他们似乎无法做到这些到处宣示的和平。哎，差不多是这样。

报社也对这些话题感兴趣吗？因为人们也可能会说："不错，泰尔扎尼。不过是不是可以写一篇有关日本经济的文章呢？人们会更感兴趣？"

蒂齐亚诺：当然，他们本来希望我写经济新闻，因为当时，日本是世

---

① 黑雨：1945年原子弹在日本爆炸后，降下的雨是黑色的。

界上最大的经济威胁,是只"大老虎"。但是,我从来没有写过哪怕一行有关日本经济的文字。取而代之,我写了天皇的葬礼、会说话的机器、洗手间、工薪阶层的夜生活。编辑部也就这么随我去了,因为到最后,我总是能抛出一些让所有人出乎意料的观点和主题。

我不懂经济。而且我根本不在乎日本人卖出了多少台电视机,卖得多不多。我在乎的是什么?是制造这些电视机的人的生活,而从这个角度去看,你会看到一个惊人的世界。

最先让我感到震惊的,是那些贫穷日本人的生活。我想了解亚洲的现代化,因为它独一无二。那样的生活方式令我惊奇,人们在工厂、写字楼中投入了令人难以想象的时间和精力。日本人称他们的员工为"工薪族",也就是说,人们上班,就是为了拿到工资。

在银行工作的职员,晚上8点下班后,肯定不会回家,而是和同事一起去酒吧喝酒,直到午夜。其间,他们高谈阔论的还是银行的业务!似乎从来就没有属于他们自己的自由时分。还有,他们生活的节奏也是糟糕透顶,新干线能在一小时内,将通勤者从很远的地方带到市中心。

我把这些看作迟早要降临到整个世界的灾难。第二次世界大战失败后,日本人也是一直工作,直到精疲力尽,他们能够在当时欠缺创造力的情况下,以极低的时间和成本,生产大量消费品:随身听、录像机、晶体管收音机。所有这些都是在日本诞生,然后占据了全世界的市场。

但是,社会和文明的价值也是由生产这些商品的人决定的。

无论到哪里,我感兴趣的终究是人类本身。文明的价值是无法复制的,而对于什么是现代社会不能仅仅根据其经济结构的效率来进行评估,最重要的是,要根据人和他们的生活来进行评估。讲到这里,我想到就选举,我也曾说过一些荒唐的言论,比如:"你是投票给牛排,给龙,还是给自由党?"这种问题对我来说,没有任何意义。它们跟我有什么关系?这是什么意思?难道我投票给一个人以后,就能解决我早上起床要干什么的问题吗?还是我要在这个人的雕像前鞠躬?也许,我真正应该操心的是，我的牙膏的选择是 2 种还是 40 种；我必须每天工作 8 个小时还是 10 个小时；我个人自由的余地是多少。所有这些才是最重要的。

也就是生命，生命是些实实在在的东西！

我出去了一趟，抱回来一抱柴火。

现在，所有这些都令我感兴趣，它向我展示了，模仿西方的日本是如何超越西方并发展出一种新的经济体系的。在我看来，这种经济体系使人失去了人性，使我深感恐惧。因为这也可能是欧洲未来要面临的情况。

我得承认，那时，我甚至无法想象这种样式的生活也会降临到我们身边。但实际上，它正以非常快，甚至可以说是电光石火般的速度到达。这是因为全球化的进程，使得经济绿洲无法生存。如果开始有这样一个共同的市场、一个自由的市场，那么人们就必须与那些成本比你低、耗时比你少的公司竞争。

那时候的我还以为欧洲不可能变成另一个日本，我以为，人类不可能被简化成滚轮一样的存在。但是，仅仅 15 年后的今天，日本模式便在这里再现，就在我们的家乡上演，这难道不令人震惊吗？

福尔克：呃……怎么说呢？

蒂齐亚诺：小商店次第关门，让位给大型仓储超市；工厂也因经济的变动而频频倒闭；受到这种可怕的工作节奏影响的人们，越来越多地生活在逐渐变小的隔间中，疏远彼此，愈加孤独。如今就是这样，这是正在意大利发生的事。

福尔克：所以说，困扰你的并不只是日本，而是整个世界的走向？

蒂齐亚诺：是的，但这的确也是日本的悲剧。眼见着如此特别的文明走向自杀的道路，这是一件悲伤的事，一亿两千万人正气喘吁吁地与西方经济进行竞争。我为可怜的日本人感到难过，他们贬低自己的价值，变得如此无情、孤独，如此没有人情味。这样一个社会，一个人从起床开始，就被迫按照标准化的行为举止过活，直到一天结束，然后醉酒后呕吐，将头重新挨到枕头上。

我往壁炉里放了根柴火。
爸爸望着柴火逐渐燃烧。

对我来说,日本之旅十分艰难。我人生里沮丧的阶段就从那里开始了。

福尔克: 所以在日本,你的危机感是来自……

蒂齐亚诺: 我没有别的选择。

福尔克: 我记得你在东京的日子。你像变了个人,那一定是你一生中的至暗时刻。你总是看起来不开心。每次我们吃饭,你要么觉得肉太硬,要么觉得酒太酸。白天,你则把自己关在办公室里。

蒂齐亚诺: 你说的没错,我就待在办公室里读报,把文章从报上剪下来。

福尔克: 这不是你的风格。

蒂齐亚诺: 是的,这跟我的惯常生活恰恰相反,但在日本的那段时间,我只能那样。我把自己关在办公室里,从窗户望出去,看不到教授养的植物,只能看到光秃秃的停车场。

就这样,我渐渐被抑郁的情绪包裹住。

瞧,无论我在哪里,总是"玩"着过活。当地人怎么玩儿,我也跟着玩儿。想想看中国那些小玩意儿,那些我的小消遣!玉器啊,蛐蛐儿啊……全都成了我的玩具。在它们身上,我能投入几个钟头。可是在日本,福尔克,你知道我能玩什么吗?证券交易。这是唯一能做的事。报纸一到,我会直接跳过首页的世界新闻,去经济版看看富士通的股价是涨还是跌。

但那不是我,深深的沮丧笼罩着我。我觉得,自己变得跟日本人一样了。不,这一点必须跟你说明白!从某种意义上说,我不再是我自己。我成了一个叫蒂齐亚诺·泰尔扎尼的家伙,一名喜欢抖机灵的记者,除了重复自己的工作,生活中别无他事。7月14日,应法国大使的邀请,我参加了他们的国庆活动。有人认出我说:"哦是你,你是个有趣的家伙!"五分钟后,我就被邀请去吃晚饭。晚餐时我在干吗?只有一件事要做:扮演好蒂齐亚诺·泰尔扎尼的角色。我和他们聊我在越南的时光……聊我去了中国的哪里……福尔克，当我起身和你妈妈回家的时候，我只感到绝望，绝望极了。

    我笑了。

  我不知道你是否能体会。这很难理解。

  福尔克：嗯，我很清楚你那时候的感受。可是，我想不通的是，你为什么选择过那样的生活——恪尽职守，扮演你的角色。为什么不选择其他方式？比如刚才你说的吃晚饭的时候，与其自己去扮演角色，为什么不就坐在那儿，听别人说他们的，自己保持沉默就好？

  蒂齐亚诺：因为我个性不强，意志力有些薄弱。况且，与其坐在那儿听别人胡扯，还不如我来说呢，我说的还更好玩一些！

    他笑了。

  听别人聊天更无聊。

    他吐了口痰。

  我不记得究竟什么时候，自己才意识到了这些。那是一个潜移默化的缓慢过程。我去外国记者俱乐部，它设在东京最漂亮的建筑之一的顶层。从那里，你可以看到由帝国公园和一座座摩天大楼堆砌而成的城市。各式各样的人出现在那里：通讯员、特使、日本记者，还有向记者展示电子产品的公关人员。记者们就这些科技产品撰写大篇幅文章。他们一整个下午就在那儿，靠着桌台聊天，喝着啤酒。我呢，则扮演蒂齐亚诺·泰尔扎尼。每当有新的记者来到这里，就会有人引荐："啊，听我说，你必须认识一下蒂齐亚诺·泰尔扎尼！"

然后我就开始喋喋不休。最后，我甚至成了一台复读机，只要一按按钮，"哒！"，就开始自动播报。那时候，我尚未问过自己这个最重要的哲学问题："我是谁？"要弄清楚自己是谁，是需要花些时间的，那并不是一件容易的事情。这些身份标签压得我喘不过气来。我最大的危机就是始于日本，因为从那里开始，"我想要成为谁""我自己是谁"以及"我必须成为怎样的人"之间，产生了矛盾。

他把手放在一堆照片上。

这里，通过这张照片，你就能看出我在日本有多痛苦。

日本的生活使我深感沮丧。我感觉自己病恹恹的，好像有那么一些东西实实在在地伤害了我。我每天带着沉重的心情起床，好像全世界的担子都压在我的肩上。你妈妈带我逛遍东京的各种小巷。你知道，日本到处都有咖啡店，店里一般装修得体面干净，其中有着40种咖啡供你选择，还有厚厚的切片黄油吐司和让人啧啧称叹的果酱。然后，在去糟糕的办公室之前，我就坐在那儿，听着广播里传来的悠扬音乐。你妈妈会每天带我去不同的咖啡馆，直到我们找到了一个叫作鳗鱼巢的地方，那里有靠窗的座位。在那里，我们往往闲聊上两个小时。

可是，我依旧闷闷不乐。直到我们回到欧洲，我借口带你去参观我学习过的比萨圣母高中，然后，自己偷偷去了一个有名的精神科医生那儿，请他给我开一些抗抑郁的药。哦，那天早上！他非常友善，让我在那里待了一整天，还带我认识了他所有的亲朋好友，我向他们倾诉了一切，比如，我不能忍受电话的存在。最后他说道："如果您有抑郁症，那就没人不抑郁了。不过我很理解，有时候您是会觉得撑不下去了。如果您实在撑不下去，就试试这个吧。"说着，他给了我一盒百忧解。

我呢，把百忧解放在口袋，让它变成了旅程的护身符。后来，我把药倒给了我们的老狗保利，它吃下百忧解，幸福地死去了。

正是在日本，我第一次尝试通过摆脱世俗生活来解决抑郁症。我一个人与保利一起，生活在富士山脚下大子町森林中的一座小房子里。我这么一个热衷社交的人，却第一次当起了隐士。我带了一台计算机和很多文件，里面装有我采访时的材料、看过的书、剪裁的文章以及做过的笔记等等。为了这趟旅程的圆满，我还梦想着写一本书，写一本我从没写过的、有关日本的书。

我在那里住了三个月。很多趣闻及美好的故事轮番上演，可是，我看到的问题也过于严重。我始终觉得，那是个令人恐惧的模式，我无法形容它给我带来的痛苦，那是一种面对现代社会的痛苦。而那个非人性的社会，正是我的恐惧所在。

在大子町的日子证明了我永远无法理解日本，但作为最后一次尝试，我要试着从上往下观察它。要知道，当你置身其中的时候，从上往下，总会看得清楚些。于是我和大友一起安排了去富士山朝圣的旅程。旅行一路都很顺利，我的确把自己当成了朝圣者，剃了个头，准备出发。我们同成千上万的朝圣者一起到达了山顶，到达了最神圣和最美丽的地方，然后在那儿遇到了——对你说话的机器！

"请再投一枚硬币！现有金额无法购买可口可乐。"

因此，富士山也让我失望了。我拿着盖着所有车站戳的小旗子离开了，写下最后一篇文章，写下我去登山、试图理解日本的故事。当我离开，挫败感也随之而来。唉，也许没有什么是要去理解的。后来我对此不再关心，日本的某些东西，或许是我始终无法理解的吧。

福尔克：现在呢？依然觉得无法理解吗？

    沉默，就好像没听到我的问题一样。

蒂齐亚诺：日本吗？我连它在哪儿都不知道了。

    沉默。

有时我会想念寿司,想起那些寒冷的冬夜,当你跨进那些可爱的生鱼餐厅时飘来的食物香气,所有人坐在柜台那儿吃着饭……

·乌龟之家

蒂齐亚诺：我认为，这一切，包括我现在的病症，都起源于日本。生活在那样一个不自由的社会中，使我内心极度悲伤。你看，如果说当初中国的社会有些压抑，那么在日本，自由同样罕见。而且，那种文明和西方社会过于雷同，因为日本就是受到西方模式的启发。正如我前几天所说的那样，它不像中国，拥有着曾给我带来巨大欢乐的一方天地。

我在日本的时候并不开心，一直生着病。直到五年过去，编辑部问我接下来想去哪里，我毫不犹豫地要求去一个在政治上或许没有多少影响力的国家办公。我要回到亚热带国家。我对那烈日、那清晨人行道上腐烂的蔬菜味有一股强烈的向往，我向往热带的气息。

编辑部始终对我很照顾，他们接受了我的请求，在曼谷开设了一个新的办公室。从泰国，我可以追踪整个亚洲的动态。

福尔克：你时常回到热带，那对于你来说，一定象征着生命的气息。

蒂齐亚诺：是的，那是另一种生命的气息，是在中国香港闻到的气息，来自旺角和湾仔的味道。那里的工人们坐在搁脚凳上歇息，喝着凉茶。或者，是在大街上吃着越南粉，感受到的西贡的气味。那是我所处世界的气味，一个让我不会迷失、有归属感的世界。

不过，一切都结束了，都成了过眼烟云。

他沉思片刻，然后继续。

在曼谷，好运气终于降临，你妈妈设法找到了一处在我看来美丽非凡的房子——乌龟之家。那是一栋古老的泰式房屋，全部由木头制成，还附带一个生长着热带树木的花园，花园中间有个池塘。

讲到这儿，我必须告诉你一件好笑的事儿。一到那所房子，我就做了一个很奇怪的梦。我梦到，我从日本来，背着一个巨大沉重的手提箱。到达我们的新花园后，我打开手提箱，发现里面有一具尸体：我自己的！我把蒂齐亚诺·泰尔扎尼的尸体埋在了泰国的一株植物之下。

我喜欢这个梦，即使我不懂它的意思。于是你们的妈妈像往常一样，为我解梦道：那象征着，我跟日本的那个"我"做了了断，准备开始新的生活。

福尔克：正是后来发生的事。

蒂齐亚诺：在泰国，我迈出了踏进世界的第一步！把"我"埋葬后，我重生了。这花了一点时间，但最终，一切都重新开始了。

福尔克：要是没有日本带来的挫败，你可能也不会有那样的改变。不过让我们说回乌龟之家吧。

蒂齐亚诺：它是一间拥有历史的房子。

它之前属于传记记者詹姆斯·汤普森，就是这个汤普森，发现了泰国的丝绸，将它推上了国际市场，使之成为一个不小的行业。据传言，他曾为美国中央情报局工作。有一天，他在马来西亚的丛林里神秘失踪。总之，他是个很特别的家伙。他的好友威廉·沃伦是一名传记作家，沃伦曾在这栋被白蚁蛀蚀的老房子里住了好多年，后来由于没法再供养下去，于是将它转让给了我们。

那里环境怡人，我们换掉了所有生了白蚁的房梁，重建房屋破损的部分。在一株杧果树上，我们还建造了一个用梯子上下的客房。在花园的尽头，我则给自己打造了一间很小的办公室，那是我工作的地方，门前长着一棵我不想砍掉的棕榈树。

房子坐落在一片池塘边。因为湄南河和大海连通的大型运河网络在过去曾覆盖了整个曼谷地区。后来，运河被混凝土填充，变成了道路。然而，我们的池塘却保留了下来。水缓缓流过，被池塘"俘虏"。池塘里还有一只巨龟，身长足有一米，食肉。一开始，我们甚至没有注意到它的存在，直到我买了几只小鸭子放入池塘，它们开心地在池塘里嬉戏。

"怎么昨天还有七只，今天就只剩下六只了？"有一天早上，我们在那儿疑惑着。

又过了几天，只剩下五只。我们找啊找……可怎么也没找到。直到一个清晨，当时我和你妈妈在餐厅吃早饭，那是一个建在水上的木亭。我们听到了小鸭子的声音，"呱、呱、呱"。紧接着，我们看到从水下冒出一只怪兽，张开大嘴，"啊呜！"，就咬走了一只小鸭子。

我们目瞪口呆，看着气泡不住地往上冒。

福尔克：对，那家伙，它可坏了！

蒂齐亚诺：我们与巨龟的美好友谊就此展开。从那天起，我们时不时在餐厅，买一片生的鸡胸肉。然后，它那有点吓人的头浮出水面，和我们一起享受早餐，这样一来，它也不会再去吃掉其他小鸭子。

曼谷曾经有过一个奇妙的动物市场，它今天仍然存在，名叫乍都乍市场。在那里，你可以看到从北部丛林来的、奇特的野兽和鸟类，每个周日早上，我就在那儿打发时间。而你妈妈通常待在家里。每每我回去，就朝她大喊道："来吧，安吉丽娜，来人了！"

我们打开车上的纸板箱，动物们一刹那重获了自由！那场面壮观极了。我还买了一些鸟，为此还专门做了间鸟舍。对其中体形较小的那些，我则找了些漂亮的镶嵌木笼。我们有只夜莺，每天早晨它都以一种特别神奇的方式鸣叫；还有一只把到处都弄得乱糟糟的鹦鹉；还有漂亮极了的"小婴儿"。

福尔克："小婴儿"？那是什么鸟？

蒂齐亚诺：我不知道它用意大利语该怎么表达。它们会发出奇怪的叫声。除此之外，还有鹊鸲。

福尔克：你是指小麻雀？

蒂齐亚诺：不是的。鹊鸲有着黄色的嘴、长长的蓝色的脖子。我们还有一只，叫什么来着？戴胜鸟！那是一只充满好奇心的鸟，嘴巴很长，时常靠近房屋，从地上叼起蠕虫。由于它有彩色的冠，看起来十分朋克，我们称它为……

福尔克：朋克小姐！

蒂齐亚诺：很多鸟一来到我们家，就拥有了新的名字，但悲剧也时常发生。一天早上，我们在一个笼子里发现了死去的鸟儿。罪魁祸首是花园里几只很大的耗子，它们找到了一种钻进笼子的方法。总之，我们很多鸟就这样死掉了。

我那时候已经半吃素了。但并不是像佛教徒那样，出于尊重其他生命的原因。园丁甘明给了我们治理鼠患的建议，抓住一只，用小火烧它，它的尖叫会吓到附近所有的老鼠。我自己并不想张罗这个仪式，不想做这样的牺牲，但我们也必须捍卫自己的利益。我允许了甘明在我不在家的时候这么做。

他笑了。

不过这确实奏效了，我们在这场与老鼠的"战役"中胜出了，有很长一段时间，老鼠再也没来过。

我们的花园里什么都有。除了生活在池塘里的巨龟，草地上也总有小陆龟在游荡。天啊，它们爬得慢悠悠的，但哪里都能看到它们。还有保利，它是全家最爱的狗，不过别人可能不喜欢，因为它会坐在门口乱叫唤。有一天，又来了一条狗，我们给它起了个"乔蒂"的名字，那是"吉祥"的意思。但其实是我给它带去了吉祥。因为当我离开乍都乍市场时，我在车下发现了全身生满癣疮的它，于是把它带回了家。此外，我们还养了一群鹅，忘记给乌龟喂鸡胸肉时，它们也能派上用场。我在花园里放了许多木雕和石雕，花园的尽头，有座象头神加涅，那是我在吴哥的时候请人照模子做的，之后一直带在身边。

福尔克：我最喜欢的是一只比鹦鹉还能模仿声音的鸟，不过不幸的是，在雨季来临时，它的笼子掉进池塘，它被淹死了。

蒂齐亚诺：对，对！那只也很好看，是只八哥儿，一只会说话的鸟。总之，我很喜欢我们家的房子，它还有许多厢房，其中有用人住的。

我们有一个很棒的厨师，手艺非凡；一个负责打扫的女孩子；一个当我不得不去更远的地方上班时，载我的司机；还有园丁甘明。他们所有人都一起用餐，也是在水上的木亭里。他们中的一个人告诉我，要想教会这只八哥儿说话，就必须黎明时起来，用毛巾盖住它的笼子，然后人的头也要伸到毛巾里。就这样，在漆黑的环境里重复单词。我尝试了好几天，试图教它说几句意大利语……

福尔克：不是的，爸爸，事情不是这样的！事实上，黎明的时候，我们谁也打不起精神去教那只可怜的鸟任何事情。然后有一天，我们都坐在桌旁，听到了"丁零、丁零、丁零！"的声音，我起身去接电话，可听筒那边无人回应。后来才知道，那是八哥儿在模仿电话铃声，它没什么别的好模仿了，于是完美地学会了电话的铃响！

还有另外一只鸟，爸爸。

蒂齐亚诺：你是想说"呜呜"叫唤的欧斑鸠吗？

福尔克：不是。是那种叫声刺耳的鸟，不断喊着……

蒂齐亚诺："嘎哇哦！"它老是"嘎哇哦、嘎哇哦、嘎哇哦、嘎哇哦哦哦"地叫着。

福尔克：啊，就是这种声音！

蒂齐亚诺：但它让人睡不着觉啊。每天早上 5 点，甘明起来的时候，它也醒了，然后就开始放声叫唤。于是，我们把它关进我办公室的卫生间，可还是能听见它的声音。最后，我们决定把它给放了，因为这实在是太烦人了。结果，它就停在面包果树的顶上继续叫，后来终于有一天飞走了。

那个地方真的太迷人。到了晚上，小巷里会有人报时辰。在屋子里面，螺旋状的香火不停地燃烧着……

啊，我们的乌龟之家啊！

值得一提的是，我们所住过的那些漂亮的房子，是古老亚洲消失前最后的堡垒。

后来，我们都被四面席卷而来的、毁灭性的现代化所淹没。我们离开之后，几乎所有都被拆除，甚至曼谷也迅速被摩天大楼包围了。随后，乌龟之家的日子也走向了尽头。

连乌龟的世界都变了啊。

福尔克：不知道还有没有人喂它吃的了？

蒂齐亚诺：他们把它宰了。

福尔克：什么？为什么？

蒂齐亚诺：池塘没了。

福尔克：池塘也没了？！

蒂齐亚诺：对，我也不敢相信。

我们住过的每一个家，都着实让我喜爱。那些因历史气息而破败的老房子，是整个生活的框架。我们从生活的环境中，吸收了太多东西，包括那些弥漫着的香气。在我们身上，总是有股线香的味道，但我们点香，并非出于宗教信仰，只是纯粹地关乎美学上的享受。我单纯喜欢线香的味道。

福尔克：没错，我们确实住过很多很美的房子！但最后你决定回到这里，回到了奥西塔。

蒂齐亚诺：在这里，我过得舒服自在。而其他的房子，只不过是一个贫穷的人渴望功成名就的梦想。他们的一生都在其中，那里有雕像、绘画、地毯、佛像、中国床和藏书室。但实际上，福尔克，你也许会注意到，当你长大以后，会发现自己一生购置的东西越来越多，对吗？比如买家具，要购置漂亮的餐桌以招待客人，还要给自己添置一套四居室的房子，不，甚至八居室才够，因为还要算上孩子的房间，以及客房。大家都是这样成长起来的。

但最后，你们会把我安葬在棺材里。你们记得，一切从简。因为殡葬业从业者会给你们推销那种抛光的玫瑰木加金钉的棺材。其实，它和其他房子比起来算最朴实的了，因为它还留存着最初的梦想，它像我们小时候一直梦寐以求的树屋。

于是，我就在这儿给自己造了间禅修室。这就是我住的地方，一个彩绘的藏族风格的"小木盒"。在其中，我感受到了自己的尺度。这个小木盒多大来着？三米长，两米宽？那里有我要的一切。每当进入那里，都让我感到很惬意。

在我的一生中，有过许许多多美好的事物守护着我。不过到最后，就像你妈妈说的那样："他们还没有发明出来能带行李的棺材呢。"

他笑了。

■ 插曲

蒂齐亚诺：安吉丽娜？

安吉丽娜：怎么了？

蒂齐亚诺：粗麦粥……别煮得太硬，刚刚煮透最好。起锅前加个蛋黄就行，别的都不要。

安吉丽娜：奶酪粉你自己加吗？

蒂齐亚诺：不要奶酪粉。谁说要奶酪粉了？

他笑着说。

福尔克：妈妈，你瞧见了吧？不能太冷，也不能太热；既不要太多，也不要太少；既不要在蓝色的碗里，也不在黄色的碗里。至于勺子，拿两把来吧，因为今天他可能要小的那把，也可能是要大的那把。

爸爸笑了。

蒂齐亚诺：你这个捣蛋鬼！安吉丽娜，听我说，给我来一碗粗麦粥吧，别太硬……

福尔克：不要太硬，也不要太软。

安吉丽娜：再加两个鸡蛋？

他笑了。

福尔克：不是两个鸡蛋，一个。

蒂齐亚诺：两个！

福尔克：既不要一个，也不要两个。

爸爸被逗笑了。

安吉丽娜：福尔克，你把我给搞糊涂了。

妈妈出去了。

蒂齐亚诺：真开心啊，胃部肿胀的感觉现在也消失了，哎呀。

福尔克：那杯咖啡对你有好处。

蒂齐亚诺：是啊，喝下去感觉好多了。

福尔克：而且你一直都有在进食，这在我看来是最重要的。永远不要向病痛投降。

蒂齐亚诺：是啊，是啊，这样才能保持体力。

福尔克：因为先前一股脑地把东西都吐出来，谁的胃都受不了这种刺激。

蒂齐亚诺：之前我吐出了一团血块，老天爷，不过我感觉好些了。

不一会儿，妈妈端着一个托盘回来了。

蒂齐亚诺：咦，怎么了？

安吉丽娜：放了两个鸡蛋。

福尔克：不是一个鸡蛋，也不是两个！

蒂齐亚诺：再来点儿奶酪吧，还要一点儿黄油。黄油！啊，真棒。这样好极了。多来点儿，再来点儿。

安吉丽娜：还要吗？

福尔克：妈妈，那只小猫在干吗呢？

安吉丽娜：不就在那儿"喵喵喵"地叫唤嘛！

福尔克：我得给它好好拾掇一下，它太脏了。

安吉丽娜：别了，它不喜欢。

福尔克：不，这样不行。它真的脏透了。

安吉丽娜：别弄它，它一点都不喜欢！

蒂齐亚诺：然后我们再把它放到烤箱里烘干。

他笑了。

安吉丽娜：得让它在草里面打打滚儿。

爸爸很大声地吃着粗麦粥。

蒂齐亚诺：真棒。

安吉丽娜：口感不错吧？我现在已经掌握了煮粗粮粥的窍门。

蒂齐亚诺：做得太好了，喝下去胃里一点异物感都没有。

安吉丽娜：可这个异物感，蒂齐亚诺，你觉得它是因为心理紧张所以存在，还是实实在在地存在的呢？

蒂齐亚诺：是真的存在。

· 预言家

蒂齐亚诺：1994年，在曼谷生活了四年之后，我们转让了"乌龟之家"。我花了很长时间独自写作《占卜师的预言》。我在一片白色的沙滩，待了一段时间，沙滩大概有四五千米长。那里的海水很温暖，人烟稀少，除了一群流浪狗之外，没有其他人。你妈妈再一次任由我一个人待着。她去了曼谷一个朋友那里，不时乘公共汽车来看看我。我找了一间简单的平房，在那里，我可以煮些米饭和蔬菜，每周一次去小型的班佩市场买买菜。

剩下的时间，我全身心地投入写作。这是我脱离了新闻业后写作的第一本书。新闻业的条条框框着实让我难以忍受。而这本书让我彻底打破了一切的束缚。那是段十分美好的时光，不过它已经走到了尽头。

福尔克：你曾把你的记者生涯称为"镀金的囚笼"，几年后，你终于在泰国找到了逃离它的方法。是这样吗？

蒂齐亚诺：是的。这要归功于穿越亚洲的旅行，归功于冥想，归功于我在海边平房里的生活。最后，我去了印度……不过关于这个，我们另找时间聊。

福尔克：有一次我去班佩的沙滩找你来着。

蒂齐亚诺：我记得很清楚呢。

福尔克：你当时好像身处另一个思维的空间。

蒂齐亚诺：是啊，那个时候，我的心灵之旅已经启程了。

福尔克：两三天后，我们像往常一样发生了争执，我不记得是为了什么，但你没有生气，而是转过身，坐在角落里打坐。我被惊到了，从来没见过你这样的反应。当时，你的这份手稿快要完成了，准备把它读给我听。你不确定自己是不是选错了主题，我对你说："不，在我看来，世界在变化，现在是写作《占卜师的预言》的时候了。"

蒂齐亚诺：有时，你必须冒险。这本书我是提心吊胆写完的，甚至在我把它交给出版社之前，我就已经让你妈妈和一些信得过的朋友读了它，我想听听他们的意见，因为我不想被当成一个疯子。毕竟，我依然是蒂齐亚诺·泰尔扎尼，我依然在给报纸撰写关于共产主义与战争的新闻。简言之，我担心人们看到这些文章会说："哦，他脑袋进水了吗？"

相反，我正是通过走访不同国家、探寻其中的文化来完成我的作品，而不是通过表面的现象。

我写完了《占卜师的预言》，原件和副本都保存了一份。一天半夜，在那片波澜不惊的海面上，我看见一轮明月浮在海中央。那一刻，我脱下衣服，赤身抓起副本，然后把纸一页一页地撒到海里。我感到从未有过的暴躁，仿佛它不再是我的书，而是属于读者。

福尔克：那本书标志着你生活的转折点。从那段经历开始，你的人生规划开始改变。因为报社行业就像 X 射线一样，只能呈现出事物的特定面向，而你开始对另一类故事感兴趣。最让我惊讶的其实是，报社居然允许他们在亚洲的通讯社这样做。这样一来，你一整年都不需要飞来飞去了！

蒂齐亚诺：知道吗，当我到泰国的时候，我还是以记者的身份关注着周遭的事物。我曾去过柬埔寨、菲律宾，还因为皮纳图博火山爆发去了印度。甘地被暗杀的时候，我也去了一趟。但是我感到越来越沮丧，实在不想再到处奔波。

然后，在 1992 年末，我做出了这个令我满意的决定。有一天晚上，我们的主编造访了我们的"乌龟之家"，在家里最热的一个阳台，我对他说："您听我说，有件事我要向您宣布，不知道您会作何考虑。一个月以后，我不打算再坐飞机飞来飞去了。因为16年前，一位来自中国香港的算命老先生告诉我，1993年我绝对不能乘飞机，否则我将会丢掉性命。"

主编给了我一个完美的答复，他说："既然现在知道了这个预言，我们又怎么好再派遣您搭飞机呢？那样我们会有负担的。就这样吧，您自己看着写些东西好了。我们一年后再聊。"

就这样，我那一年内不搭飞机的旅程便开始了。

福尔克，一切都从这种无限的自由开始，而我希望地球上的每个人都能拥有这样的自由。当天晚上，我登上了一辆开往泰国南部的火车，然后向未知驶去，我不再是从前的蒂齐亚诺·泰尔扎尼，不再是任何人，那一夜，除了"轰隆隆，轰隆隆"的声响作伴，没有人认识你，没有人知道你要去哪里，没有人在车站等你，也没有妻子在一旁嘱咐："够了，明后天给我尽快回来。"那是纯粹的自由，没有任何的限制。

他深吸了一口气。

我清楚，这并非真正意义上的自由，但它已经相当接近。这种走向未知、不再属于任何人的感觉……

我不再是任——何——人的附庸！

福尔克：这对你来说可能不同寻常，但我常有这样的感觉。

蒂齐亚诺：你之所以这样说，是因为你早就过着这样的生活。可如果你是在银行工作呢？如果你是个收银员？当领导经过时，你还得说："您好，领导！"

我笑了。

不就是这样吗？如果你在工厂工作，就不能说你谁都不是、谁都不属于。你是那家工厂的工人，只要包工头走过，他就会给你脸色看。

那时候，我回归到纯粹的自我，把所有身份都留在了"乌龟之家"。

早上抵达勿洞,那里有成千上万的鸟儿飞过。我不用再去专供记者下榻的旅馆。当我作为记者时,为了交稿,必须寻找有电话的旅馆,有电话才能工作……我迫使自己在整段旅行期间,不要住花费超过五美元的旅馆。在吉隆坡,我找到了一家很棒的旅社,他们会把吃的送到房间。你吃完,把碗丢在门外。在那家旅馆,你可以看到那些和情人一起过来的人,他们在那儿度过几个小时的时光。

啊,那样自由!然后在缅甸的丛林,我去找毒品之王坤沙[①],在高大树木映照的美丽教堂过夜,月光从中穿过。所有这一切,使我不自觉地通往理解其他事物的路上。

那一年,除了可以不坐飞机,我做出的另一项承诺是,无论我走到哪里,都要和当地最有名、最有远见的人认识认识。于是我认识了那趟旅程里最不可思议的一些人物,从棉兰神庙的圣母,到说着2000多年前语言的人物!

这几乎是我关于亚洲最后的美好时光。

福尔克: 为什么要写《占卜师的预言》呢?

蒂齐亚诺: 它实际上写的是每个国家的另一个面相。要知道,一个人可以去新加坡机场,停留上几个小时,然后离开,就算是看过新加坡了。人们去购物,因为在樟宜机场这个一两千平方米的地方,所有商品应有尽有。但是,你也可以换种角度探寻新加坡的另一面。就这样,我又开始着手去讲述亚洲,讲述那些让我着迷的事、奇妙的传说,以及那里的传统。

福尔克: 也就是从那时候开始,你不知不觉从过去的生活里抽离出来了吗?

蒂齐亚诺: 身为记者,你是无论如何都看不到那个世界的。作为一名记者的生活是怎样的?参加新闻发布会、鸡尾酒会、正式晚宴,循环往复,就像旋转木马一样。

---

① 坤沙:中文名张奇夫,原名张启福或张祈福,著名毒枭,亦是缅甸军阀,前蒙泰军(MTA)总指挥,因走私海洛因而闻名世界。

简言之，放弃飞行，取而代之的是一段很有意义的冒险。想想看，我步行穿过了越南和中国的边界，因为火车那时候尚未开通，我只能步行上几千米，这带给我不同的视野和感受。我的视角与空降记者截然不同，因为一切的状态都不一样。身为记者，是在开着空调的旅馆里待两天，然后与新闻发言人交谈，和出租车司机聊聊，写稿子，然后离开。而我在那时候，已经有了新的目标。

以越南为例。我见过革命时期的越南，但是现在，我说的是另一个越南，是我乘火车经过的越南。河内到西贡再到河内的路线，我都是搭火车完成的。上帝啊，所有的那些见闻！在车站卖水给乘客沐浴的孩子、张罗着卖当地烤鱼的商贩，还有同越南人、老挝人及柬埔寨人一起旅行的经历。所有这些让我看到了一个属于我的世界，那个吸引我进入亚洲的世界。我回到了脚踏实地的生活。一切美好。

编辑部给予我充分的自由，使得我能够随心所欲地做我自己。也就是在那时，我写下了过去几年来最好的文章，因为我终于有了新的东西要去讲述。但是，在内心深处，记者生涯对我而言已然结束。那个黄金时期业已过去，如果继续下去，我只能是重复自己。

我在那一年，结束了在泰国的陆路旅行，并迈出了后半段人生的第一步——与约翰·科尔曼[①]一起进行的冥想之旅。

这为我打开了一扇门。

我开始步入另一个世界，那是我一生中第一次接触完全不同以往的世界。想一想，我在亚洲生活多年，四处购买佛像，却从来没有想过神佛端坐在那儿究竟有何深意，他们半闭着眼睛，双手放在腹部。我从来没有问过自己。唉，要是我问了的话，恐怕我的生活早就是另一个样子。

我们吃素一个星期。在修行的地方有"金静"的戒律，人们不能对话。什么"啊，您是记者？您从哪儿来？啊，是吗，我以前也到过日本。您吃寿

[①] 约翰·科尔曼：内观禅修老师。他于20世纪50年代加入美国军队，后来加入了美国中央情报局，并于20世纪50年代末至60年代初驻留泰国，在此期间，科尔曼开始对内观禅修产生兴趣，并游历了印度、缅甸、泰国等国家。

司了吗，您喜欢生鱼片吗？"，都不能说。这对我来说也是一个启示。

对于科尔曼来说，他从一开始就打算要教我冥想。我的记者身份，他根本就不在乎。这对他而言，没什么特殊的。重要的是，我必须达到某种状态，如果未能成功，那是因为在我前世的三四百年里，我一直是个蠢货，从来都不能集中注意力。

那是一种解脱，你明白吗？

我当时还无法成为一个真正的冥想者，我可以静坐半个小时、一个小时，试着将我的生活静默下来，使思想归于平静。可我还不是真正的冥想者。

关于你之前问我的有关冥想的那些问题，我思虑良久。我觉得，怎么说呢？首先，冥想是一种无意识的行为，并非你把自己放在那儿，然后说："现在我要开始冥想了！"因为，正如科尔曼所说："我曾见过许多鸡在鸡蛋上坐上几个小时，但我从未看到一只鸡开悟过。"问题不是单单坐在那儿，而是无意识地通过内在的驱动，使得自己进入另一个维度。在那个维度里，你感受到事物并不像所见的那样，而是拥有另一个层面。这才是能使你得到宽慰的东西，令你为之振奋，诉诸本我，追溯过往。

而且，只有集中精力，把身外的一切都丢开才行……你要把所有的身外事统统抛开，脱离杂音，脱离虫鸣鸟叫，脱离激情和失落，只留下一个空核。若你愿意，也可以说，你就是你，不是福尔克，而是那个属于世间万物一部分的你。你甚至不再是人类，而是天地万物。

而当你开始这样看世界时，一切就都改变了。

·爱人和朋友

福尔克：我想问你一个很简单的问题。你是怎么遇见妈妈的？
蒂齐亚诺：这个问题太可爱了！

他笑了。

福尔克：她怎么就成了你一生的伴侣了呢？你们是怎么认识的？你们好像从来也没跟我讲过。

爸爸想了好一会儿。

蒂齐亚诺：是这样的，那时候，在家和学校之间的那条圣斯皮里托街上，有一栋很漂亮的房子，我常去那儿，也结识了一些友善上进的人。他们是古董商。他们知道菲德尔·卡斯特罗需要钱，因此他们跟着空荡荡的船出发去了古巴，再载着要卖的西班牙式家具回到托斯卡纳。这件事也让我觉得十分有趣。这些古董商的女儿们，每个人都很受人尊敬。有一天，念高中的我刚放学，给其中一个打了电话，她是个漂亮的女孩儿，很多佛罗伦萨人都喜欢她。

"我去找你。"我在电话里对她说。

"别,别,别!"她说,"今天不行,今天我有一个德国朋友来访。"

我听她说过这位德国朋友,可是,她当我是个鲁莽的小伙子,担心我引诱她的朋友,然后将她抛弃。不过,听到这个消息,我立刻就过去了。我刚到,就在古董商家的大厅里候着,四周都是破破烂烂的家具,然后有个女孩儿走了进来。福尔克,她和整个佛罗伦萨的女孩儿都不一样,甚至可谓格格不入!可能你妈妈不愿意听到这些:可她真的有点不修边幅,满头金色的小卷发,穿着简朴,手里还拎着一个装得满满的袋子,因为她刚采购回来……

他一阵激动。

但那一瞬间,我的目光在那里定格,她就是我的梦中情人。她是如此与众不同,如此朴素清纯,不同于所有那些穿着精致裙摆、涂口红的年轻女孩儿。我整个人深深地沦陷,被她深深地迷住,无法自拔。但是你们的妈妈有所保留,也许是因为她曾听说过我的斑斑劣迹。后来她就回家了。我回到自己的家中,第一次如此投入、倾注全部真心地写了一封很长的信,然后寄给了她,告诉她我的感受。而这种感觉一生从未改变。我曾跟你提过,在巴黎,人们用真空的玻璃罩,密封着国际测量标准的质量单位,而你的妈妈,就是我的度量单位。

现在你可以想象,我年轻的时候,也算得上一个英俊潇洒的青年,吸引着不少异性。曾有一个姑娘一心要嫁给我,她父亲甚至在大学里给我安排了一份挺不错的差事。但想都别想。你妈妈,我再提一下,她在一旁津津有味地看着这些。她那时候不算漂亮。然而到了 30 岁的时候,她变得光彩迷人,生下你们以后,她更美了。

福尔克:她有什么特别吸引你的呢?

蒂齐亚诺:她和所有人都不一样,而与众不同的事物总是吸引着我。她纯真、热情、聪慧、识人,还很慷慨。

他笑了。

巴罗尼和我其他的同伴知道——要是他们还记得的话，那时，我都不好意思带着你妈妈在佛罗伦萨城里转悠。你知道那种感觉吗？那时候你还是个小伙子，你有了女朋友，然后被所有人看见，那是一件很害羞的事，不是吗？我很不好意思，于是每次去电影院，我都避开主要的街道，为了避免撞见同学们，然后被他们起哄。

我记得不久之后，我每天给她写信，每天都写。然后我们开始晚上出来约会。晚餐后，花几个小时看她的祖母玩单人纸牌游戏。她的祖母是一个挺古怪的人，在海地出生……

福尔克：为什么妈妈要待在她身边呢？

蒂齐亚诺：为了陪她。父母上床睡觉后，她就得照顾这个已经80岁、一半法国血统、一半德国血统的祖母。她的祖母读过很多书，勒内·德·夏多布里昂的、卢梭的，但她却从没说过半句有意思的话。不过在生命的尽头，她说了这句话，堪称经典："Qu'est-ce que j'ai fait dans ma vie? Un peu de conversation."（我这辈子都做了什么呢？一点点交谈而已。）

饭后，这位祖母坐在她19世纪的扶手椅上，在她美丽的房间里的一盏灯下，俯瞰着田野。你妈妈会花两三个小时看她打牌。等祖母终于睡着，她便跑出去。我们每次约会都固定在坎波拉街的一个小山坡的灯柱子下。我骑着自行车，从蒙蒂切利直到那里。那些陡峭小路，可把我累个够呛！有时，我在灯柱旁边等几个小时。我们就是这样开始相互熟识的。

福尔克：爸爸，你还撑得住吗？

蒂齐亚诺：可以。有一件事必须说出来。很快，对我来说，你妈妈就已经不仅仅是一个简简单单的人，而是让我有归属感的整个世界。想想看啊，我来自蒙蒂切利，在那里上学……可是，你妈妈带我去了她的家里，介绍我与她的父母认识。这对我来说是一件令人激动的事，福尔克，所有的一切太过美好！你还记得那个房子吗？我们一起生活过的。你得用一个来自蒙蒂切利的小男孩儿的眼睛去看，想象那个小男孩儿第一次进入那个很大的音乐厅，你的外祖父安齐奥在弹奏钢琴，还有那些扶手椅、那些磨坏的地毯，所有旧书、绘画，那些带有黄色灯罩的漂亮灯具。还有晚餐时，你的外祖母雷纳特做的菠菜煎蛋！有一件事，我的一生都与之联结在一起，而且让我很钦佩，那就是：穷人的尊严。他们之所以有尊严，是因为他们知道自己是谁，而我们却一无所知。

福尔克：你说妈妈的家是另一个世界。那个世界怎么样呢？

爸爸笑了。

蒂齐亚诺：你知道，那座房子本身就拥有自己的历史。马基雅维利的一个外孙女嫁给斯特罗齐家族时，这座房子曾作为他们的结婚礼物。房子里的一切都有些损耗的痕迹，不像那些讲究的房子处处光亮整洁。我得告诉你，在你妈妈的家里，我找到了归属感。他们没什么钱，可也不在乎钱，他们仍为自己感到自豪，因为他们拥有金钱无法买到的东西，那就是文化。

你的外祖父安齐奥·汉斯·乔，你妈妈的父亲，是一个伟大、优秀的人物。他是个画家，是个真正的男子汉。在那里，我感到宾至如归。不知怎么，我很快就产生了这种归属感，在那座房子中，在人与人的关系里。即使是那个伟大的法国建筑师的后代，你妈妈的那个出生于海地、整日打牌的祖母，也让我感到亲切无比。

那个世界在向我敞开。你的外祖父安齐奥来自一个德国的书香世家，曾做过汉堡市的市长，他的父亲则是一名诗人和社会主义者。你的外祖母雷纳特则来自贵族家庭。知道吗，这把我带进了另一种环境、另一种氛围。

你的外祖父安齐奥是个全才，但他的骨子里是一位艺术家，对其他一切都不感兴趣。每天晚上，当他从画室回来后，便会坐在爱因斯坦送给他的那架三角钢琴旁，在昏暗的灯光下弹奏。

有时，他会带我去他的画室。他在德塞拉利大街有一个很不错的小聚点，他的学生们也会去那里。当他去圣弗雷迪亚诺的小酒馆吃饭时，有时会画一幅画来抵扣饭钱。这种关系只属于过去的时光，在今天已经不可能存在了。晚上，他会去旧货商那儿转转，恰如我在中国的生活。在那里，我们建立起一种兄弟般的情谊，这对后来的我产生了很大的影响。

福尔克：他眼光很好吗？

蒂齐亚诺：好极了。有一个旧货商，是个名叫格拉西的可爱老头子，住在五月街，你外祖父很喜欢他。我就看着你外祖父在那间昏暗的店里走来走去，突然从口袋掏出手帕，开始擦拭家具上的灰尘。就这样，他找到了整间店里最美的家具。也就是从那时起，我的品位也逐渐形成，我也开始去探寻世间的美丽造物，这也成为我人生的一大乐趣。

福尔克：你是从他那儿学到的吗？

蒂齐亚诺：是的，至少一部分是的。所以，你瞧，我欠你妈妈家人太多。直到连我父母都感到嫉妒，他们嚷嚷："啊呀，咱儿子根本不是咱家的人，是外人了！"

福尔克，其实，这话说来也是真的。打从小起，我就觉得自己与蒙蒂切利无关，那并非我的世界。尽管我十分尊敬我的父母，因为他们为我付出了一切。但总而言之，那不是我想要的家。再年长一点的时候，我听说了"轮回"这一概念，我想，我大概是轮回到了错误的家庭。

就像中有①里发生的一样，在某一时刻，当我的母亲在等待一个孩子时，我"噌！"地出现了。但是我与他们完全无关，即使在体形上，我也与众不同。我们家的其他人较为矮小，而我又高又瘦。有时候，我在家里会感到陌生，这并不是说我和父母彼此感情不深，如你所见，在我的一生中，我非常爱他们，尽最大可能孝敬他们，但是我从未与他们建立深厚的联系。我的父亲确实有非常优秀的一面，但我和母亲却毫无共同之处。那么，我怎么说得出"这是我的家人"？

福尔克：你觉得你跟我妈妈一家人更亲近吗？

---

① 中有：佛教术语，意指生命在死亡之后，到下一期生命开始之前的中间存在状态。是生命轮回的一部分，类似于一般所说的灵魂、鬼魂、魂魄、元神、细微身等。

蒂齐亚诺：是的，我还和你的外祖母雷纳特建立了很好的关系。她曾经是一名建筑师，这栋奥西塔的房子是我们共同的成果。我们看起来甚至就像一对恋人，你妈妈有时也会嫉妒。

福尔克：啊，你和雷纳特关系这么好？这我倒从没注意过。

蒂齐亚诺：我们关系非常非常好。她年迈后，脑袋有些不清楚了，但是我们彼此依然心领神会。我喜欢她内心的坚韧。她拥有坚定、直率、坚强、永不屈服的品质，完全来自另一个时代。想一下，有一天我们去野外散步，她跌跤了一下，受了伤，所有人都跟她说："喂，雷纳特，小心点，你得消消毒！"她却说："没什么。"当我们回到家，才发现她的整只脚已然磨坏，而她却什么也没说。你要去哪里找到这样的人呢？

找不到的，这是一个非同寻常的家庭。福尔克，说到底，整个家庭和我很相称……

他的声音微弱到几乎无法听到的程度。

福尔克：刚刚怎么了？

蒂齐亚诺：刚才，有一阵凉风吹过。他们内心深处，有我一直在找寻的、梦寐以求的东西。所以啊，我不得不说，对你妈妈的这份爱并非只是飘浮在空气中。这种爱围绕着她，有某种很重要的东西。其实直到今天，你仍然会在她的性格中察觉到，对吧？坚持、努力……所以，我们很快成了朋友，然后交往、相恋。这里就不再赘述了，但都是些美好极了的故事。福尔克，真的美好极了……你妈妈和我在我20岁生日的时候第一次欢爱。那是她给我的礼物。你知道，这些事情，贞洁……

他笑了。

妙极了。你要牢记，不要跟她提起：当时，我们乘公共汽车去了塞蒂尼亚诺，那里有大片森林。你妈妈穿了一件非常漂亮的衣服……

爸爸讲述着他的故事，热情洋溢，然后停住了。

然后我便知道，她是我的女人了。

福尔克： 那友情呢，友情在你的生命中的重要性又是如何？

蒂齐亚诺： 你知道，尤其是在印度支那"志同道合"的那段时期，包括后来在中国，我似乎是最外向、最善于交际的人之一。但是从某些角度来说，我得承认，我和外界还是保持着一定的距离，你能想象吗，其实，我从未有过很深厚的友谊，也就是说，你懂的，我没有过那种如同避风港、庇护所一般的友谊。我有过许多朋友，怎么说呢，其中有些比别人更重要一些。这些朋友出现在我的生活中，我从中学到了很多东西。贝尔纳多·瓦利就很重要，然后在我的晚年，利奥波德也是一个很棒的旅伴。毕竟，对我而言，朋友就是玩伴，我们可以一起游戏人间，但他们不是真正的对我的生存和物质有重大价值的存在。

福尔克： 可你一生维持了多少关系啊！当你去菲律宾，酒店接待人员都记得你，或是因为圣诞节的时候，你给他们寄了张明信片，或是因为你给他们讲述的那些你的故事让他们印象深刻。

蒂齐亚诺： 是啊，也是因为我希望等我再回去住的时候，他们还能给安排我最喜欢的那个房间！

福尔克： 比如我去药房，只会说句"早上好，再见"。而你在各式各样的情形下，都会被注意到，你会与周围的人建立起一种更私人的关系。也就因为这样，你结识了成百上千人。

蒂齐亚诺： 这也得感谢我所从事的行业。

福尔克： 不，我想，更多的还是因为你的交往方式。

蒂齐亚诺： 是这样的，说得对。我曾经有过很好的旅伴，但是现在，一切都不同了。这是我最后一次旅行，我很孤独。

仔细想来，我并不像许多人那样，一定要有一个朋友。人与人之间建立美好的关系固然很好，男人之间的友谊也不例外。不过总之，这对我来说不是不可或缺的。

福尔克：也许是因为妈妈一直在你身边。

蒂齐亚诺：说对了。这是你说过的最正确的事，因为她就是我的一切。首先，她建立起了一种确定性，所有的一切都围绕着那种确定性，那种自由的确定和安全。

我曾一直引用一位伟大的孟加拉诗人曾讲述的故事，它可以很好地描述我们的关系：大象被一条细线绑在一根杆子上。如果大象用力拉扯，它可以随时逃走，但它并不拉扯。在我很年轻的时候，就已经做出了这种选择。那时候我18岁，而这一选择为我的人生打下了最坚实的基础。

我从没有过质疑，你能想象吗，从没质疑过。当然，如果走来一个美女，你会转过头去看看，不知不觉在这些蠢事上浪费时间。我的天，这种欲望带来的负担该有多大！我一生花了许多时间来控制这只野兽，一路上伴随着复杂的罪恶感和道德感。然而最后，算了，够了，就这样吧！她就是巴黎的度量标准。当你的初恋是这样一个女人，你就拥有了整个宝藏。

福尔克：所以说，你从来都没真正孤独过。

蒂齐亚诺：没有过。你妈妈对我来说是一个最伟大的伴侣，是旅伴，是朋友，还是我的顾问及合伙人。

福尔克，你无法想象，几小时、几小时地过去，然后是几天、几个月，还有你妈妈和我入睡前在床上聊天的时间——聊孩子，聊遇到的问题，聊这个世界，聊生活。还有那么多个早餐时光，在房子的露台上讨论一天的计划。我们像同一个人。我们一向如此，就像冥想一样。

这感觉真的很好，我们从来没有急匆匆地生活。虽然有些日子里，我得写我的文章，但我们一起制定计划的时间总是有的。

福尔克：现在还是这样吗？

蒂齐亚诺：差不多。但是我必须再三说明，在我的生命里，或许有三样东西不可缺少，少了其中一样，我都不会是今天的我。一个也许是奥西塔的家，我现在意识到，自己将会在这个家里死去。另一个是我供职的媒体，它给了我工作和自由。还有一个就是你妈妈。她是我的度量标准，也是一位法官，通过她，我感知到道德和正直。

福尔克：要怎么才能找到这样一个人呢？

蒂齐亚诺：刻意找寻是找不到的。那是一种感受，你直觉她就是唯一。而且，我还要提醒你，那些所谓的标准，都是愚蠢不堪的。

当我在奥利维蒂工作时，曾有一位非常出色的经理，他计划在某一时间结婚。正如他对所有人宣扬的那样，他列出了如下的品质：好身材、富有、懂得多国语言、上得厅堂。然后他写下所有他认识的女人，在每项品质上加一分。最后，他选择那位得分最高的女人。

要我说，这完全是两种态度！

・时间旅行

蒂齐亚诺：我骑马前往尼泊尔的木斯塘王国，现如今，王国已经不复存在。那里群山环绕，人迹罕至，而我心向往之。我骑着马，游荡了整整五天，见到了前所未见的自然风光。

福尔克，那里几乎不像我们的世界，而更像月球，那里有许多彩色的石头和沙子。据当地人的说法，石头中的红色，是莲华生大士传教时，杀死的巨龙的鲜血。他们说，这是一片魔法之地，甚至连石头也有灵气。在那片戈壁中，你偶尔可以看到佛塔，看到印度式的寺庙。你还可以看到遗弃在墙壁上的壁画、神秘险峻的崖壁洞窟，据说，有隐士住在那里。

有时，我也感到害怕，我也会问自己，在这壁立千仞面前，我是应该下马步行，还是骑马。但到底我还是更相信马匹的，因为至少它已走过那条路上百次，对其熟悉万分。当然，如果马失前蹄，那一切就灰飞烟灭了。

等我终于抵达那片高原，从远方看去，眼前的景象如同海市蜃楼，城市被美丽的城墙环绕，它的名字叫罗马丹，意为"万物之谷"。当我置身于此地，仿佛来到了时间的尽头，所有一切都归于沉寂。

城市周边，小溪流淌，妇女们在那里浣衣、饮酒，一切都井井有条。每天晚上，小城会闭上城门。到了清早，木斯塘国王会把大门开启，因为每天他都是第一个出城，带着他的祈祷石，为自己的城市祈祷。妇女们聚在他身后，欢呼雀跃，提着柳条筐，收集在夜间留在外面的动物的粪便。那种景象，令人难以忘怀。

国王住在宫殿里，宫殿以木头制成，雕梁画栋，非常古老，而它就是我们接下来要去的地方。它的二楼是国王的卧室，要爬一个陡峭的楼梯才能到那里。晚上，他们拉起活板门，大楼也就关闭了。两只拉萨犬守卫着二楼。

啊，还有厕所，真是不可思议！他们没有下水道。在宫殿的上层，木地板上有孔，如果有人解手，粪便就会冲到底部，被猪吃掉。

福尔克：你在那里过夜吗？

蒂齐亚诺：是的，我在宫里待了四五天，那是外人唯一能住的地方。每去一次，都要得到国王的许可，只要得到许可，就是他的客人了。我们的吃住都在宫里，那几天，我们和他相处得十分融洽。他是一个上了年纪的绅士，很聪明，耳朵上戴着绿松石的首饰，还有垂挂的耳环。他身着优雅的宽袍，以及他勤快的妻子用色彩十分鲜艳的羊毛为他手工制作的藏族风格的衣饰。

我们看着照片。

福尔克：这张照片真好看，这是他吗？

蒂齐亚诺：不，那是一名藏医。他是国王的医生，也是整个国度的医生。你看他的房间多漂亮：茶、地毯、经文、油灯。看他那被灯光映照的脸！他可真是活在另一个维度的人。"医生"，实际上是介于医生和萨满之间的一个形象，不是吗？

那里真的诗情画意：无论是风，还是阳光，天空也是幽深清澈。不过，我留意到不少孩子都患有沙眼——一种可能致盲的眼部感染。那么，你就会问自己这个问题：要保留这座"万物之谷"，但孩子的沙眼永远不能痊愈，还是应该治疗沙眼，然后承担由此产生的后果？完全可以组织一小队医生去当地进行治疗。可是，我想知道这是否会是迈向现代化的第一步。除了能够在几年内解决沙眼的病患，中国香港的实业家还会在这儿的大厅安装四五台缝纫机，然后那些当时还在河边洗衣的妇女们，会走进缝纫厂，每天花八个小时，缝制运动鞋或 T 恤。

福尔克：的确，现代化登陆的桥梁往往是医学。

蒂齐亚诺：是的。西医的确取得了巨大的成功。首先，它见效很快。当你头疼，一片阿司匹林就会有用。而且，说实话，它的效果也是经得起检验的。每个头痛的人都会服用一片阿司匹林，并将这一用法流传下去。但是，是否有可能有一种方式，既能治疗沙眼，又能避免实业家开厂呢？

这是一个合情合理的问题，你不觉得吗？

福尔克：是的。

蒂齐亚诺：像我这样的来访者，对这样的问题有着很强烈的感受。因为很快，你便会意识到，自己的到来已经部分推动了现代化的进程。

福尔克：仅仅是去当地就能感受到吗？

蒂齐亚诺：从他们看到你的那一刻开始，就已然发生。他们看到从未见过的手表，看到你的机器缝制的鞋子，看到你的防寒风衣，看到能抵御高地阳光的太阳眼镜。所有这些东西，都成为他们的渴望。当有人伸出他的手，想要其中一件时，你会怎么做呢，给他，还是不给？

一群小女孩给我留下了深刻的印象。她们手上的娃娃十分漂亮，但那不是手工缝制的，而是一种塑胶玩具。一群游客在我之前已经来过这里了，我并不是唯一来当地游览的人，国王每年都允许一些人进入，因为这也能扶持当地的经济。那么，曾经有人给了这些女孩塑胶的娃娃。

有一天傍晚，日落时分，在我边散步边拍照的时候，突然意识到一件事情：就连"拍照"这件事，都是你"带走"，而不是"留下"的。

福尔克：我看到有一张照片，你拍了一个标牌，上面写着"除了照片，什么都不要带走，除了你的足迹，什么都不要留下"。

蒂齐亚诺：那是国王，或是他的下属写下的。挺好的，不是吗？我穿越巷道，被深深地触动，因为感觉自己站在历史的边缘、世界的边缘，被冲击进另一个时代。我感受到了心灵最深处的悸动。

对我来说，过去总是有一种触动我内心的东西，因为我从中感受到人类历史的累积。也许这混淆了时间的真实含义，但只有当我以印度的方式去理解后,才明白,"过去"于我而言,才是一直存在的,是唯一的确定性。

我四处闲逛,当穿过其中一条小巷后,突然撞见一群年轻人聚集在一个黑色门厅前。我探过头去,你猜我看到了什么?一部由汽车电池供电的小电视。有人骑着马,经过五六天的路程,穿过乔莫森关口和安纳布尔纳峰,把电池和一台电视机带到木斯塘。

而你又能做什么?

不过,你会清楚,到了明年,这里就会有两台电视机,会有更大的尺寸,会有彩色电视机。这一切都是不可避免的,有一种东西,被我们称为"进步",也就是不断向前,不断破坏,然后创造出新的东西。

福尔克:这些特质在其他动物身上似乎看不到,好像独属于人类。动物保持不变,而人类会前行。

蒂齐亚诺:这是一个很严肃的话题。人性中的某种因素导致了这一进程,而且不可避免,就像每个文明都会经历"卡夫丁峡谷"[①]一样。这是救赎的道路吗?不是。可路径就是这样,已经固定了。

就这一点,我也有自己的看法。例如,以缅甸为例,福尔克,相信我,继木斯塘之后,缅甸可能是亚洲的最后一片绿洲,也是仅剩不多的、保持了自身特色的几个国家之一。缅甸人不抽万宝路,也禁止进口,他们用烟叶制造自己的雪茄。他们不穿蓝色牛仔裤,而是穿着自己的纱笼制衣。

福尔克:至今如此吗?

蒂齐亚诺:是啊!他们也不用什么妮维雅面霜,而是用檀香糊。晚上,在仰光的街道,你会看到那些美丽的女人,用水把檀香粉冲散,然后涂抹在孩子的脸上,以使他们免受蚊虫的侵害。那里的人们过着节奏缓慢而平和的生活。

我有一个有关贝尔纳多·瓦利的故事。他年轻时,设法获得了采访葡

---

① 卡夫丁峡谷:典故出自古罗马史。公元前321年,萨姆尼特人在古罗马卡夫丁城附近的卡夫丁峡谷击败了罗马军队,并迫使罗马战俘从峡谷中用长矛架起的形似城门的"牛轭"下通过,借以羞辱战败军队。后来,人们就以"卡夫丁峡谷"来比喻灾难性的历史经历,并引申为人们在谋求发展时所遇到的极大的困难和挑战。

萄牙独裁者萨拉查①的机会。他在休息室等候,一位老秘书走了进来,你知道,就是那些强悍的恩里克葡萄牙后裔的孩子。他对瓦利说道:"您来采访总统,也是为了诋毁他吗?"瓦利回避了这个问题,而对方盯着他,用手指着他说:"您要记着,总统正在捍卫葡萄牙,使之免受未来的侵害!"

懂了吗?缅甸军方也是这样做的。

我一直谴责缅甸的军政府,之前我已经提过,我在那里见过太多非人道的景象。而近二三十年来,国际社会,无论这个国际社会指的是欧盟、联合国,还是美国,都在竭尽全力地干预缅甸政府。

但是,在其背后还有另一种东西。大型石油公司也在对缅甸虎视眈眈,而日本人则已经砸下几十亿、几百亿美金,建造五星级酒店,扩建道路和机场。如果军政府垮台,那么缅甸很有可能陷入由利益群体主导的陷阱中。

这时,像我这种活了一大把岁数,又没有意识形态的人,环顾四周,会问:"解决方案在哪里呢?你想要的究竟是什么?是军政府,还是西方?"

那么,福尔克,怎么办呢?你看到问题所在了吗?你站哪一边呢?

福尔克: 你呢?你站哪边?

蒂齐亚诺: 首先,我怎么可能站在军政府那边?不可能。但我也想提醒缅甸人民,自由化的进程中总是暗藏着危机。所以我问自己:是否有一种方法,在保证进步的情形下,也要保留人性及多样性的美?

福尔克: 有意思的议题。

蒂齐亚诺: 这是一个诚恳而严肃的问题。在我看来,我们不应该武断地做出回答:"不,这不可能。"而是需要认真思考。我们需要改变已然固化的标准和价值观,克制我们的贪婪,尊重他者的事物。这是最基本的。如果你以尊重和平等之心对待人,那么即使你为他们治好了沙眼,你也会意识到,你向他们学习的地方也有很多。你治愈沙眼,而他们也可以治愈你其他的方面。很多印度人也患有沙眼,但令人反感的是,我曾与治疗沙眼的传教士一起去那里,而传教士不仅为他们治病,还给他们施洗,

---

① 萨拉查:全名安东尼奥·德·奥利维拉·萨拉查,葡萄牙前总理,统治葡萄牙达36年之久。作为葡萄牙的独裁领导者,他一生备受争议。2007年,他被评选为"最伟大的葡萄牙人"。

教他们画十字架。最终，他们不再是印度人，成了耶和华的见证者。

我们再说中国人，曾经，他们拥有与我们截然不同的文化：文字、饮食、住居。但现在，他们全都西装领带的装扮。你能理解我的失望吗？也正是这些人，曾认为腰间不要缠上皮带，因为那会阻碍气的流通！可现在，人人都有一条皮尔·卡丹的腰带。这叫我怎么能不失望呢？

究竟是什么让我如此失望？是生物多样性的终结。世界上不再有楹桲苹果，而我感到难过。我们希望所有的苹果都是圆形的，都长一样，都要富有光泽，为此，我们消除了多样性，而它才是生活的基础。

在我看来，人性的光辉就在于其多样性。

我们能否尊重别人的价值观？我们帮助他们治愈沙眼，再请求他们将我们疗愈。因为，我们患有比沙眼更具破坏性的疾病。我们贪婪、永不满足，丧失了最单纯的快乐。

爸爸气喘吁吁，无法继续说下去。

喂，喂，桶，福尔克！

他咳得很厉害。

所以，究竟哪个更好呢？是在日落时，拿檀香粉涂抹孩子的脸，还是妮维雅面霜？把桶给我。老天爷啊，今天可真够呛。

福尔克：你胃里又难受了吗？

蒂齐亚诺：是的，就在这儿。

福尔克：怎么会呢，你今天早上吃什么了吗？

蒂齐亚诺：没啊，就只吃了点鹰嘴豆饼。

福尔克：你手有点烫。

蒂齐亚诺：言归正传，木斯塘对我来说是一次很棒的体验，并非没其他人考虑过这些。我们这些幼稚的反思也有其他人想过。但曾经有人用更庸俗、更简单、更明显的手段将其表现了出来，他就是波尔布特，他并不是个纯粹的疯子。正如我一直说的那样，他的疯狂中也有很强的逻辑性。

福尔克：木斯塘的国王只是想保留传统生活，对吧？只不过他的想法是复杂的，因为人们……

蒂齐亚诺：……因为那里的人们被现代的新事物吸引着。他的臣民在加德满都骑马，看到了那座游客如织的城市。他们见到了钱，见到了市场，见到了黄色、红色和蓝色的药片。甚至"万物之谷"中，每年也有越来越多的游客到来。在我要离开的那天早上，一群德国人赶到了，他们甚至直接跳过了骑马旅行，而这正是当地魅力的一部分。他们直接乘直升机，不费吹灰之力到达那里！

福尔克：但是，正如苦行僧们所说，如果不亲自走到想去的地方，就不会看到想要的东西。

蒂齐亚诺：当然啦，上帝啊，这句话对极了！所有伟大的旅行者都知道，旅程本身就是目的地。

福尔克：而我，你知道吗？有一天晚上，在一个印度的小村庄，我看到人们聚集在一起，但他们聚在一起不是因为看电视，而是因为一个云游四海的苦行僧来到了这里，他既是游医、音乐家，又是说书人。

蒂齐亚诺：多好啊！但问题是：这样的情景还能持续多久？这些事物正在慢慢从亚洲消失，正在从那个我所爱的、后来你也深爱着的地方消失。但是，对于那种批评的声音，我们也不能充耳不闻。如果他们说："啊，你可真是个无可救药的理想家。不管怎么说，得沙眼的也不是你。就算你也得了，你回到家，还有用不完的青霉素。"他们说得一点没错。

总之，我们的日子并没有比木斯塘的人幸福到哪里去。那么，折中的办法究竟在哪里呢？为了治疗沙眼，就要不可避免地将这个美好的地方简化成另一间工厂？一定得让妇女们整天在那里用机器缝制运动鞋：哒哒——哒哒——哒哒！就为了最后能买台电视机，看上一场真人秀吗？

路在何方？我再次问自己：是否有可能保存这个世界多样性的美？这一点对我至关重要。你能理解我吗？

・权力和金钱

蒂齐亚诺：福尔克，现在我挺好奇的是接下来会发生什么。不，不能说好奇，应该说我很从容才对。我很平静，因为没什么好让我期待的了。

福尔克：你感到终于可以休息了。

蒂齐亚诺：这是真的，之前，责任和义务压在我的肩头。我总有一种固执的观念，要做正确的事情，不去做错事。前几天马丁说我的道德感很强，但其实并非如此，我只不过是一个从未妥协的人，或许我从未有过那么多的需求，但总之，我对妥协一直有着强烈的反感和排斥，如果你想称其为道德，那也可以。

很久以前，我就想同你聊一下"权力"这个话题。因为我的职业，我可能离"权力"更近，其中既有善的权力，也有恶的权力。它们决定着世界的命运，而你的职业则是向大家讲述这个世界，所以与权势人物打交道是不可或缺的。

而其实我一直在回避，我从未向某个人或者某种理念宣誓。我一直可以感受到自己对权力的拒斥，毕竟我一向是一个无政府主义者，当我看着那些权势人物趾高气扬的样子时，总是深感厌恶。我的直觉告诉我，要远离那些人，越远越好。但如今，我看到太多年轻人乐在其中，热衷于向权力靠拢，希望能够与它亲近，对它称呼"您"，陪它睡觉，与它共进晚餐，以此来赢得声望和荣耀。这些事我一件都没做过。当然,你也可以称它为道德的某种形式。

他的声音低了下来。

因为权力会腐化、吞噬你,会把你拽进深渊!你懂吗?假如在竞选活动中,你站在候选人旁边,假如你与他共进晚餐,并与他交谈,你就成了他的随从,不是吗?你就变成了被他操纵的人之一。

这从来不是我的风格。我一直对自己感到自豪,因为我站在权力的对立面,面对它,看着它,打量它,然后让它滚蛋。我曾打开过那扇门,脚踏进去过,但即使我在它的房间里,我也不会向它讨好,我更希望对它质询。在新闻发布会上,我总是那个能提出最具挑衅性问题的记者。而那样的问题,你今天已经不会看到,但只要回到两年前的报纸上,你会读到,我对康多莉扎·赖斯①的提问:"等一下,您在5月14日上午5时40分,在哥伦比亚广播公司说过'联合国毫无意义,它只是个杀人犯和独裁者的乐园',可现在联合国又成了万灵药?您这是在对我们睁眼说瞎话吗?"

我笑了。

这才是新闻的价值。最糟糕的记者是那些在五角大楼里随时待命,准备喝咖啡的人。要开新闻发布会了,他们就赶去帮忙。然后当布什或拉姆斯菲尔德站在台上时,他们会问:"嗨,约翰,你想知道点什么?"

福尔克: 你的意思是,记者应该挑战权力吗?

蒂齐亚诺: 这也是职责所在。我从未同一个权势人物成为朋友。比如,我曾经同科拉松·阿基诺②及其丈夫保持亲密的关系,曾在他们家里进进出出。而后来,等她当上菲律宾总统,我采访了她,之后就没再同她见面。我不想再有那种跨越阶级的缔结,我们的关系已然转变:她传唤

---

① 康多莉扎·赖斯:美国政治家,美国前国务卿。她是美国历史上就任此职的第一位女性非裔美国人,亦是继科林·鲍威尔之后就任此职的第二位非裔美国人。
② 科拉松·阿基诺:菲律宾第11任总统,亦是菲律宾及亚洲首位女总统,于1986年至1992年在位。

我，而我赶去采访她。

不过我依然记得，她生活的那个大庄园①，那里的伙食顶呱呱。在那里，大家一起吃炒米粉。他们住在19世纪风格的房子里，桌子长得不得了。所有的堂兄弟齐聚一堂，她在当中，身穿一件黄色的衣服。

福尔克：对了，还有那个西哈努克亲王，他不也是你的朋友吗？

爸爸笑了。

蒂齐亚诺：和他的交往，实际上有点好笑。我那时候常给他妻子莫尼克公主捎带一两条裙子。那时候，西哈努克亲王和莫尼克公主还住在北京，而我从柬埔寨给他们带了一大盒杧果，还送给了莫尼克公主一条漂亮的裙子。两三个月后，在一场盛大的仪式上，我远远地坐着。而莫尼克公主看着我，然后抬起裙子的下摆，用法语说："谢谢，谢谢泰尔扎尼先生！"

我不向他们索取回报，更别说特权。当他们回到柬埔寨后，曾几次邀请我参加晚餐，因为我们也算是老朋友了。不过当他大权在握，我也就渐渐远离了他们。

福尔克：说到重要人物，你这一辈子，有没有什么人真正影响过你？毕竟，你有机会接近历史上的各种主角。

蒂齐亚诺：福尔克，要知道，即使是历史书上的人物，他们也是普通人。他们早上同样要起床、吃早餐、上厕所，像其他人一样开始新的一天。

福尔克：我记得你总是对我说：如果有人让你害怕，就想象一下⋯⋯

蒂齐亚诺：就想象他们在厕所里的样子。不要敬畏任何人。当遇到那些傲慢自负、高高在上的人时，想象一下他们在厕所里的样子。要知道，比起大人物，我遇到了更多的小人物。比如一个管理缺水村庄的小小官员，他努力作为，尽力行善。那种所谓的伟人，我还真没遇到过。

---

① 大庄园：原文用的西班牙语"hacienda"。hacienda是典型的安达卢西亚结构的西班牙名称，其中包括一个大农场，土地上可以放牧，甚至还会有矿山和工厂。

福尔克：可总有一些人富有远见卓识，给旁人带来益处和启发，不是吗？这样的人你遇到得并不多？

蒂齐亚诺：我要是能遇到这样的人，那也是我的福气。

福尔克：说到底，究竟有没有人曾经深深地启发、影响了你？

蒂齐亚诺：说起来很是遗憾，在我成长的年代，伟人就在逐渐地消失。不过我记得一个人，在我还是个小孩子的时候，阿尔贝特·施韦泽①曾深深地影响了我。他是个钢琴家，是个哲人，后来又学习医学，单纯为了去非洲开一家医院！另外，我还读过一些伟大的书，比如爱因斯坦，或者伯特兰·罗素，我在他们每个人身上都有所收获。

比如，拉比拉②就曾让我深受触动。我还参加过唐·米兰尼③的老师本西先生的礼拜，每天晚上，这个当时还是佛罗伦萨市长的男人就会带着文件夹回到修道院，他在圣马可的修道院生活了一辈子。这样的人让我备受启发。他无关金钱，也无关权力。

我们回到已经讨论过几次的主题：英雄的陨落、伟人的缺失。但要是你问我，是谁影响我最多，那么我会告诉你，是斯文·赫定！他的著作《我的探险生涯》是一部巨作。赫定曾做过间谍，只是为了多赚点钱。但他同样也是那种自由的人，曾经骑着一头牛，在亚洲的沙漠里游荡。多么伟大的人类的力量，多么伟大的探索精神！

爸爸给自己倒了点茶。

福尔克：不过，除去像斯文·赫定、伯特兰·罗素这些作家，有没有一个人是在你的生活中真实出现，让你深受感触的呢？

蒂齐亚诺：我长大后就没了。

福尔克：可你这一辈子遇到过那么多人！

蒂齐亚诺：身为一名记者，我遇到过许多夸夸其谈的人。他们竭尽所

---

① 阿尔贝特·施韦泽：他因为在中非西部加蓬创立施韦泽医院获得1952年度的诺贝尔和平奖。
② 拉比拉：全名乔治·拉比拉，意大利政治家和学者，佛罗伦萨市长。
③ 唐·米兰尼：意大利天主教神父、作家、老师和教育家。

能，说得天花乱坠。也正因为我是一名记者，所以这些人其实都事先准备了一通说辞说给我听。我从这些人身上学到的唯一东西，大抵就是我离开时，他们随口说出的话语。可是，我确实没遇到过伟大的人物。一个都没有。

真的，如果回首往事，特蕾莎修女曾给我留下很深刻的印象，还有其他一些无名之士。比如，我曾问过一个蒙古僧侣是否畏惧死亡，他回答道："畏惧？我都等不及要死去。生活多么无聊，我想瞧瞧下辈子如何。"他就是这样一个高尚而孤独的人。如今的世界上，伟大的人物已经不复存在。他们在儿时，精神就会被千篇一律的规矩所扼杀。他们被学校、被文化、被所有的规训毁掉了。

福尔克：这些艺术家、部长、指挥官、英雄、革命者，难道其中没一个可以称得上伟大的人物吗？

蒂齐亚诺：是的，当我读起自己的书的时候，甚至都不记得他们是谁。潮起潮落，人来人往……

福尔克：可是，这些人曾经冒着生命危险，激励了许许多多的人为自己的信念牺牲啊！

蒂齐亚诺：确实，当时确实如此。但是，然后呢，有什么剩下了？一座坟墓，还有骨灰。

福尔克：说真的，爸爸，所有你认识的人里面，让你内心感到震撼的，真的特别少吗？

蒂齐亚诺：一个都没有。

福尔克：真奇怪，一个都没有……那位你在喜马拉雅山住着的时候，常去拜访的老人呢？他不是很了不起吗？

蒂齐亚诺：对。那个老人算是。他的确称得上伟大。

福尔克：所以，终究还是有那么一个让你深受震撼的人啊。他不是政客，也不是将军，他只是一个隐士。

蒂齐亚诺：我这一生中遇到了那么多人，但最终都会渐行渐远。漫漫长路，我终于学会分辨，谁是真正的大师，谁又不是。最后，在喜马拉雅山脉里隐居的一位老人,让我看到了从未见过的景象。而我一旦见识过,就再也无法平庸地生活。这是一段奇妙的旅程啊,对吧?

福尔克:嗯,确实很奇妙。

蒂齐亚诺:再看看现在,看看我的腿。

福尔克:都肿起来了。

蒂齐亚诺:这副皮囊,我就要留在这里了。

他笑了。

要知道,一支蜡烛会点燃另一支。一支熄灭,另一支会燃起。如此反复,生生不息。

福尔克:关于金钱,你又是什么样的态度?

蒂齐亚诺:如你所知,我和金钱的关系一向颇为奇怪。

我赚钱,然后花出去,从来没有为生计发愁。我这一生中,没有任何一个决定是基于金钱上的考虑。好比很多人因为高收入而选择一份工作,而我从未有过。金钱于我就如同饮水:渴了,就喝点。

因为我一直在工作,所以能赚到钱,也不会为此焦虑。但这份焦虑,我在童年时曾深切地感受过。对我来说,金钱从不具备任何的象征意义。当我谈论我从金钱中解脱时,这并不表示我是字面意义上的富人。但是,这也是一种财富,对吧?换句话说,有人仰赖金钱,总觉得手头的钱不够。但如果与金钱建立起另一种关系,那么会给生命带来多少改变?又可以有多少自由自在的选择?我真正仰赖的是自由,但不可否认,金钱在这一方面发挥了作用,因为没有它,甚至就谈不上自由。

你瞧,所有的小事决定了生活的状态。你往前走一步,再走一步,当你走到尽头,回头一看,醒悟道:"嚯,原来一切都有迹可循!"

福尔克:现在呢,你看到你生命中的迹象和线索了吗?

蒂齐亚诺:啊,如果真的能看到,那就再好不过。但其实是一种本能的牵引。可能像守护天使?或者是深层的智识,将所有东西凝聚在一起？总之，是有外力帮我把这线索紧紧地攥在手中的。

在生命这条漫长的旅途上，在你还没彻底了解自己是谁之前，你也许会走错路，或者受到周围环境的驱使，再或者你想同别人一样，而这些都有可能导致错误的发生。而走一步，就确定了下一步，一步又一步，很难再回头。

你要弄清你究竟是谁，并不容易。

福尔克：那现在再回头看看，你看到走过的路了吗？

蒂齐亚诺：看到了。

福尔克：那么，你会向前看，自问要往哪儿走吗？

蒂齐亚诺：不会，没有什么未来。未来只是一个空空的盒子，里面装着所有的幻想。

我笑了。

所有你没做过的事，所有你本应该去做的事，都把它们放到"未来"这只盒子里去。甚至，就连过去也只是记忆，是一个已经封口的盒子，你可以在里面放想要放的东西，把不想要的从中拿出。毕竟，甚至连过去都不存在。

唯一真实的事情就是我们坐在这儿，在这草坪上。现在。这里。

唯有当下，我们是真实存在的。

福尔克：那你从来都不会好奇，那一头的世界会是什么样子吗？

爸爸摇摇头，笑了笑。

蒂齐亚诺：我当然不会好奇，因为那个世界并不存在。

福尔克：这谁又知道呢？

・孤島

我们在爸爸的禅修室，盘腿坐在他铺着毯子的一条长凳上，那也是他的床。他说话的声音缓慢，而且微弱。

福尔克：今天你想说点什么？想好开头了吗？

蒂齐亚诺：我想提一提千岛群岛。那些仿佛在世界尽头、始终云雾缭绕的神秘岛屿的故事。

他喘了喘气，吃力地向下说。

福尔克：你为什么要去那儿？那儿是苏联最偏远的地区。而你去那儿的真正目的，我从来没搞明白过。

蒂齐亚诺：那趟旅程对我来说非常重要。我会给你解释原因，大概是缺乏安全感的我，对徒劳人性的好奇。

让我们从库页岛开始。那些年，由于日本和苏联之间领土争端的老问题，岛被封闭了。但我们竭尽全力说服了苏联驻东京大使馆，给我们两三个星期的签证。当时有我，有《世界报》的菲利普·庞斯和大友。

我们必须经过哈巴罗夫斯克——这座大河上神话般的城市，抵达库页岛。从那里，我们搭乘小型安托诺夫飞机（那简直就是个会飞的棺材），降落在所谓的机场。老天爷，那里脏乱得一塌糊涂，只有一间木屋，运气好的话，会有人给你倒点热茶。

那里很神秘，20世纪，曾有一次伟大的航行穿越了大陆和库页岛之间的海峡，亲历者对其描述也非常精彩，而我被迷住了。你瞧，我又被伟大的历史吸引……

他的声音微弱，几不可闻。

福尔克：爸爸，你说什么？

蒂齐亚诺：看，看！那里真的……

福尔克：你是指千岛和库页岛？

蒂齐亚诺：首先，千岛群岛和库页岛是两个不同的地方。库页岛很长时间以来都没有外国人踏足，这引起了我的好奇。而到了那里，我的眼前是一个苏维埃式的社会。这是非常珍贵的。要知道，当我们提起苏联时，我们会想到古拉格，好像古拉格遍布整个苏联的土地。但并非如此，在库页岛上就找不到它的影子。当地人有充裕的时间，他们去山上游玩、滑雪、研究园艺、种植草莓。一见到你，他们会热情洋溢地介绍整个家族，邀请你去家里做客。他们请你吃那可口的抹着黄油的黑面包，还有伏特加。他们端来盛满鱼子酱的碗，你得用勺子吃鱼子酱。

我们穿越了整个岛屿，眼前的景象有些可怕。小镇以外，从早到晚，都有醉醺醺的矿工在售卖伏特加的小卖部前排队。在一些地区，由于石油工厂，空气阴霾。那是一个冬天，我看着那泥泞的道路、空旷的灌木丛，那种由此而生的绝望，你能体会吗？

不过当然也有美好的一面，那就是美丽的大自然，其中包括鲑鱼的奥秘。鲑鱼在河流的上游出生，然后游向大海，待上三四年的样子，我也说不准，然后再回到河中。但是，经过了这么多年，它们又怎么能找到当初的入海口呢？它们溯流而上，回到河流上游产卵，然后死去。一切就这样持续下去。

然后，我们去了库页岛北部。在那里，我与在苏联报纸供职的共产党人进行了愉快的交流。他问了我一个你曾问过的问题。

"您究竟对这里的什么感兴趣呢？"

我回答："我对生命感兴趣。"

"徒劳的生命吗？"

"是，我对人类的悲剧感兴趣。"

他对我说："您真的想见见人间悲剧吗？那千岛是一个好地方，去千岛吧！"

我向他致谢，一年以后，我获得了签证。

千岛群岛被"播种"在无垠的海洋中，坐落于世界尽头，越过它，就是一片苍茫，是冰天雪地。我乘坐一架小飞机，看到火山在沸腾，而冰川就在旁边。那里像炼狱，从未有过任何游客。因为对苏联来说，那里是战略要地。但他们准许我前往，他们明白我不是间谍，只是一个真正对那里感兴趣的人。

曾经，苏联的年轻人满怀着热情，想要站在前沿，想要在贫瘠的土地上奉献自己。成千上万的人出发，在冰上挖掘，建造树屋。这样的小屋仍然存在着，一进去还能闻到猪油的气味。而所谓的城市也并不像城市，电线杆歪歪扭扭，房子摇摇欲坠，四周堆满木头，就像你昨天堆在我们房子周围的柴火那样。

然而，其中有让人深为感动的东西。那就是"人"。有人在那儿甚至已经居住了 30 年。当然，有些人感到自己像被囚禁。但是对于更多的人来说，他们深信自己正在建造新的东西。这难道不就是我以前的梦想吗？它仍然如此强烈，每当谈起，我就能深切地感觉到它。他们会邀请你共进晚餐。如果你愿意，就可以留宿。那里的人们认为共产主义终究会实现，他们人人平等。那是他们的信仰，他们深信不疑。

他们是边疆的英雄。他们在联合工厂工作，为苏联制作鱼罐头。作为回报，政府必须提供他们其他的一切。福尔克，因为在那些贫瘠的岛屿上，四处皆是岩石，他们不能种植小麦，不能种植棉花，也不能制作内衣，他们只能等待，等待政府把所有的东西运给他们。他们会被遗忘，但他们总是坚持着，坚持着。

那些曾经的年轻人，如今垂垂老矣，大腹便便。但即便如此，所有的人还是有着坚定的笑容，从未改变。他们装的假牙不是磁的，也不是金的或银的，而是铁的！他们露着假牙，笑着。

在那里，我也有属于自己的故事，因为，如果你还记得的话，我父亲也曾经是共产党人。他既不是伟大的武装分子，也不是战争期间发动进攻的战士。但他始终相信，始终怀有建立一个更加公平的社会的梦想。我无法忘记，在战后艰难的岁月中，他和他的朋友们的口号还是"老大哥会来的！"。我在幼年时代耳濡目染，而在千岛群岛看到的那种精神又一次把我打动。

你知道，我的父亲不是英雄。他只是一个体面的普通人。

当我长大后，作为一名记者，我终于迈进了父亲曾经梦寐以求的世界。一个他满心向往、信念所在的世界。要是换成 20 世纪 30 年代，他自己就去千岛群岛了，为苏联工业园区的综合项目工作。老天爷啊！我将自己的书《晚安，列宁先生》献给"我的父亲，梦想着苏联的父亲"。人类奉献、热情的精神和建立新事物的意愿是不可低估的。

在我的这次走访中，以及后续的所有奔忙里，苏联给我留下了一些永远烙印在脑海中的印象。千岛群岛上，男人和女人顽强的笑容；大型工厂的退休员工；经历过斯大林格勒保卫战的老兵……每当美国人说，是他们把我们从纳粹和法西斯主义中拯救出来时，我们都应该将这段历史记起。如果不是苏联阻止了德军，那么欧洲就不会轻易获胜。

在苏联各地，都看得到这样的身影：那些早已退伍的将军、上校，身穿佩戴勋章的双排扣外衣，还有些在斯大林格勒保卫战中失去眼睛或双腿的老兵，现在一文不名。曾经，他们被许诺有退休金，但由于经济的变化，他们连一根烟都拿不到。他们在街上爬行，顶着严寒，卖掉他们的勋章。这就是英雄?

福尔克：他们还戴着勋章，在街上走动？

蒂齐亚诺：是的，他们一直都佩戴勋章，因为当你去面包房时，如果你佩戴勋章，就可以排在所有人的前面，在电车上，也会有人给你让座。勋章是英雄的象征。英雄在苏联是存在的。你能看到他们佩戴勋章，坐在庞尼广场破烂小花园的长板凳，或是列宁大街，一副胖乎乎、脏兮兮的模样。在他们的上方，竖立着巨大的纪念碑，上面的士兵棱角分明，向前冲锋。福尔克，那里的人们让我心生怜悯。

他们曾经是英雄，如今却四处讨一点木柴，要一点面包。而且面包还很昂贵，得靠变卖家里的椅子才能买到。这一切，令人沮丧。

福尔克：那么，他们曾经的光荣、曾经的梦想是什么呢？

蒂齐亚诺：他们的梦想很简单：建造一个新的社会，其中不会有统治者控制生产手段。曾经，统治者们往往会将束缚、奴役的生产手段强加于人。如果你拥有一间工厂，你可以随意解雇厂里的工人，也可以雇用12岁的孩子，那么很明显，你积累的巨额利润不是本人应得的，要归功于那些人的工作。所以，为什么不让他们共同拥有工厂呢？

社会充满了不公。当你环顾四周时，便会自问：这样的问题，怎么就无法解决呢？

我的意思是，如果有人在河的上游拥有一个农场，他可以建造一座水坝，阻断水流，但这是不公平的。难道大家就不能达成共识，让水也供下游使用吗？社会主义也是如此，每个人都各司其职，人人从共同完成的事业中各取所需，而不是积累财富。因为积累会夺走别人的东西。现如今，比如在意大利，那些富有的人们，他们的积累只是为了自己，为了拥有游艇、临海别墅。这些钱甚至都没有进入再生产系统中。

社会主义的创想将能够在这个自私的资本主义时代中幸存下来，为什么人类社会不能追求人人平等的制度呢？稍加思考就会发现，这是一种吸引年轻人的理想选择。这令人振奋。想想以色列的集体农场，年轻的犹太人从世界各地出发，去那里工作，在沙漠里种树。他们不是为了钱，而是一个共同的目标，然后一起努力。

福尔克：你觉得这是如今我们所缺少的吗？

蒂齐亚诺：在我们这里，每个人都只为自己考虑，而且这种自私甚至是被迫的。而在千岛群岛，从一开始就有"我为人人"的意识。而且在他们看来，工厂并不属于莫斯科，而是属于千岛群岛的人民。

不过，说到底，尽管我承认这些是美好的感觉和价值观，但究其深处，最深处，人类有着对绝对自由的需要。而绝对的自由，也往往会走向资本主义和物质积累。

福尔克：爸爸，让我们把话题回到千岛，我想问你最后一件事。那里留给你的是什么？

蒂齐亚诺：人的热情和能量！在那里，人类的温暖得以凸显。在那艘即将沉没的巨轮上，每个人都带着坚毅的笑容微笑。

福尔克：他们自己也意识到这些了吗？

蒂齐亚诺：是的。但他们依旧很无私。在一个冬天的夜晚，我抵达南萨哈林斯克的时候，冰天雪地，天寒地冻。我在大街上滑倒，手臂脱臼。我当时难过极了，因为第二天就要出发去千岛群岛。瞧，这里也能再次看出苏联的积极的一面。他们带我去了萨哈林医院，巧的是，那是一家军队医院，那里的一切都在军队的控制之下。医生是朝鲜族，护士则是个胖胖的俄罗斯女人。两人都很可爱。他们帮我脱掉外套，观察我的伤口，他们连 X 光片都没给我拍，然后……

他笑了。

护士勒着我的肚子，医生握住我的手说："现在请忍耐一下！"护士把我往后拽，医生则向前拉我的手。他们就这样把我错位的关节给复位了，然后给打了石膏。我从没体验过这么好的骨科修复。

爸爸转了转手腕，向我展示成果。

福尔克：完全没问题吗？

蒂齐亚诺：完全没问题。而且这还是免费的。后来，我买了一瓶威士忌送给他们。你能理解那样的关系吗？美好、淳朴，充满人情味儿。

但是，在接下来的三个星期，我不得不用左手记笔记，左手拎包，到处走动。但有一天，我站在一个广场上，第一次感受到了阳光明媚，我看到了一台巨大的机器。这时候，我给你说过的那些工人之一，一个大个子伐木工，带着不满的气息来到我身边。走到我面前时，他露出灿烂的笑容说："要是让我撞见打断了你手的那个家伙，我会扭断他的脖子！"这人我从没见过，也不认识。但在那里，人与人之间的关系就是那样，你明白吗？在一个广场，有四只猫和一个外国人，而那个大个子说："要是让我撞见打断了你手的那个人，我会扭断他的脖子。"

他笑了。

我十分喜欢这样的片段。这样的交流让我的日子变得丰富有趣。

福尔克：那么，那个计划，比起我们似乎更有效率的生产方式，是不是包含了更多的人性？

蒂齐亚诺：当然，更多的人性，以及他们团结一致的精神。

・组织

夏天快到了，屋后的牧羊人，从平原带着羊过来。空气中弥漫着迷人的香气，还有叮当作响的铃铛声。我们坐在枫树的树荫下。

蒂齐亚诺：在这人生的旅程中，我经常问自己，解决我们所面对的、有关人性的问题的方法究竟是什么呢？在我看来，人类似乎一直在毫无头绪地寻求着办法，但终究无法将其解决。

有一次，我乘船经过西班牙的马拉加海湾。那是一个美好的夜晚，当我站在船甲板上欣赏日落时，我看到远方有许多美丽的岛屿，我产生了一个有趣的想法，那就是——我们苦苦寻觅的解决办法，也许就是让诗人谋反。因为在我看来，只有诗歌才能给我们带来丝丝希望。我放眼远方，那些微不足道的岛屿，它们没有在任何地图上被标记出来。当时，我想象着，在那里有一群年轻的诗人在成长，等待着接管世界。某种程度上，政党、机构、教会，都不会提出有效的解决方案。他们只是在重复同样的事情。

直到你给我说起那件让我深受触动的事情。你说当你在印度或是加利福尼亚生活时，又或是旅行时碰巧遇到了新朋友，在交谈中你意识到，你们共用的一些词语将你们联结了起来。因此你得出了一个想法，我觉得特别棒，你说："这个世界上存在着某种称之为'组织'（organization）的事物。"

这个字眼你是从哪里看到的?

福尔克：我自己想到的。

蒂齐亚诺：但它的美丽之处在于，它其实并非一个实体的、真正的"组织"，它是混乱的、非正式的、虚无缥缈的。但是，它能通过奇特的方式，将人与相同的思想、意图、愿望联系在一起，这似乎也与我对诗人的想法相吻合。特别是在年轻人的世界中存在着某种神秘的联系，在那里，他们总是以一种友好的姿态互帮互助，他们共同寻找新的道路。

这个组织也是一把重要的钥匙，因为它体现了，我们可以朝着其他的解决方案迈进。那样的感觉始终存在，即每个人都在参与秘密的事务，其中有思想、有领袖、有同志、有朋友。我觉得这挺好的，这是我希望留给年轻人的积极愿景的一部分。

当我的《反战书》问世后，我游历了整个意大利，四处演讲，其间偶然会说："解决方案会有的。它正在到来。我儿子称其为一个'组织'，而且他与其他人一样，都感受到自己从属于其中。"令我惊讶的是，这就像打开了一道水闸，很多人立即从这一想法中找到了自我认同。我开始收到各种信件，我会发现有人在我的口袋里塞了便条，然后小声说："我也是组织的人！"

我觉得这妙极了。

福尔克：早上醒来，你感到自己是其中的一部分，甚至不知道它究竟是什么，它的根基在哪儿。有时候，我会问偶遇的人："你是组织的成员吗？"第一个被我问到的人盯着我，仿佛在说："你是个傻子吗？"但后来，他成了我最好的朋友之一。总之，这就是个玩笑般的问题。你要么明白，要么完全一头雾水。

蒂齐亚诺：的确。大家渴望归属于有价值的东西，或者参与宏伟的愿景。

福尔克：它表达了想要改进、想要采取行动，并做正确之事的意愿。而单靠个体，是很难改变世界的。就比如，你一个人要降低能耗、减少垃圾，而其他人都毫不在意，那又有什么用呢？而如果是有人引导了一场运动，然后呼吁所有人："来吧，让我们从今天开始做些什么吧！"这样一来，一切就皆有可能了。

蒂齐亚诺：但我们不是去参加什么集会，也不需要大肆宣扬，这是一种本能。我们能被联结在一起，是因为我们知道什么是公正的，我们能明辨是非，深知谁可以被信任，而谁不能。善恶的感知浸透在我们每天的生活里，使得我们明白什么值得，什么不值得。

福尔克：不过这种觉悟还是需要外界引导，当然，并不依靠某个人的鼓吹，这样的人甚至连自己是从哪里来的都还没弄清楚。

蒂齐亚诺：它来自本能，而非理智。你能理解吗？道理是讲不清楚的。讲道理这件事本身存在局限，我们不能一味地相信理性。想想看"理解"这个词的含义，仔细想想。纯粹理性地去看待问题，是无法到达理解的境地。仅仅明白道理，只是一种肤浅的层面。只有当你亲历、深入，运用直觉感悟，才能称之为真正的理解。

福尔克：能举个例子吗？

蒂齐亚诺：世间万物都是例子。你如何理解人际关系，如何理解你的生活和社会地位？你可以运用理性，可你并没有理解。真正的理解要超越理性，它基于本能，发自内心。现如今，我们似乎都已经忘记要遵从本心了。"心"究竟是什么？现在，我们把它当成可以摘除、可以装上、可以拿人造心脏替代的东西。不，恰恰相反，它是让人惊叹无比的事物。

福尔克：说起来很有意思，居然有人找到你说："我也是'组织'的一员！"

蒂齐亚诺：是啊，好像一个秘密组织。

他笑了。

但真正有趣的，是这个组织并不存在。这是一个强烈的征兆，预示着会有一个解决方法，有一条秘密的纽带，它不基于现有规则而存在。还有人尚未放弃理想，尚未放弃更重要的事物，一旦有了这条纽带，我们就会感觉自己并不孤单。

在这些小事里，藏着新生事物的征兆。

· 童年乐事

蒂齐亚诺：新加坡、马来西亚、印度尼西亚、马来城市古晋，还有那些美丽的蝴蝶……这些都是亚洲的浪漫。乘船旅行、探险，还有那曾几何时对"不同"文化的好奇。这一切构成了我的那个时代，当时，豪华酒店还没有遍地都是。

福尔克：在我小时候，你经常出差，然后总会带着新奇的故事和装满奇特玩意儿的行李箱回来。我记得有一次，我们去新加坡的港口接你。你肩上扛着一座彩色的大雕像——一个在跟鳄鱼搏斗的男人。你告诉我们，鳄鱼爬上了船，而那个强壮的马来人用胳膊勒死了它。

爸爸笑了。

蒂齐亚诺：我那会儿从婆罗洲回来，坐的是那种旧货船。那样的船，一般是用作运送木材的，船长往往是一个酩酊大醉的英国佬，还有神情阴暗的船员。

有一次，我不是带着两只大釉陶俑从老挝回来吗？一个白色，另一个是黑色的。我告诉你们，其实我带回来的是两只真正的大象，而雕像只是它们的复制品。只不过大象太大了，没法养在花园，所以我把它们借给了动物园。在那之后，我们每周日早上都会过去探望它们。

福尔克：我们很长时间都信以为真，以为动物园里那两头大象就是我们家的，还翘首以待它们长大，就可以骑了！还有一件事，不知道是不是真的，就是你们的那个朋友，住在婆罗洲的那个？赤道线正好从中间穿过他家的庭院，夜幕降临，天气燥热，他无事可做，便走出家门，沿着赤道线撒尿。

几年后，我大一些的时候，你还带着我去搜寻一个下落不明的表亲。

蒂齐亚诺：是啊，这一辈子能做多少事？与其浪费时间逛街买鞋，不如去泰国找寻家人。你想想看，不是这个道理吗？哪怕现在，也仍然可以去选择做真正有意思的事情。我不是说一定要成为伟大的运动员，或者是著名的政治家，我的意思是，要在这平凡的生活中，多去做点有意义的事。

福尔克：我记得，我们在中国香港的时候，有一天夜里，你接到了一通紧急电话。

蒂齐亚诺：不，事情是这样的。有一天，我们在香港，你妈妈接到一个亲戚来电，对方是德国行政法院的高级法官，他们整个家族都为国家和法律效力，他知道我了解亚洲，还是一个冒险家。电话中，他忧心忡忡地说他们的女儿失踪了。所有人都在拼命找她，使馆也去了，但遭遇了一系列推脱和敷衍，一无所获。那个女孩子很年轻，才17岁。

福尔克：16岁，她比我大两岁。

蒂齐亚诺：她去澳大利亚看亲戚了，回程的飞机在马来西亚停留。我估计是这样，她临时决定，下飞机去旅行了。她寄了一封简短的明信片回家，之后的几个月，再也没有她的消息。法官很担心，害怕她出事。你知道，那段时期并不太平。

福尔克：有可能她被绑架了，那样一个年轻的女孩儿，再加上一头金发。我记得那时候听人说过有人绑架女孩儿的事，然后把她们带到沙特阿拉伯，关进女眷内室作妾。

蒂齐亚诺：她是个多么好的姑娘，长得还很可爱。整件事让我很好奇，再加上我确实也想帮一把你妈妈那边的亲戚。

之后，我们让他们把那张明信片，连同女孩的近照寄了过来，我向报社申请了两个星期的假，也把你从学校接了出来："跟我来，长点知识。"随后我们就出发前往泰国。我们知道要想在泰国找到她，必须从明信片的邮戳开始找寻线索。

冒险就这样开始了。我们从熟识的酒吧和咖啡馆着手，那都是嬉皮士常去的地方，我们把她的照片给所有人看了看。每个人都说："啊，是的，我见到过！在这里见过，在那里见过！"但其实并没有人真正见到过她。于是我们想着沿着她的路线倒回去走走看。

福尔克：事情不是这样的，要比这个精彩多了！

蒂齐亚诺：那是什么样的呢？

福尔克：我们挨桌拿着照片问。可是谁都摇头。我当时就在想，怎么可能找到呢？那简直是大海捞针。

但是，好运降临。一个男孩儿过来，很肯定地指认说见过那个金发女孩，就在泰国北部。日落时分，她在岸边，穿着白色连衣裙！

第二天一大早，我们就坐飞机去了清迈。

蒂齐亚诺：记得真清楚，你说的对。然后我们刚到……

福尔克：我们让一个出租车司机给我们列出了清迈所有廉价旅店的清单，足足 50 个。但就在我们踏入第一家，查登记名册的时候，奇迹又一次发生了：她的名字就在上面！

接待处的矮个子男人说："她出去了。"于是我们在外面等她，半个小时后，她到了。

蒂齐亚诺：对，她一脸惊讶。她担心我们会把她送上飞机，但我们并没有这么做，我们只是逗乐道："你这么想冒险啊？那跟我们来吧！"然后，我们去了一个驯象师那里。

福尔克：你租了三头大象以及跟着的一头可爱的小象。然后我们骑着大象，去了丛林深处。

蒂齐亚诺：我们在林中绕了两三天。我记得，有个晚上我们住在小棚屋，听着那美妙的瀑布声响，还同大象一起洗澡。

后来是怎么结束的来着？

福尔克：我也不记得了。

蒂齐亚诺：嗯，后来我们还是劝她回家了。

福尔克：后来，这个叛逆的女孩子回去上学，之后又申请了医学专业。现在成了一个在热带治病的医生。

蒂齐亚诺：我看你记得很清楚。瞧，这次的经历也说明，我们必须接受人与人之间的差异。要是你妄加评论，肆意教训别人："真是丢脸，你竟然跑了！"那一切就搞砸了。但如果你愿意去倾听，给予对方信任，准许她找到自己的生活方式——更何况她也没做任何傻事，结局也就大不相同了。尽管风险总会有的，但人有时候就是要去尝试，要从固有的思维里走出来。

福尔克：她很勇敢。我很是佩服她。好笑的是，当我们向她讲述如何找到她的时候，她却说自己从来没有在什么日落时分穿着白色连衣裙，也没去过河岸边。

·福 气

蒂齐亚诺：何必要去当什么圣人？我从来都不是圣人。现在呢，我要给你讲一下我的另一个兴趣爱好，那就是游戏。

这依然有关金钱，对吧？赌场是让货币贬值的完美选择，它只赋予货币象征性的价值。你去那里，给他们1000美元，他们给你些毫无价值的彩色塑料片作为筹码。实际上，从你入座下注开始，你玩的便不再是金钱了。1000美元，我的天，你甚至都不可能拿出这么多钱去挥霍。可当你的手头是筹码时，那就变成了一场游戏。

福尔克：你一直都很喜欢游戏，但不仅仅是去赌场，还打牌，对吧？

蒂齐亚诺：是的，我也打牌，不过，这是非常个人化的游戏。扑克往往是两人之间的较量。我喜欢玩牌，但它算不上我的最爱。我最喜欢的还是赌场，因为那是同一个匿名实体的对抗。

赌场让我着迷的地方在于，我将自己一生的几个小时，仅仅几个小时，投入那样的氛围。

福尔克：你一般会赢还是会输？

蒂齐亚诺：总体来说，不输不赢。当我们到中国香港生活后，赌场也吸引着我。那里的赌场面朝大海，其中点缀着零星岛屿，这一切都能从我们家中尽收眼底。在更远的远方，还闪烁着中国澳门的海市蜃楼，那真是座令人着迷的城市，美不胜收。

我真心喜欢澳门。我刚刚找到了几年前写给萨斯奇娅的一封信。

他拿起信，读了起来。

"对我来说，这是我人生的重要组成部分。澳门是遥远的幸福；是小时候的你们坐在人力车上的记忆；是在游戏桌上的不眠之夜；是海景酒店的宁静夜晚，充斥着发霉的历史香气……什么是城市？是房子？灯火？是条条马路，犹如命运之手的掌纹？还是人们对自己所拥有的情感的记忆？也许对它的幻想，在没有抵达之前，在呼唤着它名字的时候，就已然产生？澳门啊！澳门！"

福尔克：真美！

蒂齐亚诺：我写下这些东西，因为我被深深地打动了。

这样看来，究竟是什么让我如此热爱？终究还是旅行，还是自由的感觉。福尔克，买好来回的票，然后坐上水翼艇。冲啊！向着目的地飞驰而去。我和一群中国人一起赶往澳门码头，他们准备去捞回前一次损失的钱。数以亿计的赌注，可能整个工厂都押在了澳门的赌台上。

一进赌场，就像走进一个个肥皂泡，赌场的迷人之处在于，它好似幻梦一般。你走进去，把时间抛在脑后。由于没有窗户，你也看不到外面，自然也就昼夜难分，你仿佛身处另一个时空。赌场就像一座巨大的剧场，你在其中能看到活生生的巴尔扎克，能看到年迈的富豪与他们的情人。不过，最让我着迷的始终不是赌博带来的那种刺激感，而是"幸运"这个古老的话题。你的运气变化无常，不停流转。甚至，你连回程的机票钱都没有了。

我也曾经输个精光，当我回到水翼船上时，有些垂头丧气，不是因为损失了钱，而是觉得我被拥有赌场的亿万富翁耍了一道。我回到香港，打电话给你妈妈，她回道："啊，你在哪儿呢？""还在澳门，再待一天。"

然后我又去银行取了一些钱，再度乘船出发。

他笑到声音都哑了。

而即使这种时候，你们的妈妈也从没说过一句："现在给我回来！你到底在干什么？"有时候，我会从银行到赌场间反复两三次，甚至四次。

福尔克：你输了的话也从来不会跟任何人说，都没人知道你去赌过。不过你赢钱的话……

蒂齐亚诺：我会把钱全都寄回家！

福尔克：一天早上，当我和萨斯奇娅醒来后，发现有一长串钞票，从我们的房间沿着楼梯一直铺到楼下。每节台阶一张钞票，我们感觉像《格林童话》里的汉瑟尔和格莱特一样，追寻着撒落在地的面包屑。

蒂齐亚诺：有时候，我赢了钱也会马上买点什么。我记得有一次，我揣着一大沓卷起来的澳门币走出赌场，将近一万美元。

我喜欢在澳门四处闲逛，常去一家名叫海星的餐厅，那儿的老板是一个葡萄牙水手，他会烧 bacalhão，这是我们在喝 Vinho Verde（一种葡萄牙绿酒）时搭配着橄榄吃的葡萄牙鳕鱼。

有一天，我去那家餐馆，听到有人在院子里一边工作一边唱歌。我把头伸进去望了望，看到他们从一只巨大的箱子里抬出一块镶嵌得异常精美的木板，涂着金红两色的漆。那是一张床，是那种古老巨大、带有帐顶的中式卧床，通常是父亲给女儿准备的嫁妆，寄予了对儿孙满堂的祝福。

而后，我半开玩笑地问："你们在干吗呢？"

"啊，"其中一人说道，"你瞧，这张床刚到，我们拆包装呢，再把它组装起来。"

"你们要卖掉它吗？"

他们看着我，眼神里都是："哦？这家伙想干什么？"

"你们想卖多少？"

"5000 美元。"

这简直是命中注定，我果断地说："我要了。"

就这样，我给自己购置了一张中国的床榻。它漂亮极了，几乎算得上一间小房间，富有别致的氛围。你是否曾经感受到这样一种快乐？而这张床，以后也会传给你的孩子。

・寻宝

蒂齐亚诺：对我来说，菲律宾算得上是在日本生活的那段时日里的救赎。亚洲人里，菲律宾人算得上最有人情味。他们生活在一个幻梦般的世界，谈天说地，天马行空。

当你到了一家旅馆，对前台说："请给我一间像样的套房。"

他们会回答："总统套房怎么样？"

然后你上楼，找到自己的房间，想开灯，发现连灯泡都没有。于是你打电话到前台："喂，怎么回事，灯泡呢？"

"我们马上派一名工程师上去。"他们爽快地回应。

还有些绝妙的事情——只有菲律宾人才想得出来。日落时分，沿着罗哈斯大道和黎刹公园，尤其是每个星期天，总会有一些烤鸡腿的摊位。你知道他们的摊位叫什么吗？阿迪达斯！

他笑了出来。

听上去，他们像要给鸡穿上鞋子！多可爱的称呼！有一回，我带你去了菲律宾。

福尔克：为什么要带着我去？

蒂齐亚诺：我想让你看看我的工作。我并非想培养你也成为一名记者，而是想让你了解你这个时常在外的父亲到底从事的是什么样的职业。你知道我是个记者，可记者这个行业究竟如何呢？在哪里上班？有哪些准则？这就是为什么我常把你带在身边，即便当我们身处潦倒的处境之中时也不例外。

福尔克：不得不说，我们那时候活得真是多姿多彩。现在想来，那一切似乎绝无可能，在那两三个星期，发生了那么多的事。我们撞见了卡里达上校的死刑队；我还佯装过一个魔术医师的病人；最后，我们还一起去找寻山下奉文①的宝藏。

蒂齐亚诺：还有政变。

福尔克：没错，我把那个给忘了。

蒂齐亚诺：你之所以不记得，是因为你在大早上还没睡醒。你总是无精打采、心不在焉，对周围的一切漠不关心，而我肯定不会忘记那个黎明。我们在马尼拉酒店下榻，头天晚上，有事发生的传闻就已经甚嚣尘上。然后，我们接到了上年纪的摄影师桑德罗·图奇的来电："快走，你们快走！街道上全是坦克，城市要被包围了！"

老天爷！我甚至连胡子都没刮，就准备逃跑了。而你呢，你还赖在床上。我喊："快起来！快点！"可你睡眼惺忪，毫不关心，你才不管什么马尼拉的政变呢。

福尔克：那真的是一场政变吗？

蒂齐亚诺：是啊，当时，街道上空无一人，只留下一些掩体。不过之后，这事情不了了之，就像菲律宾所有的政变一样，当时，那里差不多每两周就有一次政变上演。

总之，我那时候一点儿都不想让你也当一名记者，只是想让你对我从事的行业有所了解。

福尔克：我觉得那段旅行里最荒诞但也最好玩的部分，就是我们去找

---

① 山下奉文：第二次世界大战时期的日本陆军指挥官，被称为"马来亚之虎"。1945 年 12 月 7 日以"纵兵行马尼拉大屠杀"的罪名遭马尼拉军事法庭判处绞刑，据传其在菲律宾留下了巨额财宝。

寻山下奉文的宝藏那一段。说来也挺奇妙的，从历史角度来看，寻宝是很合理的，对吧？现在，还有人四处寻宝吗？

蒂齐亚诺：寻宝确实很常见。第二次世界大战期间，日本人袭击了新加坡，因为他们知道英国人会严防海域，于是选择从其后背进攻，没有与英国大炮正面对抗。日本人徒步穿越马来西亚，抵达敌军后方。砰！把敌方歼灭了。

在马来西亚、泰国，尤其是新加坡，都存在一些华人社区：那里住着积蓄大量黄金的华人。当时战争即将结束，日本指挥官袭击了这些社区，把战利品聚在一起，以挽救自己的帝国，或者至少留一条后路。负责这项行动的将军正是山下。英国人收回新加坡后，他带着自己的部队和赃款到菲律宾避难。

可美国人又来了，让他身陷囹圄。

福尔克：他一点儿都没透露宝藏的下落吗？

蒂齐亚诺：没有。由于他的部下招供了罪行，所以他被判处死刑——被吊死在一棵杧果树上。你和我曾一起去看过……就这样，他把藏宝地的秘密一直带到了地下。

而神话就此诞生。

相传第一个去寻宝的人是菲律宾总统马科斯，他是一个独裁者、刽子手。在战后，他曾参与过许多非法的交易。但不寻常的是，后来人们在总统府里找到了一些出人意料的事物，比如几尊古老、镀金的佛像。因此，有人怀疑马科斯发现了宝藏。不过他本人也没有做出任何说明，他对自己的事情同样守口如瓶。

后来，里根在美国上台。奥利弗·诺斯[①]需要钱来购买武器，然后提供给尼加拉瓜的右翼势力。不久有传言称，一名美国将军带着一群形迹可疑的人抵达菲律宾，其中一些人伪装成采矿工程师。他们到处钻探，菲律宾境内

[①] 奥利弗·诺斯：美国海军陆战队前中校、军事历史学家和《纽约时报》畅销书榜作家。诺斯在20世纪80年代末期的政治丑闻"伊朗门"事件中担任美国国家安全会议工作人员，当时为了能够让在黎巴嫩遭到绑架的美国籍人质获得释放，美国政府决定秘密出售武器给伊朗。

对此议论纷纷。而就在这组人于吕宋岛某些洞穴中寻找宝藏时,我们来了。

你我两人走在丛林中,开心得不得了,吹着口哨,在他们挖掘过后的地方随手翻翻。突然,一群强盗手持步枪,从树后跳出。"福尔克,保持微笑。"我对你说。我们微笑着,坐下来。他们想知道我们是谁,在那里又要做什么。这群家伙是那支远征队的保镖。

福尔克:是的,他们拦住了我们的去路,所以我们的行程也到此结束。直到今天,我们仍然不知道他们是否找到了那笔财富。

蒂齐亚诺:或许,宝藏根本就不存在,但是找寻的过程本就非常有趣。

福尔克:对了,还有那些口口相传的故事。你还记得日本工厂的那件事吗?传说,曾有一家日本公司抵达当地,开始建造一家制造木棒的工厂。建厂期间,任何人不得进入。三个月后,厂建好了,日本人也全部离开。菲律宾人好奇地走进去,发现工厂里什么都没有,只有地面上的一个深坑!

蒂齐亚诺:这个故事真有意思,而我差点遗忘了。也许他们什么也没发现,也许他们确实找到了一些东西。假如他们果然找到了宝藏,但那大概也只是其中的一部分,因为山下很可能把它们分开埋藏。

福尔克:真有意思。

蒂齐亚诺:也就是说,宝藏还在呢,你们现在还可以去找找看!

福尔克:那时候,你真的指望找到宝藏吗?

蒂齐亚诺:当然不是了!不过,福尔克,在圣特罗佩懒洋洋地晒上五天太阳,和去冒险寻找山下的宝藏,你会选择哪一个呢?就是这么简单的道理!

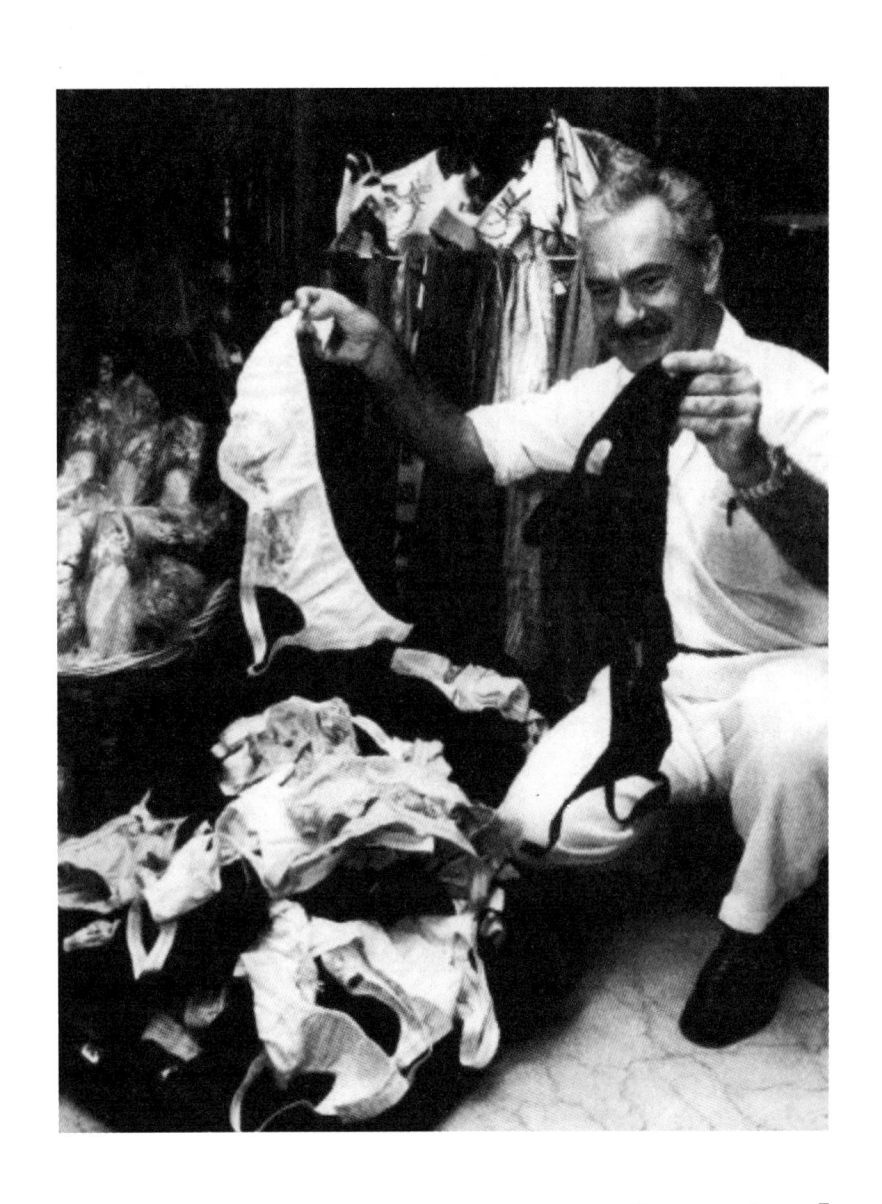

・失守

蒂齐亚诺：还有一件事，那就是 1986 年的菲律宾革命。马科斯多年来一直是亚洲最恐怖和腐败的政权之一。而人民的力量最终压倒一切。

独裁统治结束了。

福尔克：那张你拿着胸罩的照片是怎么回事？

蒂齐亚诺：啊，那一张。当时，革命发生，马拉卡南宫的大门被打开了，大家一起涌进马科斯总统的房间。马科斯刚刚乘坐直升机逃走，人们四处张望，把玩着房间里的物件，从桌子上拿走印有菲律宾总统的名牌。而我也开始在那座建筑里四处游走，然后我碰巧走进他妻子伊梅尔达的卧室。他们俩并不在同一个房间就寝，就在那儿，我们找到了那些宝贝：几百双鞋，还有一些挂在抽屉外面的胸罩。

有人拿走了一些。而我呢？至少拍张照片留念吧。

·奥西塔

蒂齐亚诺：把门打开吧。

我打开一扇小门，小门后面有许多果子树。

福尔克：天气真够热的。

蒂齐亚诺：还好，毕竟咱们还算悠闲。对了，你能感受到这里的风水吗？

福尔克：哈，在这个木盒子般的禅修室里待着是挺好的，这样，能量都被收集起来，不会散去。这里统共就这几本书，甚至连桌子都没有。你曾经费心收集的美好事物，到头来所剩无几，只剩下一座小雕像了。

蒂齐亚诺：没错，我只带了这件廉价的现代青铜器。它描绘的是公元 11 世纪的神秘主义诗人米拉日巴尊者，看，他在用手托住耳朵，聆听世界的苦难。我很喜欢这座青铜像，一直都把它带在身旁。我还在上面放了一朵花，这给我的生活增添了一丝美好。它陪着我，我看着它微笑。别的什么都不重要了。

福尔克：这间禅修室虽然有些简陋，但也称得上色彩斑斓，连墙壁都是橙色和紫色的。

蒂齐亚诺：我一直喜欢紫色，我曾参加过那种色彩测试，然后发现自己对紫色表现出了一种近乎偏执的热爱，而据他们所说，这意味着对灵性的渴望！

他笑了。

别忘了在中国西藏，也有非常多的紫色。想想他们的房屋，那样破旧、简朴，空气中弥漫着厚重的牦牛油脂的气味，可房屋的色彩、室内的物件，就连那彩色的窗户都具有无穷的魅力。

在这里，这间小禅修室多棒啊！在佛罗伦萨，总有人来给你递个包裹什么的。而这里根本没人上门给你送东西，你会更加自在。

福尔克：你怎么找到这个好地方的？

蒂齐亚诺：是我父亲，也就是你的祖父杰拉尔多找到的。他曾经报名参加一个叫作人民大学的组织，但那并不是一所真正的大学，而是为了组织郊游而创办的一家俱乐部。在星期天，他们乘坐公共汽车四处转悠。20世纪20年代时，你的祖父尚且年轻，是个能干的工人，他随着郊游的人群，也来到了这个山谷，然后动身去滑雪……天知道，那根本就没有滑雪场！想都不敢想，那会儿，滑雪可是有钱人的运动！但他们到这儿来，掰断几根木头。你知道，就是围栅栏的那些带有尖头的木板，他们拿绳子把它们绑在脚上，然后手握两根木棍往下滑去。这就是专属于穷人们的滑雪胜地。

而我们与奥西塔的牵绊也由此展开。五岁时，我就搬到了这里。小时候的我经常生病，患有"腺体功能障碍"，光靠马肉，已经不足以治疗我的疾病了。

"这个小孩儿需要来点新鲜纯净的空气。"医生如是说。

这时候，你的祖父想起了奥西塔，他说要带我去那里。我兴奋极了，一整个晚上都没合眼。我的床就挨在父母旁边，床头柜上有一盏玻璃灯，顶端尖尖的。于是像所有小孩子一样，关灯的时候一不小心，手被灯尖划破了。瞧，我这儿还留着一道疤呢！就因为这个，他们不得不在早上7点，就把我带到新圣玛利亚医院缝针。

然后，我们从佛罗伦萨乘车出发。

你记得吧？从普拉契亚到奥西塔山谷上，会经过一座桥。桥旁边有座神龛，那里是教皇国与托斯卡纳大公国之间的边界。车会在桥边把我们放下，然后我们沿着一条崎岖的山路步行，直到广场。我父亲因为之前去过几次，所以在村里认识一些人。我们就这样暂住在了一个名叫凯撒的老人家里，他是当地一家餐馆的老板。他们像对待家人一样招待了我们，之后许多年，这种情谊也一直保存了下来。

那时的奥西塔还很热闹。战争刚刚结束，四处都是河对岸山区的伐木工。

第一次，我在奥西塔待了一个月，后来每年夏天，我都在这里度过。我曾同你讲过，我多少算得上是生活在母亲的阴影之下，在佛罗伦萨，她从没让我感受过自由自在，而奥西塔自然就成了我从她那里逃离的机会。当我赚到人生第一笔钱后，马上从镇上的诗人古蒂诺那里买了一块地，也就是这里。你的外祖母给出了一个非常简单的构想，于是我们就开始建造了房子的第一部分：一个大客厅、一间我和你妈妈的卧房，还有另一个房间，预留给孩子们。

造房子的石头都是我们牵着一头骡子去河边搬来的。这片土地，是我一直以来在寻找的避难所，在这里，我仿佛能逃离整个尘世的喧嚣。

你要知道，我从来都算不上知识分子。的确，我在学校成绩不错，擅长背诵诗歌，甚至是全班的第一名，但对于哲学这玩意，我从来是个彻头彻尾的门外汉。同知识分子打交道一向没让我舒心过。我确实对各种不同的看法感兴趣，但也能意识到自己并非聪慧过人，而且我对那些比我聪明得多的人深感敬畏。遇到问题时，其他人的思维远比我开阔得多，这总让我惊叹不已。长大以后，由于我也算得上学识丰富、学历出众，在佛罗伦萨还是很受欢迎的，皮耶罗·桑蒂[1]、奥托·罗萨[2]，以及当时一些颇有名气的作家都很诚挚地待我。但我其实挺烦他们的。

---

[1] 皮耶罗·桑蒂：意大利作家、艺术评论家。从20世纪30年代开始，他就是佛罗伦萨文化生活的中心人物。

[2] 奥托·罗萨：意大利画家。

我笑了。

你懂我的感受吧？就这样，我把这里当成自己的第二个故乡，而直到现在，我才发觉，这里便是我生命中的魔法之地，它是一个封闭的山谷，在漫长的历史中，贫穷和神秘的气息萦绕其中。过去，为了抵御严寒，人们住在石头建造的屋子里头，屋子的窗户都特别小，许多人家甚至没有烟囱。卖给我们土地的同样是一个了不起的人，他和他的妻子——据说是个女巫，住在一间四壁被烟火熏得漆黑的房间里。

那个年代的人们就是这样过活：以栗子、蘑菇和玉米为生，但他们都是天生的诗人。因为他们是牧羊人，他们是一群嘴里叼着稻草叶，站在山顶，看着羊群，然后思考生命、上帝还有自然的人。每个星期天，他们都会对诵八度韵律诗，在那里，你能听见一个人为金发女人辩护，另一个人则为黑发女人发声。"若是你爱上一个金发女郎，就要准备好一辈子献殷勤。"另一个则回道："但是那个黑发女郎，随时都会逃之夭夭。"就这样，他们在广场上畅饮欢歌几个小时。

所有这些都是我的童年回忆。我就在这样的环境里长大，现在，我意识到它们对我有着不可估量的价值。奥西塔每一块土地都绝不平凡，每条山沟、每座山谷、每道溪涧、每条急流都有自己的传奇故事。这个山谷四处都有"感觉"流动。这里有女巫驻扎，有食人魔出没，这里的居民依靠他们奇特的想象生活，而不是电视机。他们可以彻夜不眠，讲述那些来自祖父母，甚至是曾祖父母年代的传奇。

然后，爸爸用讲故事的声音娓娓道来。

那是一个狂风暴雨之夜，雨雪交加，风在丛林间穿梭呼号。在城堡的旧农舍，几个妇女围着火堆，做着针线活儿。"你们过于胆小，什么都怕！"其中最年轻的一个说道，"而我，我才不信什么女巫呢！"为了证明给其他人看，这名年轻的女子一个人乘着夜色出去了。她系着围裙，围裙兜里装着羊毛球和纺锤。她走了一段时间,走进黑暗的森林,突然感到有人在一侧拉住了自己。她试图迈步,但无法前行。第二天早上,人们发现她已经死去,她的纺锤掉了出来,插在雪地里,将她绊住。那晚,她感觉有人从背后拉住她,以为那是女巫的手,她死于寒冷,死于恐惧。从那时起,这个地方就被称为"古墓"。还有另一个地方,名叫投石路的,因为有一天晚上,一个酒鬼从镇上骂骂咧咧地回来。就在他沿着那条小道小跑的时候,被一块坠落的岩石砸死了。

他们讲的这些故事简直让我着迷,所有的故事赋予山谷以生命。山谷中的一切都生气勃勃,在这样的世界里长大的人,比在只有物质的世界里成长起来的人,精神上要更为富足。

我讲述的,是事实背后的真相,而这才是我想要告诉你的。在故事中,我只告诉你有一片丛林叫作古墓,有一个女人死于其中……可是,如果你开始推理,或者不是推理,你去感知那片丛林,把它视为具有自身的历史、富有灵性的生物,一切都会变得更加灵动美妙。若是你去印度或中国西藏,那里的每块岩石都富有神性,每颗石头上都有一则铭文。这就是我要告诉你的,我们的整个人生都是如此。所谓事实,那些该死的事实,看起来似乎包含了天地间的一切,可实际上它什么都不是,事实掩盖了一切。

真正有意义的,是事实背后的东西,不是吗?可能有人会说:"那些不过是迷信罢了!"这并非迷信,因为每个故事,都反映了人类的姿态。在比如印度教这样的伟大宗教当中,有着无数的神祇,它们是同一个真理的不同面相。为什么要摒弃掉这些呢?我真的对此深感遗憾与惋惜。

我记得当我在西藏,听说那里的每一块石头都有自己的故事时,我呆住了。不过,若是你现在再去那里,可能看到的是一家又一家的超市。为什么变成了这样呢?这正是我感到痛苦的地方,我们是如此精心,但又毫不经意地使生命变得贫瘠。

  一张留着胡子、笑容满面的脸出现在门口。

福尔克：瞧瞧这是谁呀！

蒂齐亚诺：马里奥，你太客气啦！又带什么来了？

马里奥：鸡蛋，一点沙拉，挺新鲜的，我想你会很喜欢的，还有刚从园子里摘的草莓。

爸爸高兴地拍了拍手。

今天天儿可真热啊。这空气……

蒂齐亚诺：热吗？明明舒服得像天堂！

马里奥：才不是呢，蒂齐亚诺，你待在屋里……而我呢，顶着日头，在园子里摘草莓。看，汗流个不停呢，都走到这儿了还在出汗。外面太阳可毒了。对了，把这个篮子拾掇一下给我吧，我再给你找个小盒子装草莓。

福尔克：我来帮你。

马里奥：不用了，你忙吧，不用过来。继续你们的聊天吧。

马里奥说着话走开了。

蒂齐亚诺：多热心的人哪。

你知道吗？1000多年前的印度圣贤们只做一件事情：坐在大自然中，眼观自然，思考自我。正是如此，我很高兴能够在这里，以印度——意大利的奇妙方式，结束我的生命旅程。再提一下，所有这一切，都是神明们已经思考过的结果。这里的一切，也同样源于自然本身。

福尔克：知道吗，昨天我和马里奥一起在花园里播种的时候，他让我明白，学习德国哲学根本是无用的。要种植土豆，要把一个老了的土豆放土地里，等它烂掉。因为老土豆的死亡，带给了新土豆生命。腐烂滋养了新的生命，一颗土豆可以滋养许多新的土豆。想要懂得这些道理，也许根本不用读什么哲学书。

蒂齐亚诺：死去的土豆牺牲了自己，最终……我喜欢这个说法：没必要学习德国哲学!

福尔克：当你亲历这一切，一切也都不言而喻。为了明白这些道理，根本用不着潜心研究什么理论，它们都在眼前明摆着呢。

蒂齐亚诺：是的，若是你从我们的草坪望向整个绝妙、完美的山谷，你就会明白，为什么这里曾经是我一直追寻的彼岸之地了。

对我来说，奥西塔就是这样的一个存在。我希望能在这里结束我的人生，因为在这里，我能感受到灵魂，感受到自己真正活着——这里是我的喜马拉雅山。当我还是个小孩子的时候就搬到了这里，正是在这里，我既体会到了普通生命的魔力，也感受到了大自然的魔法。随着现代化的进程，魔力也逐渐散去。但每当傍晚时分，夕阳隐匿在那个名为"魔鬼脚印"的地方，彼时的魔法仍旧以某种方式存在于树、森林、日落之中。

我希望看着我的子孙们生活在一个令他们惊奇的世界，四处都有值得观察的奇妙事物。昨晚，我瞧见了第一只萤火虫，于是我定住，站在那儿，盯着它看。在漆黑的夜晚，我看着它飞舞，发出"嘀、嘀、嘀"的声响。它给我带来一种溢于言表的喜悦之情。

福尔克：在哪儿看到的?

蒂齐亚诺：就在那儿，那块石头那儿，有个小灌木丛。记得吗?就是我们曾说要砍掉的那株。小时候，我父母给我讲过好多关于萤火虫的故事。他们说，你要是捉住一只，放在玻璃杯里，第二天早晨，杯子里就会有一枚硬币。他们也真的在玻璃瓶里偷偷放上硬币，于是，我的世界变得富有起来。

那为什么不能让我的子孙们也看到萤火虫，见识到这个世界的奇观，并为之惊叹呢?

"在喜马拉雅山脉，生活着一种发光的毛毛虫，在夜里，像路灯一样，发出微弱的绿光。"多么不可思议啊。如果能让孩子们听一听这些毛毛虫的故事该有多好!向他们展示世界的活力，不是吗?大自然的力量在孩子的体内涌动起来，这种来自大自然的生命力，丰富着孩子们的生活，于是，他们能够体验不同的维度。看什么电视，吃什么比萨啊！那里是所有和暴力相关的话题开始的地方，而我们自己，每天就在制造暴力。在我看来，结束暴力的方式只消一句"够了！"然后带上孩子，乘着夜色，带他们去看看萤火虫。

福尔克：现在的我们，究竟是哪里做错了呢？

蒂齐亚诺：现在的我们，要完成一件事过于简单。我们的生活特别匆忙，每日活在压力和刺激之下，工作、电话、电视、报纸还有来访者，都在不断地分散着我们的注意力。我们一直在忙啊忙，总是在赶进度，一刻也不停息。还有谁会给自己的生活留出空余，给时间画上一个短暂的休止符呢？晚上，大人们喂孩子吃点东西，让他们看一会儿电视，然后上床睡觉，都不外乎是因为我们自己有的想看电影，有的想去见朋友。其实，改变这一切并不难，无外乎简简单单的一句话："今晚，我们不要疲于生活，去看看萤火虫吧！"

这一点儿也不难，所有的麻烦，都是我们自己一手制造。关于阴谋，所谓的消费主义的阴谋，也许在一些人看来，它像一台吞没你的机器，但是这里面其实并没有什么阴谋诡计。你拥有自己的选择，那么，你选择带孩子去比萨店，还是去看萤火虫呢？

福尔克，要我坦白的话，这个世界简直奇妙无比，简直让人束手无策。如果你能够感受到这奇妙世界的一部分，不仅仅依靠你的思想，还有你的双眼、你的双脚，你会收获多少呢？换句话说，如果你、你的存在本身，是这个世界的一部分，除此之外，你别无所求。你还能要求什么呢？一辆新的汽车？

・印 度

我去禅修室，把爸爸接出来。

福尔克：我来了！

蒂齐亚诺：现在，我连洗漱都得花上一个小时！

福尔克：我可以帮你打针。你说你瘦了 30 千克是吗？

蒂齐亚诺：是啊，你看不出来吗？瞧这里，福尔克，你看！从这儿到这儿有一道伤口，还有这下面也有一道。我给你看，是因为我想让你明白，一个人会经历怎样的变化。

福尔克：你的胃部看起来胀极了。

蒂齐亚诺：看看这形状，这个肚子真是大得不行。

福尔克：而手臂却瘦得只剩皮包骨。

蒂齐亚诺：双腿也是。皮肤也变得皱巴巴、灰漆漆的。

福尔克：像是蛇皮。甘戈特里·巴巴的皮肤也是这样，但他自称是因为他喝了太多眼镜蛇的毒液！

我笑了。

蒂齐亚诺：他不过是说说。不过，你了解我现在身体的状况了吗？

福尔克：你觉得难受吗？

蒂齐亚诺：不难受，我已经有点迟钝了，好像没什么感觉。真的，一点都不难受。

福尔克：你能感受到身体已经在与你分离了吗？

蒂齐亚诺：没错，它想怎样，就随它去吧。

福尔克：它已经不是你的身体了吗？

蒂齐亚诺：嗯。我真的感受不出来了。

福尔克：那在什么时候，它还是属于你的呢？

蒂齐亚诺：哎呀，你知道……我可不想把我这辈子就归结为这身皮囊！来，扶我去树下坐着。真好，这种感觉多舒服。

福尔克：你的头脑如此清晰，而身体却……这感觉一定很奇怪吧？有时候，人们的思想比身体先一步停摆，可你的情形却恰好相反，你思想清晰，身体却每况愈下，它们的步伐不再保持一致了。

蒂齐亚诺：是它们自己不想保持一致的。

福尔克：你厌倦打理自己了吗？

蒂齐亚诺：福尔克，我光是刷牙就得一个小时！

福尔克：还有梳头。你每天都这样梳洗自己吗？

蒂齐亚诺：是啊。而且梳头要梳满100下。

福尔克：为什么啊，为了头发的健康吗？

蒂齐亚诺：为了不过于懒散。要是不打理打理，那不就和野兽一样了？不过，正因如此，我不愿意再见任何人了，明白吗？

福尔克：即便衣装整齐，什么也看不出来，你也不愿意吗？

蒂齐亚诺：可我自己能感受到呀！这具身体的各个部分都在走下坡路。连胡子都在往下掉。

福尔克：可你这胡须依然很浓密呀！

蒂齐亚诺：福尔克，我蓄了整整七年的胡子，按理说，应该能长到膝盖才对啊！

福尔克：也不是绝对的。在从不剪头发的苦行僧中，有些人的头发长到肩膀，也有些人的头发一直拖在地上。而我的，永远不可能长那么长。

蒂齐亚诺：你也不会在新月里剪头发吧？

他笑了。

把那个靠背递给我一下。其实也不怎么用得上它，不过有时候背疼了就拿过来垫一下。可以吗？

福尔克：等一下，我给你往前挪一挪。好些了没？

蒂齐亚诺：唔，福尔克，我们继续吧。往下说。

福尔克：你起头，还是我来？

蒂齐亚诺：我更想要你来起头，你知道的。

福尔克：那就我来开始，有件事情我很是好奇，在你40岁生日的时候，你做出一个奇怪的决定——去印度庆祝生日。那时的你分明对中国、越南和柬埔寨更感兴趣。可你为什么会去印度呢？

蒂齐亚诺：不光是我去了印度，我带着你们所有人都去了。那段旅行对我来说至关重要，它就像一场成年礼。看，生活中就是有这么一些事，即便不知道为什么，你还是会去做。直到后来，这些事情就像剪辑电影一样在我脑海里巡回，或者套用那句我常说的话：只有从山顶回首，俯瞰自己的生命时，才能看清自己走过的路。

那是1978年，我们正准备去北京。当时，我精心照料着所有那些我喜欢的玩意儿。不过，有一种渴望一直潜伏在我心里，也就是对非物质的事物的渴望。总的来说，就各方面而言，我还是喜欢中国的，但它其实也是物质层面的事物。

你记得吗？从小，在我心中就有两个传奇式的人物，一个是毛泽东，另一个是甘地。甘地对我而言，一直都是神话一样的存在，而对印度，我却只是略知一二，当然我依然受其启发。我在后来曾多次尝试描述那种感觉："那些热爱印度的人都知道，印度是与众不同的。"

当然了，落地中国的时候，我们见到的也是不同的：黄皮肤的中国人，骑着自行车，但本质上，他们和我们差不多，可以说非常相似。可印度并非如此，无论就哪方面来说，印度人和我们都不一样。这样的区别只需一件事就能说明，还记得我们去德里的那家美丽的阿育王酒店住宿时，我喜欢上他们的红色石头结构，英国人就是用同样的石头建造的总督官邸。当我们走出大门时，一个扎着头巾的锡克教教徒朝你走来说道："我能说出你祖父的名字。"

福尔克：当时我都惊呆了。他打开一个封好的纸袋，从里面拿出一张小纸片，上面写着"杰拉尔多"——那一定是个魔术。

蒂齐亚诺：挺神奇的，不是吗？印度的街上，大象走来走去，我还带你们去看过废弃的猴子城呢。在距离德里几千米处，仍然有一座古老的城市，一座正儿八经由人类建造起来的城市，可后来，人们被庞大的猴子大军赶出了城，它们把整座城占领了。你想想，这要是在中国，有可能发生吗？那附近还有个耍蛇村，那是印度各地的耍蛇人的圣地。我记得，我们曾花了整整一个下午的时间，看着他们扇眼镜蛇耳光，说是这样做，才能叫醒它们。但这并非重点。而是"异国"这一感受更加强烈了，比中国带来的还要强烈。

我过生日的那天晚上，把你们带到了德里的一家叫作莫蒂·玛哈尔的餐厅吃饭，那是一家建在黏土地上的露天餐馆。就在一个泥泞的舞台上，一曲我从未听过的印度音乐惊艳了我。那是一首用塔布拉琴演奏的乐曲，曲调、旋律伴随着美妙动听的女歌手的歌声，简直令我如醉如痴。演奏中，还掺杂着壁虎和蟋蟀的鸣叫。就在那时，我起身，开始了我的生日演讲："今天，我40岁了，正走在'人生旅途'的中点。未来的人生，我想在印度播种下生命的种子。这就是我带大家来印度的原因，我的未来就在这里。"

去印度，我拖了很久，足足有16年。不过，我一直梦想着这个国度。实际上，在《占卜师的预言》这本书中我提到过，我经常听到有人说："你会搬家，会去另一个国家生活。"有一位缅甸景栋的算命先生对我说:"你会在一年内搬迁。"这在当时的我听来,根本是不可能的,因为当时编辑部在印度德里已经有一个记者了,不会再有职位安排到我头上。可就在不久之后,我写完《占卜师的预言》,然后赶往汉堡的办公室,主编把我叫去,说道:"泰尔扎尼,我们都知道你想去印度好多年了。那里现在有职位空出来了,你想去吗?"

然后我就到了印度。

他端给我一杯茶。

尝尝这个,很好喝。

去印度,对那时候的我来说确实是个令人费解的决定。一到德里,就有来自《印度时报》的记者来采访我,只是为了弄明白为什么一个在新闻界风生水起的人才在积累了越南、中国、日本的履历之后,竟然不想去华盛顿继续记者生涯。因为通常只有自由职业者会选择印度,那是给年轻人练手的国家,大家在那儿锻炼一段时间,等翅膀长硬,成为一名真正的记者后便纷纷离开。而我恰恰相反,我是在职业生涯的巅峰去印度的。

其实,当意大利大使得知我要去印度时,他看着我,就像在说:"这算不上升职吧!"当然了,对于他那样看重职业发展的人来说,印度无疑是个灾难性的选择。而我之所以选择印度,是因为我想在这里扎根。就是这样,仅此而已。

福尔克:你在印度的记者生涯如何?没什么逸事吗?

蒂齐亚诺:没有,什么都没有发生。但是印度对我来说确实是一个转折点。头几年,我还在坚持我的工作,但后来,我迷失了。确切说来,印度就是我生命的分水岭。

印度是唯一不曾刊载我文章的国家,一篇都没有。我写过一篇挺长的报道,是关于如何在德里这个问题重重的城市建造房屋的,从怎么接电话线,到官僚机构的腐败等所有问题,我的文章皆有所涉及。

我讲述了在我们定居的三四个星期内发生的所有片段,但是它们从未发表过。在文章中我试图解释，印度将成为亚洲的超级经济大国只是一种幻觉，但印度人对我的报道根本不理不睬，他们无法与我在这一点上达成共识。

啊……我现在感觉到心跳有点快，"咚、咚、咚"地直响。

福尔克：要不坐椅子上吧，这样可能会更舒服些。话说回来，编辑部给你安排了什么任务吗？

蒂齐亚诺：他们希望有人能给他们说说印度的情况。那时候，印度正在慢慢对外开放，我来到了经济繁荣、发展迅速的印度，它正在与中国一起，变成未来最大的市场。编辑部的同事们正等着我给他们报道这些呢——他们可真倒霉！我对印度的经济一点儿也不关心。我去了计算机专家聚集的中心城市班加罗尔，却提前从那儿悄悄溜走了。当报社暗示我要写作有关印度正在现代化的文章时，我却走访了拉贾斯坦邦的沙漠，写了一则有关敬慕老鼠的庙宇的文章。

福尔克：你又写了些和经济毫无关系的东西。编辑部也该料到的吧，不是吗？

蒂齐亚诺：老鼠本身虽然无关紧要，但通过这样富有当地特色的故事，还是能够打开我们的眼界。亚洲正面临着巨大的经济复苏态势，它覆盖了东南亚、中国还有印度，同时也覆盖了供奉老鼠的庙宇！我就是这样写的。没错，印度人挺喜欢老鼠的，虽然对我们来说，它们是很恶心的动物，但对于当地人而言，老鼠却是奇妙的物种。因为它是象神加内什的坐骑。于是我试图向报社解释，要使印度成为世界第三经济大国是很困难的。在我看来，鼠神殿的存在，与印度即将成为另一个硅谷的现代愿景着实有些格格不入。

就连那座庙宇里老鼠散发出的恶臭，都是印度不朽的象征。人们热衷于喂食庙里的一只白鼠。印度人就是用这样一种更具挑衅性的方式展现神的无处不在，即使在臭老鼠中，也有神明的存在。

那时候的我忙着钻研这类现象，这对我而言实在太有意思了。来到印度的第一批有钱人，是所罗门兄弟公司的经理，他们是年轻的资产家，身着西装，打着领带，踏入了这片领土。可正当他们预测公司将要卖出多少辆汽车时，却发现自己面对的是这样一座老鼠庙。

还有一座菲加神庙，非常精美，它坐落在所谓的"雄性河流"布拉马普特拉河的岸边。因为庙的入口位于一条地下通道的尽头，进入那座庙宇，就好像走进了一个巨大的石头构筑的女性生殖器官。当地人用红色抹布保持建筑物的湿润，那里弥漫着花朵腐烂的甜腻香气，正因如此，许多人都会去那里祈求生育。

为了免除误解，我不得不提一句，我们，也就是你和我，热爱印度，因为在印度，我们并非找到了答案，而是得到了一个机会。但可不要一味想着，只有到印度才能领悟这一切，否则就会凭空生出一堆怪人，他们到了印度，同样无所事事，只会用药物自我慰藉，最终迷失方向。福尔克，如果你想想我们的过去、我们的文化，便会发现世界是充满了机遇的。在喜马拉雅山隐居的那位老人说过："仙人们的智慧都已经被忘得精光。你们把它们变成一本书，存放在图书馆，在学校学习。而我们不一样。我们活着，去感受。"老人说得句句在理啊。说得很对。

西方当年也同样如此，但现代化却将其扫地出门。不过，如果继续这样下去，总有一天，印度也会沦落如此，不是吗？

福尔克：在印度，你还能遇见对宇宙、对时间有如此广阔视角的人。但在别的地方，就别想了。

蒂齐亚诺：可是福尔克，如果你出生、成长在一座欧洲的城市，在西方的学校学习，学校里教你的都是如何努力把同班同学比下去，如何成为班级的第一名，这样的成长历程，怎么可能培养出开放性的思维呢？

如果你被送去学习，并不是为了让你懂得生活的意义，而是为了让你之后找份工作，去赚钱，那你的心智终究是很难被启发的。但即使在这里，你自己也看到了，还有像佛罗伦萨圣米尼亚托的年轻修道士那样的人，他们没有叫嚷"世界！给我停下来！我要下车！"，他们只是自己默默地停下，从火车上下来，再登上另一辆有着美好历史传统的列车，在那辆车上找寻答案。

但是，我真的反对将印度看作"万灵药"，因为这是意识形态上的错误，对吧？并非只有印度人才能给出精彩的答案。

后来发生了这么一件妙极了的事情。在德里，天气炎热，你们的妈妈和我经过了热闹的赛巴巴神庙，那里刚刚举办完一场盛典。人们从寺庙出来，人群中有一个像我一样的人，一个英俊的印度男子，留着小胡子。他或许是一名律师，也可能是一名工程师，脖子上挂着一条橙色的大花项链。当他从我们身旁经过时，他的口中喃喃自语了一句："曼怛罗①。"他的脸上挂着幸福的微笑，神情如此平和，以至于你们的妈妈说："没错，他肯定知道些我们不知道的事情。"那一刻，以某种方式，我们都感受到了："这就是我们在印度的意义！"

随后的几年，我一直都在潜心琢磨那位过路人的所知所识。

---

① 曼怛罗（mantra）：也译为真言、神咒、秘密语、梵颂，指据称能够"创造变化"的音、音节、词、词组、句子、段落。它们的用途与类型依照与曼陀罗相关的学校和哲理而变化。

·查兰·达斯

蒂齐亚诺：我第一次去贝纳雷斯，也就是瓦拉纳西，是为了完成一篇报道，但我不记得是关于什么主题的了。奇怪的是，那天飞机上的人特别少。有迪特·路德维希和我，有一个看上去胖胖的、35岁左右的美国人，还有一个戴着帽子的背包客以及他的妻子。自然而然地，大家开始聊起了天。

"你们去哪儿？"

"我们带萨姆去贝纳雷斯。"

我看了看周围，没见着其他人："谁是萨姆？"

"喏，萨姆在这儿呢！"美国人从他的座位下，拿出了藏起来的萨姆的骨灰盒。

萨姆是塔巴斯科公司的继承人，你知道他们旗下那种小瓶的美国辣酱吧？但他同时也是虔诚的冥想者，他深爱着印度。他生前请求他的两位朋友，在他死后，要把他的骨灰带到贝纳雷斯，扔进恒河。而这两位友人从未到过印度，对那里一无所知，他们想要知道怎么处理这件事情才算妥当。

碰巧我们所有人都住在同一家旅馆，在旅馆我们遇到了查兰·达斯。他是一位年轻的美国苦行僧，和另一位有名的僧侣卡蒂亚·巴巴交情匪浅。达斯把我们都领到了他的住处，我们向他吐露了有关萨姆的难题，就在这时，卡蒂亚·巴巴立刻就看出……

福尔克：看出了自己能从中获利？

蒂齐亚诺：那是肯定的！所以接着他说："好极了，乐意效劳，没问题。仪式于明天黎明举行。"

那真是个让人惊奇的仪式。那天早晨，恒河上方大雾弥漫，后来雾气逐渐散去，太阳从邈远的地平线发出万丈光芒，灿烂无比。我们乘坐一艘由卡蒂亚·巴巴指挥的船，他系着一条粗腰带，船上都是苦行僧，这群人开始忙着弄他们的那些盆啊，还有小花什么的。

仪式的最后一项，就是打开骨灰盒，把塔巴斯科公司继承人的骨灰撒入河中。而我们把这仪式唤作"帮恒河加香料"！

他笑了起来。

后来，把骨灰撒进恒河一度成为潮流，甚至有一位著名的英国歌手也想以这样的方式结束自己的生命。我估计每月都得有几十个西方人，带着亲戚的骨灰，前往恒河。而印度人呢，他们对此毫不介意，很是宽容。

福尔克：那个美国的苦行僧查兰·达斯究竟是谁呢？卡蒂亚·巴巴的徒弟吗？

蒂齐亚诺：不是的，达斯那会儿已经是个自由人了，他是只属于自己的苦行僧，为自己修行。非常可爱的一个人！难能可贵，达斯一直面带悦色，嘴角总是挂着微笑。

福尔克：他有着怎么样的出身和背景？

蒂齐亚诺：他说他出生于得克萨斯州的一个石油工业家族，大学时学习了印度学，然后来到印度，专门研究印地语和梵语。一段时间之后，他感到自己的精神得到了升华，后来做了苦行僧，用他那生茧的大脚穿越整个印度。正因为他已经到处行走了15年，他的脚就像变异的怪兽一样大，脚趾之间分得很开。

因为有那些老茧，他可以在玻璃、沥青等任何地方行走。他的头发黏结在一起，戴着厚厚的眼镜，总是笑容满面。对了，他也来过我们家做客。

福尔克：我想起来了。那时候，妈妈还不太习惯那些半裸着的客人呢。

蒂齐亚诺：后来，我们和达斯一起，在德里北部的库鲁克舍特拉平原上体验了另一番奇妙的经历。《摩诃婆罗多》里描述过发生在那里的、远古时期的一场伟大战役。

那一天非常特殊，因为那是一个日食日。

就是在那里，我有幸感受到了另一种只有在印度才有的体验。福尔克，在那儿，我第一次见到成千上万的苦行僧，他们来自印度各地，坐在地上，每个人都用随身的三叉戟划分自己的领土。光是这形形色色的人物形象，就已经让我印象深刻了。

那是我在印度的头一年，这样的团体自然给我带来了很大的震撼。在德里，所有受人尊敬的体面人都聚集在"您好，女士"这样的鸡尾酒会上，但同时，又有成千上万与那样光鲜亮丽的世界毫无关系的奇特之人。在我看来，这个世界和他们好像完全无关。只要一个社会还尊重虔诚的行乞者，还会向他们鞠躬行礼、为他们提供食物，那这个社会就永远不会被彻底物化。苦行僧就好比一针疫苗，他们的存在不断提醒着我们，如果你，福尔克，如果你真的是一个有勇气的人，你会渴望做到：放下一切，成为像他们一样的虔诚的祈祷者。当然，肯定还是有人想成为资本家，很多人都想，但是苦行僧的存在却提醒着印度人，不要过于物化。

在印度，传言当日食降临时，必须跳入水下，不然就会被阳光照射致死，或是变黑。所以当那一刻来临，满身污垢的苦行僧一个一个跳进河里——那是一条撒满死人骨灰的河流。而我带着自己的照相机，把这一切记录了下来。

终于中午到了，但四周的景象依然犹如噩梦。我以前也领略过其他的日食，但从未见过如此这般的景象：彻头彻尾的黑暗，透着股死亡腐烂的气息，以至于我真的有点害怕了，而他们告诉我说："要是你不躲起来，会染上厄运的！"

而我呢？一个佛罗伦萨人，在那儿拍着照片，拍下那些跳进水里的人。日食结束后，我与路德维希，还有达斯一道去喝了点东西。当时我极度口渴，于是拿了一瓶矿泉水，但我没想到瓶口竟然这般紧，以至于用嘴都打不开——在此之前，我从来没这么做过！然后，"嗒"一声，我的牙齿掉了一颗。达斯直笑："看看，叫你不听话！"那回算得上我与达斯最初的交流。

但印度也是一个危险的陷阱，达斯本身的遭遇充分说明了这一点。

福尔克：怎么个危险法？

蒂齐亚诺：他死于睾丸感染。要知道，他原本是一个作息十分规律的西方人，在学生时代来到印度，在这里迷失，他和印度既没有共同点，也不属于此。但他完全融入其中，成了一个真正的印度苦行僧。我看过他吃旧德里那种大锅里炖煮的可怕的食物，名字叫帕克拉，一种煮了又煮，然后反复油炸的东西。

有一天晚上，我和他一起去了旧德里，去瞧瞧印度黑暗的一面。当时天色已黑，在寒冷中，蜷成一团的人排成排，蹲在那儿，有祷告者、残疾人、病人，甚至还有肠子挂在肚子外面的人，他们五个人一排，蹲在盛着扁豆的大锅前。在这群人后面，有一个粗汉负责不停地搅拌。

若是有人家嫁女儿，或者谁买卖做成，购入卖出了什么店铺，这时候，大家往往会舍得花多一些钱，准备这样的大餐。餐盘很原生态，用干树叶制成，里面盛着一大勺的扁豆。

"50！"大汉叫到，于是前10列的人往前挪了挪。等他们吃完，人群散开，再往前走10列。那些冒着热气的大锅，看起来好似来自中世纪。而查兰·达斯挤在他们之中，吃得悠然自得。

福尔克：和那些人一块儿吃？

蒂齐亚诺：是的，轮到他的时候，他们把那片干树叶窝成的碗递给他，而他就这样吃了起来。后来，他就被感染了。他的一个追随者把他带到了德里医院，但医院里的人在半夜把他们都赶走了，这两个脏兮兮的外国苦行僧，像两条流浪狗一样。第二天早晨，达斯死了。

福尔克：怎么死的？他得的究竟是什么病？

蒂齐亚诺：睾丸炎，睾丸受到感染。只要任何医生肯用上一支抗生素，都能够治好他。

福尔克：他那时候多大？

蒂齐亚诺：查兰·达斯吗？应该是 35，或者 37 岁左右。和现在的你年纪相仿。

印度拥有一千种面相。它对于人们来说是解脱也是折磨，是毁灭也是创立。印度是一个无底洞，一个没有充分准备的人是非常容易迷失其中的。许多人在印度疯掉，是的，很多年轻人在这里陷入疯狂，又或是习得印度的方式，进而达到一种近乎疯狂的虔诚，成为苦行僧，就像查兰·达斯一样。

福尔克：不过，在你看来，他这样的一辈子，算是不幸，还是如他所愿？

蒂齐亚诺：谁能评判别人的生命呢？我一直记得他那灿烂的、光彩夺目的笑容。他带着那样的笑容，行走在印度的大街小巷。也许说到底，他也会感到难过，但是某种程度上，那确实是他自己想要过的生活。那是他的选择。直到他死前，都没想过回美国探望他的父亲。

他端起茶杯，喝下了最后一点茶。

・甘地

蒂齐亚诺：而我们的时代又是什么样子的呢？福尔克，你想想看，西方文明才刚刚开始工业化进程，就面临着第一次世界大战。老天，那简直是一场灾难，无论从哪方面来看，都是一种道德的沦丧！

当那场战争结束后，整个欧洲都垮掉了，而且不单是物质层面，我们的文明是怎么落到这般田地的？战壕、瓦斯甚至数百万人的死亡。这时，甘地登上了世界舞台。当时许多欧洲人，包括像罗曼·罗兰一样伟大的人，正在寻找可以促进欧洲复兴与重振价值观的东西，不是强调欧洲的价值，而是人文价值，以填补巨大的道德挫败感。

于是人们开始研究印度，寄希望于亚洲存在的真实且纯粹的东西，可以恢复其被摧毁的精神。我曾认为去印度寻求灵感的人很了不起。试想一下，像罗曼·罗兰那样的人物开始为斯瓦米·维韦卡南[①]，还有年轻的甘地写作传记！有趣的是，这种沙龙文化出身的法国人，也开始去寻找欧洲的救赎之路。

至少，他们拥有这样的抱负，认为印度是一个可以帮助欧洲自救的国

[①] 斯瓦米·维韦卡南：印度教哲学家，在瑜伽与吠檀多哲学方面具有相当大的影响力。他也是罗摩克里希纳的弟子与罗摩克里希纳传教会的创办者。罗摩克里希纳是19世纪极富影响力的印度神秘家和瑜伽士。

家。库玛拉斯瓦米①说过:"请帮助我们保护印度的纯粹,因为印度是救赎之道。"那时候,他为人民树立了一个榜样,在西方面临危机之时,连我都觉得这是一个强有力的号召,也因此,我对他们感到好奇。

曾有这么一个伟大的印度人给我留下了深刻的印象,在去印度之前,我就粗略领略过其风采,这个人就是斯瓦米·维韦卡南。他是一个富有争议、复杂的人物,但也是特别美好的一个人。正是他的师父罗摩克里希纳赋予了他将吠檀多②带到西方的使命。于是维韦卡南身穿橙色的长袍,只身前往美国,谢天谢地,他遇到了四个有钱又体面的女士,使他闻名于世。他在1893年芝加哥举行的那场令人难忘的世界宗教大会上发言。那简直是一场飓风,因为在那儿,他以颠覆人们观念的方式谈论着美国,如果那样的发言发生在今天,将是非常有益的。他把一切都倾覆了,用另一种方式解释这个世界,他的一席话语让众人为之沉迷,所有人都信服地以为印度如他所说,是"各个国家的精神导师"。我的天,这样一个混杂着舞蛇人、穷苦人的国家,真的就是各国的导师,并能从物质的深渊中把人类解救出来吗?

如果我们回顾一下20世纪的历史,就会发觉印度诞生了不少真善美的人。像是甘地啊,库玛拉斯瓦米啊,还有拉玛那·马哈希③……你就能明白,这究竟是怎样的一种文化啊!像拉玛那·马哈希这样的人,16岁的时候就说道:"我已经死了。"他坐在椅子上,吃着饭,望着远山,什么也不做,也许他是圣徒之一,又或许他比普通人懂得的更多。

如果一个西方人能够在拥有自身过去经历、故事,以及文化背景的前提下,还能选择来到印度生活,并且没有迷失自我,而是达到生命宽度的扩展,那他着实会让我钦佩。尼古拉斯·洛里奇④就是这样的人。

与他的相遇也是个巧合。有一天,我和你们的妈妈一起,乘一辆小车离

---

① 库玛拉斯瓦米:研究印度艺术史的开拓者和向西方介绍印度文化的著名翻译家。
② 吠檀多:意为"吠陀的终极",是被视为正统的婆罗门教6个宗派之一,是影响最大的一派。《吠陀》经典即此派的理论根据。
③ 拉玛那·马哈希:印度教上师。
④ 尼古拉斯·洛里奇:俄罗斯画家、作家、考古学家和神智学家。

开了达兰萨拉，通过最可怖的峡谷，我们到达了库鲁玛纳利河岸上的纳格。在那儿，我们看到了一间虽然破旧，但很漂亮、窗明几净的房子，那就是洛里奇的房子。顺便说一句，那房子由一位德国女士照理着，而且她的意大利语说得特别好。她可喜欢我们了！由于她爱酒如命，于是我们给她带了一瓶葡萄酒，你想都想不到……这样的交往经历总是带给我许多回报。在洛里奇生活过的房子中住上两天，让我体验了一把半神秘主义的经历。

爸爸感到呼吸困难。

那杯热可可喝下去不太舒服啊。

洛里奇来自一个俄罗斯的大家族。他带来了神秘主义，同时，他也是一位世界性的人物，具有很高的艺术素养。我想，他本人应该是在房子下面的一块小草地上被火化了，上面放了一块奇怪的石头，而这也是我想要的。那是一个神奇的地方。那里有一个圈，你可以迈进去，在石头前冥想、打坐。啊！我花了半个小时的时间，被这些人的想法所吸引！啊！我可是花了半小时去感受他的存在、接收他的思想！

之所以说这些，是为了告诉你，我和这个国家的纽带正是通过结识这些与我志趣相投的人建立起来的。他们在来印度之前，过着截然不同的生活。我是一步一步、一点一点远离自己寻常的生活，找寻到另一条生命之路的。

福尔克：也许现代印度最伟大的启发者就是甘地了吧？你从什么时候开始对甘地的作品进行透彻、细致的研究的呢？

蒂齐亚诺：从他的作品在欧洲发行开始，我就拜读过了。我读甘地，是为了从中寻觅到我们文明的钥匙，而不是帮助印度建立村庄、管理奶牛。半开玩笑半当真地，我从中得出"节衣缩食，返璞归真"的结论。

想想看，他这样一个在伦敦学习过的成功的律师，最后选择完全与他的民众站在一起！贴近村民，关心他们的贫困，了解他们的感受，并体悟他们的生活方式——早上4点起床，扫厕所，然后开始纺织、祈祷。啊，这会产生多大的能量！他只吃一碗米饭，生病了的话，就斋戒，而不是吃药。瞧瞧，他在村里实行了这种解决问题的方法，这种对现代化的否定！甘地在1909年发表的讲话中，目光扫向人群，问道："什么是真正的文明？"文明源于一种行为的态度，他向人们指出履行职责的途径便是遵守道德。实现道德，意味着控制我们的心智和情欲。他想探讨的是，英国式的西方文明就是文明吗？人们锦衣玉食、交通便捷就是文明吗？只要有个避风港、有块遮羞布就够了吗？他坚持带领农村发展的方针，而不是把人沦为工厂里的奴隶。为什么要破坏村庄？村庄意味着社区，所以也意味着资源的共享！

甘地似乎已经制定了一项完整的政策计划，在此基础上，他成立了国大党。如果你，福尔克，看看20世纪四五十年代的照片，所有参加会议的人头上都戴着帽子，瘦长身板，清清爽爽。啧啧！他们都是有尊严的人。他们并不想要西方风格的进步。我正是对这些有关文明的讨论产生了好奇。我要指出，确实曾经有过这样的想法，一个不屈服于消费主义、拯救世界的想法。为此我们要说出事实：消费主义的事实！而唯一的出路就是减少消耗，然后斋戒。

对于像我这样在亚洲找寻有别于西方世界可能性的人，当然会觉得自己终于找到可行的路了，我心想：另一种选择终究出现了！

福尔克，帮我个忙。我特别渴，能给我一杯你喜欢喝的那个梨汁吗？能把它放我这儿吗？摇晃一下，不然的话，底部会有……

福尔克：不会有渣的，这是人造果汁。

蒂齐亚诺：别打翻了，我还得在这儿睡觉呢。好了好了，够了。剩下的你放地上吧。

福尔克：你猜我放哪儿？干脆进肚子里吧！我也喝一点。既然聊到了甘地，我们还没谈到非暴力原则。

蒂齐亚诺：让我感到奇怪的是，我们现在谈论起非暴力，甚至会带有厌恶。它似乎已经变成一种荒谬、幼稚、无法实现的乌托邦式的东西，似乎无人再相信了——一些年轻人除外。随后还有改革者、学者、智者以及政客的那些论点。根据他们的论点，非暴力行不通，因为"你要如何面对希特勒呢"？其实，如果你重读甘地，会发现他是多么出色。他甚至想会见希特勒。他曾多次给希特勒写信，但英国人却拦截了他的信件，因为他们不想让他跟希特勒搭上话。这听起来很是离奇，但事实如此。他说一个人之所以是奴隶，是因为他选择服从。一旦他停止服从，就不再是奴隶了。他说，当人们不再相信，不再服从时，独裁者就会瓦解。当有明确的意愿不使用暴力，以非暴力抵制暴力时，就拥有了非凡的力量：我们不逃避对抗，而是寻求对抗。

福尔克：他是一个非常积极的非暴力行为者，非暴力不代表不行动，不代表不进行抗争。而是采取不一样的抗争方式。可以是绝食，也可以是不主动参与，以及主动放弃别人为了削弱你的力量而提供给你的事物。你不能在与其他人的系统做抗争的同时，还利用着他们的东西。

蒂齐亚诺：正是如此。即使在今天，这个关于非暴力的故事仍然不怎么为人所理解。非暴力者引导别人停止争端。但是，要成为非暴力者，需要比成为伞兵更加艰巨的训练，而这一点，是今天仍然无法做到的。

我给你说过哈拉尔·坎恩的那个故事吗？他曾组建一支由十万名手持棍棒的战士组成的军队。

福尔克：他们都是非暴力的战士？

蒂齐亚诺：完完全全的非暴力。当其他人过来时，他们把棍棒放在地上，任凭对方殴打。这是一个怎样的道德榜样？不过你看，无人谈论这个。学校传颂的只有英雄和征服者的故事。伟大的亚历山大大帝，伟大是因为他屠杀了成千上万的人吗？也许在他那个年代，他确实算得上一个不错的人，年纪轻轻就几乎征服了世界。但是，征服是什么意思？征服意味着杀戮，意味着掠夺。

所有这些，都应该受到质疑。教育应该从教授非暴力的价值开始，然后是与之相关的一切：尊重世界，明白土地不是你的，它属于每个人，你不能天经地义地去分割它，或是开凿资源。在我看来，麻烦的是整个系统的构建方式如此，甚至在没有意识到的情况下，从孩童时期开始，我们的独立思考已经被阻止了。关掉电视，我们才能获取自由。

　　自由早已不复存在了。我一直在重复：即便如今的我们有无限的选择去购买心仪之物，去满足私欲，小至牙膏，大至汽车都要万般挑选，包括挑选一部可以拍摄照片的手机等等，但我们拥有的自由是极少的。我们不再拥有成为自己的自由。因为一切都已经被预设好了，要将其摆脱并不容易，会引发冲突。有多少人被社会抛弃，最后成为边缘人，就因为他们无法适应社会的节奏？他们根本没有选择，只有被动地随波逐流。

　　那圣弗朗西斯呢？还有其他人呢？就因为他们没有去做时代需要他们做的事，就应该把他们看作异类吗？

　　不，不，不一样！具有多样性的人，也会展现出不同的存在方式。想想，圣弗朗西斯也应该是个不错的人吧？这神圣的、寻求自由的故事，如今已经被我们大大地削弱了，以至于我们最终只能在自由的边缘生活，因为一切都在以自动化的思维、反应、做事方式进行着。这是场巨大的悲剧。今天的学校不再教孩子们思考，而是教孩子们生存，教给他们的是找工作的技巧。人在出生的时候就已经被设置好了，人类重复在预先建立的模式中苦苦生活。创造不再是一件容易的事。

　　现在，人类由经济主导，人的一生取决于他的经济状况。在我看来，将会有一场重大战役在未来打响：这是一场与经济息息相关的斗争，这场斗争将支配我们的生活，这将是为恢复人们可以诉诸的精神形态而进行的斗争。因为这是人类历史上的永恒问题，目的是弄清楚你是谁，你存在于这个世界上是为了什么。

　　人类需要新的发展模式。不仅是增长，而且要节制。瞧，福尔克，我说我们要学会摆脱欲望。但正是由于消费主义的不合理的规则，我们的生活全部集中在游戏、运动、饮食和娱乐上。你明明不想要某些东西，但是消费主义的体系说服了你，因为你的一生取决于这种机制。反过来说，如果你开始抵抗、禁食、不参与，那么你就是在使用非暴力对抗暴力。你可能会说，这暴力能把我们怎么样呢？又没人能把东西硬生生塞进我的喉咙里!

但这需要付出巨大的精神努力,这是一次经过深思熟虑后的觉醒。而且,这也和真理有关,无人能凌驾于这之上。就这一点,甘地再次显示出他的非凡。他一直在寻找真理,寻找一切背后的真相:"我曾经相信上帝是真理。而现在我要说,真理就是上帝。"

・炸弾

蒂齐亚诺：这本《反战书》给你儿子留下吧，因为有些东西，我想延续下去。我大概说过很多次吧，要想让事物不朽，有两种最简单的方式，一种是书籍，另一种是继承。而这样一来，就把两者很好地结合在一起了：在这本书里，我写下了我的看法和信仰，我把它象征性地移交给儿子的儿子，以这种不朽的方式，把我的想法保留并传承下去，也许有一天，能让他受用。

从前，我曾经含蓄地支持正义的战争，也就是必须发动的战争，但后来我意识到，它们并没有导致战争的终结。这样看来，战争是无用的。绝对一无是处，它只会造成更多的痛苦、更多的破坏、更多的死亡。因此，我开始思考非暴力。

福尔克，"9·11"事件已经向我们证明了这个世界的脆弱，对此我不是夸大其词，有关"9·11"事件的一切，就好像我在一个玻璃球里看到的一样。在之后，很快我就得出结论并写下：这是一次机会，但如果我们没有把它把握住，那就反而促成了更多的野蛮行为和人文精神的倒退。讲到这里，我真的不得不说，作为卡珊德拉①来说并不是一件快乐的事情，我一生中发生过几次类似的情况。我在2001年9月14日写道，如果我们以同等数量，甚至更多的暴力对这种暴力作出反应，就会引发暴力的螺旋式上升，我们将永远无法制止暴力的发生。

实际上，现在这些持照的政客会告诉你，这场战争会像冷战一样，无止境地持续下去。怎么可以说出这种话呢？作为一个人，我不管你是哪国人，美国人也好，哥伦比亚人也罢，又或是意大利人，怎么能说"这是一场永无止境的战争"？我们派一个人到月球，我们派探测器到火星去查看是否有水，却没有一个人停下来喊一句"停一下！这到底是怎么了？"。不，我们没有喊停，没有自我反省，因为登月属于人类的另一面，它是人类才智的体现，是人类丰富的想象力和对探索世界的渴望。而战争则展现了人性的核心，杀戮是必然存在的，要想生存和发展，人类必须识别出敌人，将其剥皮，撕成碎片。

"9·11"事件提供了重新思考一切的绝好机会，就像第一次世界大战后人们的自省。新的事件发生，世界有了新的变化，人们不能再以旧的方式思考，不能继续依靠旧的认知。如果必须有新想法，那就必须是一个大胆的想法，而且，这个想法必须不再充斥着偏见。而如今，这一堆堆愚蠢的胡说八道，只会让年轻人恼火，越来越失望，以至于感到绝望。

可怜的政治家，总是不得不重复同样的事情。他们没有时间思考，也不主动采取行动，甚至没有应对政策。现在哪里有什么想象力？哪里有什么卓越的人才？哪里能找出那么两三个杰出的人呢？如果有跟甘地一样的人存在的话，那他一定会问："我们能不能试着回到从前，回归以前的样子呢？"这是多么显而易见！

回到我们最开始犯错的地方，那时，所有人都认为："如果别人袭击了我们，我们也要反击回去！"当敌人出现时，唯一需要做的就是把他们

---

① 卡珊德拉：希腊、罗马神话中特洛伊的公主，阿波罗的祭司。因神蛇以舌为她洗耳或阿波罗的赐予而有预言能力，又因抗拒阿波罗，预言不被人相信。特洛伊战争后被阿伽门农俘虏，并遭克吕泰涅斯特拉杀害。

撕成碎片，就是复仇！报仇的决心支配着人们的行为，于是人们用暴力来解决暴力。现在，我们谈论的所谓"正义战争""人道主义战争""帮助他人的战争"，终归不都是战争吗？难道没有杀戮存在吗？没有战争是可以用另一场战争来终结的。

从这一点，我们便可以看出人类可怕的兽性。而另一方面，用一种不甚恰当的形容，是因为没有一种动物能表现得像人一般疯狂。当狮子攻击瞪羚时，它不是因为愤怒，而是因为它饿了，这是它的生存本能，而它往往也只捕杀一只猎物就足够了。

他笑了。

就是这样，不是吗？我们总说："啊，他们跟禽兽一样！"可事实呢？没有禽兽表现得像这样。鲨鱼饿了，要吃成千上万的小鱼来满足它的口腹，但它吃的并不是它的敌人，而仅仅是它的食物！

人是一种奇怪的物种，是地表上最具破坏力的生物，在这一点上连恐龙都不及。只有我们，只有这种具有良知的可怕的两足动物，才能走到如此荒谬的地步，而无法改变自己的现状。人类啊，真可怜，真痛苦！几千年下来，裹足不前。现如今，这个世界还是充满了暴力和私欲，一点儿进步都没有。精神层面而言，更是一成不变，和过去一个样子。人类怕死，怕一切，缺乏安全感而不自知，还总把上帝搬出来说事儿。

小猫在爸爸毯子的褶皱间卧着，一个劲儿地叫唤。

福尔克： 没事，没事。你就待在这儿，乖一些。

蒂齐亚诺： 不得不说，从这个意义上讲，也许在我心里始终存在着极度悲观的一面。想想看，人类历史以及人类在物质上取得的进步——寿命的延长、登月，但从精神角度来讲，确实没有取得任何进步，一丁点儿都没有。人类在进步，这根本就是一种幻想和错觉。唯一的希望就是，好在人类还会进化!青蛙曾经不是青蛙,蜥蜴以前也不是蜥蜴,它们是进化来的。猴子已经进化为人类。那么,为什么人不应该既从身体的角度,也从精神的角度,再次进化呢?

这才是我们从斯瑞·阿罗频多[①]开始的印度朋友们的希望:某些诱因,终究会促使人迈出这一步。就像人类从猿类进化而来一样,现在必须迈出另一步,并且是前进的一步。在我荒唐又疯狂的想法里,本以为"9·11"事件是人类走出这一步的一个重要的机会。

他笑了。

福尔克:真的吗?你真的认为那可能成为历史性的机遇?

蒂齐亚诺:没错,那是个好机会,我觉得,因为事件极其重大,而且激发了人们强烈的意识。每个人,霍滕托特人、因纽特人,全世界都见证了这起事件。这可不是哪个游客目睹喀拉喀托火山爆发,然后3年后给你说起这件事能造成的影响。我们难道不应该自问一句:"嘿,难道现在我们都疯了吗?"

而且,凭借当今人类手中所有的破坏手段,这已经不再是两者之间的决斗:谁输了战役,那么他的部落就成为赢者的奴隶。这是我们人类赖以生存的地球,是人性所在。因此,一方面,当我看到人类没有在精神上取得任何进步时,会感到非常悲观。但另一方面,我也拥有乐观的希望,正是因为这个世界正经历着如此戏剧性的转变,总会有人觉醒,一切总会有所转机。可能,一个新的先知将会诞生,他会在某处发声:"跟随我,扔掉所有的武器,让我们重新开始热爱我们的土地,热爱我们的友邻吧!"总会有迹象以某种方式为人们所见,即使目前仍然非常有限,而且被深深地困在系统当中。

但也不能说那不是一个很好的机会呀。第一次世界大战之后,第二次

[①] 斯瑞·阿罗频多:印度政治家、哲学家、瑜伽士、教育家、民族主义者、诗人。

世界大战爆发。我的天，你能想象它是怎样的吗，福尔克？第二次世界大战导致了数千万人死亡。千百万条生命在战争中丧生！如果把这些人排成行，能排多少啊。还有集中营，那最令人无法忍受的存在。第二次世界大战结束了，欧洲也随之被再度摧毁，尤其是在道德上的毁灭。那时候，人们当真发自内心地呼唤道："够了，再也不能这样下去！"

自那时起，西方开展了一些初衷良好的实验，尤其是伟大的和平运动。在欧洲，它拥有重要的根基，由此诞生了许多伟大的人物，例如阿尔贝特·施韦泽、伯特兰·罗素，以及其他许许多多的人，他们都将和平之路视为拯救欧洲、重新开始的唯一出路。

长期以来，这些论证都被人们认真采纳。因为存在大规模毁灭性武器的问题，伯特兰·罗素曾示威过，就连发明它的人都一律反对。这体现了那时候人们的良知。但让人不解的是，在过去的 10 到 20 年中，所有这些良知仿佛都消失了。原子弹已不再是值得讨论的问题。

福尔克：是的，现在大家都想拥有炸弹，因为它是抵制侵略的唯一保证。

蒂齐亚诺：谁说不是呢？可真正的唯一的那个保障是什么呢？是撇开这一切！

福尔克：不过不太现实。

蒂齐亚诺：为什么会不现实呢？

福尔克：历史上没有前车之鉴啊，不是吗？

蒂齐亚诺：不过甘地曾说："为什么要重复历史呢？为什么不开辟一段新的历史呢？"人类具有的巨大破坏力应该引起大家的思考。这不是什么发明火绳枪，或造出更长的剑的问题。

福尔克：我们还能够创造出新历史吗？新的想法从何而来？

蒂齐亚诺：今早我恰好在思考这个问题，并且重读了吉杜·克里希那穆提[①]的著作，我发现：知识是我们最大的局限。知识，本应当帮助我们成长与改变。但其实它就是局限本身，是一个陷阱，因为头脑受它所知道

---

① 吉杜·克里希那穆提：印度作家、演说家与思想传播者。

的一切限制，也无法越过它，继而习惯于此。就这一点，克里希那穆提提出了一个值得称赞的观点：从知识中解放自我。

只有摆脱知识，才能发现新东西，否则只能是不断重复。放眼世界，难道不是历史一遍又一遍的重复吗？"不要再重复了！"喊出来也没用，还有什么是新鲜的呢？这世界上所有的路都被走过了。

福尔克：如今，外界的刺激确实太多了，以至于脑袋一刻都不得歇息。从电视的噪声，到汽车、收音机，到电话铃响，再到前面经过的公共汽车上的广告标语。我们没办法静静地进行长时间的思考。只有很短暂的思考时间，因为干扰太过频繁。

蒂齐亚诺：对极了。思考时间和电视广告一样短，生活不再有片刻的宁静。

福尔克：当我在加尔各答工作时，特蕾莎修女给了我一张她所谓的"访问卡"，上面写着"沉默的果实就是祈祷"。从沉默开始。在她看来，沉默能引发祈祷，祈祷带来信仰，信仰生爱，爱促使行动。但整个过程的开始是沉默。如果有人问："怎么开始自我转变？"她给出了一个非常明确的答案：从沉默开始。

蒂齐亚诺：的确如此。沉默在所有宗教活动中都发挥了巨大作用。实际上，我不得不再重申一遍，我是一个失败的禅修者，但每天早晨那十分钟、半小时，有时甚至一小时的冥想，于我而言都是寂静的喜悦：让思想平静下来，以旁观者的角度，看着自己的思想奔流。

福尔克：最好放空，等着想法自己出现。因为一旦有了这么一个清晰的想法，就可以行动起来了。

蒂齐亚诺：行动，一个真正意义上的行动，这可以是深刻反思的结果。否则没有任何意义，只能是消遣。

至于印度，它本可以采取与所谓的"进程"不同的立场，坚持"我们不要炸弹"。哪些国家有"炸弹"呢？法国有，英国有，美国有，也许朝鲜也有，或许伊朗和以色列，包括巴基斯坦和印度也都想着制造炸弹。在苏联解体形成的国家中，即便现在每个国家都已经拥有这一技术，但只有俄罗斯有，其他国家没有。如果意大利也想有"炸弹"，马上就可以制造出来，但它选择不这样做，因为现在还有美国做它的保护伞。

福尔克：我真不知道这要怎么实现，因为根本无法摆脱现有的技术。虽然可以梦想着有一天，包括美国、俄罗斯在内的五六个大国会放弃核武器，但一些恐怖分子可能还是会试图掌握它。一项技术一旦被发明出来，怎么可能会被置之不理呢？就比如，如果给一个人看了一座桥，即使你把它挡住，也不能让他打消过河的念头。他看到了，知道怎么做的了，甚至可以自己造一座桥用来渡河。也许原子弹技术最终的结果只能是自我毁灭。

蒂齐亚诺：能不能所有人达成一致，不再使用呢？

福尔克：没用的，总会有人使用的。

蒂齐亚诺：那我们完蛋了。

福尔克：可能需要引爆一些，来让世人引以为戒。

蒂齐亚诺：天啊，广岛和长崎还不够吗？

福尔克：不够啊，不是吗？这教训还小着呢。

蒂齐亚诺：那可是 30 多万人的死亡。

福尔克：那段历史都快被忘光了。没人再思考这些。

蒂齐亚诺：那么，终究还是会爆炸的。还会爆发的。

爸爸喘不过气来，停了好一会儿。

还有另一种想法值得思考。正如那位隐居的老人曾说过的："这个文明值得被拯救吗？"

福尔克：啊，那位老人还提出了这个问题？有意思。

蒂齐亚诺：的确值得深思。这种文明究竟是什么？

福尔克：哪种文明？

蒂齐亚诺：我们的现代文明。

福尔克：对你来说是什么呢？

蒂齐亚诺：是一种情理，但由于经济，而变得越发疯狂。经济已经成为一切的标准，没有什么别的价值存在。为什么要不停地加大生产、增加浪费呢？人在世界上看待自己的方式有悖常理。人类失去了和宇宙的联系，视野仅仅局限于自己生活的小星球，眼中只有自己的小世界，看不到与大世界的关系。

"还值得被拯救吗？"这是一个很有趣的问题，也是关键所在。

福尔克：你觉得呢？

蒂齐亚诺：我不敢，不敢做出结论。这让我想到了《薄伽梵歌》：做你必须做的事，无论世界被救与否，你都无法掌控。

福尔克：我挺想知道你的答案，不过也许你并不想告诉我。

蒂齐亚诺：没什么不能聊的，慢慢来。

福尔克：我感觉你对于未来世界的看法是有所保留的。是这样吗？

蒂齐亚诺：的确。

一阵沉默。

从我给你讲的这些故事里，包括千岛群岛那些，你会感受到我对人类充满同情。我是打心眼儿里喜欢人类，不论是那有着中世纪鼻子、裹着块破布、骄傲的阿富汗人，还是顽强耐劳的东亚人，我是统统都热爱的。一想到有那么一种可能性，那就是人类可能将从地球表面消失，我便感到非常遗憾。这是我本性使然，可我依旧对人类这般的未来有很强的预感，文明的退化似乎是不可逆的。

福尔克：所以呢？用战争来解决吗？

蒂齐亚诺：呵，可不是吗。使用暴力，有时甚至不需要采取战争的形式。

福尔克：你觉得将来，人们会越来越多地使用暴力吗？

蒂齐亚诺：会越来越多。还有，旧式的国际体系也在崩溃——那是一个战争控制系统，在第二次世界大战后依然试图立足于世。你要知道，人类具有虐杀的本性，甚至连我自己也有。但我们也出于良心，制定了各种法典和公约，所有这些约束着我们的行动，让这个世界有条不紊地发展。

第二次世界大战后,规则逐渐地被建立起来,有些是合法的,有些不是。但现在,所有这些都消失或者即将消失。现在联合国也失败了,再不存在什么约定。那么谁来阻止,来收拾局面,谁把这头野兽钳制住呢?

福尔克:我留意到你说你喜欢人类,然后举例的时候说到了阿富汗人、亚洲人。但没提西方,像欧洲人啊,还有美国人。

蒂齐亚诺:是的,我越来越不喜欢他们。我喜欢的是人的原始性,是人与自然的关系,因为亲近自然的人才是真正的人。你想想所谓的城市文明,每个人都出生在空调房里,然后工作也是在封闭的、装着空调的屋子,在一个个"盒子"间穿梭,接受电视机的毒害,这能算得上是人吗?甚至有些人可能都不知道蚂蚁长什么样子。能在这样的人类身上寄予什么希望呢?

西方人已经陷入虚无。他们什么都不是,像一个需要别人劝诫着不要杀戮,要举止纯良的笨蛋。要是某天有人对他们说:"拿着这把枪,去杀十万人!"这群人、这群浑蛋,也当真做得出来,甚至还沾沾自喜。这是人吗?笑话!

福尔克:为什么他们会变成这个样子?

蒂齐亚诺:因为他们被剥夺了独立,被剥夺了思想。

福尔克:或许我要再多领悟一番其中的深意。从某种意义上来说,是的,的确如此,走在大街上的时候,人们给我感觉……轻飘飘的,好像没有厚度一样。

蒂齐亚诺:你看到的不是人类,是人体模特。

福尔克:唔。

蒂齐亚诺:所有人都穿得一样,都说相同的话,或者都站在某种事物的对立面,做着千篇一律的事情。

我笑了。

无论是共和党,还是民主党,都怀着歹毒的心思,只是多少的问题罢了。然后晚上，他们聚在酒吧。他们算不上是人。

福尔克：什么叫他们算不上是人呢？

蒂齐亚诺：他们根本没认清自己究竟是谁！只是把自己当成阿玛尼的衣服、帅气的摩托车。

福尔克：他们不会思考自己是谁、自己置身何处，以及为什么在那里吗？

蒂齐亚诺：他们连思考的机会都没有。我的朋友托马斯·斯特恩斯·艾略特[①]说得好哇："他们被分散的注意力分散着自己的注意力。"

福尔克：这样说来，这文明还值得保留下去吗？我很好奇，你与那位老人的交谈中都聊了些什么？人类究竟值不值得挽救呢？

爸爸呼吸急促，停了很久。

很不舒服吗？

蒂齐亚诺：福尔克，我有些难受。你等我半小时，或许十分钟就好。

福尔克：好的，好的。要是你愿意，也可以说些不这么费神的东西。

蒂齐亚诺：好了，我们休息五分钟吧。

福尔克：行。

爸爸放了首曲子，我起身离开。

蒂齐亚诺：别走啊，到这儿来。听听这首曲子。它的名字叫作《宁静的心灵》，是一个德国人和藏族长笛手一起演奏的。要是现在能睡一觉的话，应该挺不错的。

福尔克：现在？现在才 3 点！你困了吗？

蒂齐亚诺：挺想睡的。

[①] 托马斯·斯特恩斯·艾略特：英国诗人、评论家、剧作家，其作品对 20 世纪乃至今日的文学史影响极为深远。1948 年，60 岁的艾略特被授予诺贝尔文学奖。

福尔克：你睡觉的时候会做梦吗？

蒂齐亚诺：唔，也许吧。

福尔克：会想事情吗？

蒂齐亚诺：会。

福尔克：想些什么呢？

爸爸没回答。

・向上，向上！

蒂齐亚诺：你得明白我的诉说的根本思路，是找寻，在应该解决问题的革命、政治、科学等幻觉中找寻。为此人们咬紧牙关，奋笔疾书，试图改变他人的观点，继而意识到，这都是毫无用处的。

福尔克：什么？怎么能总结说这都是没用的呢？

蒂齐亚诺：当然可以。这世界并没有通过政治解决任何问题。起初，我非常相信知识，直到我意识到一个问题：社会的外部转变对个人的心理转变其实不起任何作用。革命、战争、杀戮、屠杀周而复始，暴力、恐惧、绝望、苦难都没有被消减。人类的内心世界并没有进步。我说过上千遍：想想看，从钻木取火开始，到千禧年，人类用知识取得了多么惊人的进步，但是人类有变得更好吗？并没有。

所以我才说，最后一个令我十分失望的国度恰恰就是印度。我去印度寻找答案，这实际上是源于外在的因素，因为印度拥有着非暴力这一伟大的财富。作为一名优秀的记者，一个国家的政治是我关注的重点，而我发现，印度的政治比其他国家都要糟糕。

一个像印度这样具有如此强大的道德力量的国家，老天啊，1949年的印度，资本多么雄厚！

你根本无法想象那时候印度的形象、甘地的形象。那个穿着破布、年迈的苦行僧，拄着他那根拐杖，爬上了英国伦敦的权力台阶。总之，他是一个标志性的人物！就连理发店里的杂志上都有他的身影。但他一死，砰！所有的一切就全都被推翻了，整个价值观念都被颠覆。他们开始想要造火车、工厂、钢铁厂，然后是原子弹。连印度也要造原子弹了！

甘地甚至说过，没有必要与纳粹主义作斗争，因为用武器与纳粹主义作斗争是无用的。如果人们以道德力量反对它，它就会自我消亡。福尔克，有人问甘地斋戒是否真的有用，因为与希特勒对抗只能靠战斗。他回答说有用。他不希望对希特勒发动战争，他说纳粹主义只是一个过渡，希特勒终将走向自灭，为了抵抗希特勒的暴力，致使数百万人死亡也是无济于事的，希特勒的自我毁灭本可以拯救他们。这想法多么大胆！我不能说他就是有道理的，也不能下断言这道理根本就站不住脚，但他的立场，确实有深远的意义。要是接受非暴力作为总的准则，则必须承担其后果，一直到最后，包括自杀。

他停顿了一下。

福尔克：是被太阳光晒到了吗？
蒂齐亚诺：不，是突然一阵胃疼。

所以我不禁自问："怎么会这样？我去印度不是为了发现这些的！"要是你瞧见他们宣布原子弹爆炸的那天，天哪，就跟阿波罗13号登月一样——那一天是印度的荣耀！

不错，如果印度想要的话，它有权拥有原子弹。要知道，中国有，巴基斯坦有，但印度这样一个道德上如此庄严的国家，本可以说："我们有造原子弹的实力，但我们不想要。因为这会毁灭一切，因为这与我们所信奉的非暴力原则相矛盾了。"不要危害他人，不要带来痛苦，不要造成损害。

这就是我看到的印度。我和你妈妈到印度的那天，在德里，我们看到遍地的广告牌，上面用英语写着"我回来啦！（I AM BACK！）"，为了庆祝可口可乐的回归,他们做了那么多的广告牌!我失望极了。还有那些军事上的荣耀,从英国人那儿学来的阅兵式,看出来了吗?英国人的傲慢自大,在他们这儿被遗留下来。

于是,我去找寻甘地留下的痕迹,我走访了他修行的地方,以及其他所到之处。途中,我遇到过令人称绝的老人,他们让人惊讶。那些瘦削的老人,背着口袋,和我一样,身着卡迪棉制成的破旧纺布。他们有着自己的信仰,但仅仅是几个人而已。

像所有年轻人一样,我满怀着改变世界的憧憬出发,想着能通过做些外在的有效的努力,使世界变得更好。比如改变政策、创造更多的工作机会、合理分配财富,并利用工程技术建造桥梁等等。到后来,你会意识到,解决方案根本就不在那里。

福尔克: 那在哪儿呢?

蒂齐亚诺: 我觉得我已经找到解决办法,那就是改善自己,从自我做起,认识到自身以外的事物都是枉然,从本身出发,这很可能成为伟大变革的奠基石,比如说:人类朝向更高层面的进化。

于是我开启了喜马拉雅的旅程。要什么革命,要什么政治?有什么用呢?

这时候就应该像所有过去的探寻者一样:向上,向上!不仅从象征意义上,从物理意义上也是如此,要往高处走,往上走。像登山,向上,向上,向上!这一路上,我很幸运地相识了一位斯瓦米①,他是修道会的领袖,还有就是隐居在喜马拉雅山的那位长者。

我找到了世外之地,在那里,我把心思放在了自己身上,终于有了片刻的时间,让我体验到那里蕴藏的光彩。

福尔克: 印度萨杜人的理想就是改变自己。他们相信,就算是在一个遥远的冰洞里的自我转变,也可以改变世界。他们也从某种意义上解释了

---

① 斯瓦米:又译为娑婆弥、沙瓦米、大师、尊者等,是印度教出家人的称呼,通常指苦行僧、瑜伽士。吠檀多派常用它作为印度教圣人的称谓。

这一神秘现象，即隐士拥有着特殊能力，能使他的思想不依靠外力也会变为现实。

蒂齐亚诺： 那也是表达希望的方式。

福尔克： 我曾经遇到一个苦行僧，他讲了一件有意思的事，尽管不知道那是不是真的，不过在我看来很是明智。他告诉我说，一般人脑袋里的各种思想，其中百分之九十八都是他已经想过的，思想也是会重叠的。我们不妨不要说话，不要急着去表达它们，尝试着彻底沉默，然后也许能在沉默中悟出那么一两个想法，而它们是全新的。

蒂齐亚诺： 很有道理，我们想的东西往往是相同的，而其他人也是如此。可要是停下来，尝试想想别的呢？

福尔克： 要做到这样，就要……

蒂齐亚诺： 自我抽离。

福尔克： 是的，自我抽离。

蒂齐亚诺： 你比我更了解印度，你很清楚，印度人把生命划分为四个阶段。第一个阶段，是年轻时候的求学之旅；第二个阶段，是学成后回报社会，也就是开始工作，或是成为一个好丈夫，或是做一个好父亲；第三阶段，是在完成家庭义务后，去森林里，也许仍然有妻子和几本书的陪伴；最后，如果可以实现的话，还有一个阶段，就是独自一人，去寻找神明的阶段。

福尔克： 好几次我都留意到，印度人在你身上看到的特质，是实际生活中的，是物质上的，是在这个世界上取得成功，具体体现为家庭美满、生活优渥、事业有成等等。

蒂齐亚诺： 你谈到了非常重要的一点，这也解释了我现在的超脱。而我认为，使之成为可能是因为我圆满地完成了人生的各个使命，而且时刻承担着一家之长这个角色所赋予我的责任。

不得不说，我是一个极其幸运的人。可以说，我的好运肯定超过了大多数人。因为我成功地扮演了自己的角色，也可以说"我在生活中取得了成功"。在婚姻和家庭生活方面，我和你妈妈在一起 47 年了，从来没有离开过彼此,也没有为了什么巴西舞者或马来西亚海盗之类的人放弃对方。尽管我没有告诉过你,但不代表我未曾面临过那些形形色色的诱惑,也正因如此,这种坚持才显得更加珍贵。我竭尽所能地完成了我的职业生涯,为世界上最重要的报社之一撰稿,我写过书,有一定的读者基础。所有这些,都让我能够与这个世界圆满地告别。我必须老实交代,要是家庭支离破碎,写出来的东西无人问津,工作得不到一点认可的话,我可能会对此生感到莫大遗憾。好在事实并非如此。

在这样的基础上,我到达了第三个阶段。我拥有两份宝贵的礼物,癌症和退休,两者同时到来。于是我彻底放下了这个世界,以一颗轻盈的心,放下了记者生涯,放下了友谊,乃至放下了整个社会。而后我和一位斯瓦米大师住在一起,他不仅教会我梵文,还教授我印度哲学的意义。我在《旋转木马又一圈》中已经写过一些关于它的内容,但我们现在还是可以多聊聊的。当你开始读《薄伽梵歌》第三章或第九章时,当你开始意识到自己不需要任何东西时……那时,我边吃着食槽里的米糊,边唱着第15章里的:"我是燃烧胃中食物的火……"啊,那时候,我已经不再是我了!

我乐在其中,不断学习,尽管我忠于这位大师,但我依然觉得自己无法成为他的信徒。有些人早晨通过触碰他的脚来补充能量。我可做不到!我是个地地道道的佛罗伦萨人。我一直在路途中张望、徘徊。我既无法回头,又好像应该多迈出一步,可如何也做不到径直走到另一边,告诉彼岸的人说:"我来了,我是你们中的一员。"

但是,与斯瓦米的相遇深深震撼了我,不仅仅是他的仪表、他的装扮、他的民族感。我一直以来都是一个和时间赛跑的人,因为作为一名记者,我总是要面临截稿期限。有一天,我在他那间大接待室里待了几个小时,只为观察他。来找他的有女人,有银行职员或管理人员,大家都来触摸他的脚,问他如何处理在学校表现不好的孩子,或者向他倾诉,告诉他自己对死亡的恐惧。"斯瓦米老师,斯瓦米老师,人会如何死去呢?死亡那头儿是什么呢？"而他，始终保持着高度的耐心，他对每个人都面带微笑，轻言细语，为其解惑，最后赠予他们一粒葡萄。这一切都是如此轻松自在，让我从中领悟到许多。

轮到我的时候，他向我走来，十分友好地向我示意，要我去他的小房间。

"恕我冒昧，斯瓦米，"我对他说道，"你到底怎么做到把自己大把的时间都投入所有这些人身上的呢？"

他定住，看了看我，随后发出了爽朗的笑声。

"我不再需要时间了，我的时间就是别人的时间。我已经实现了想要实现的目标，我解脱了。时间对我来说，已经没有价值了。"

他说出的这句话着实把我震惊到了，如同天崩地裂，那一瞬间，我想到了我们在赛巴巴神庙遇见的戴着橙色花项链的那个路人，他也知道些不为他人所知的事情。

我在那里住了三个月，其间，我从没谈论过我的过去，也从未说过我曾经是谁，做过什么。因为身份，无论你希望拥有什么样的身份，无论是生理上、心理上，或者仅仅是曾经拥有的名字，都是限制，限定了你未来发展的一切可能。假如你是一个邮局局长，即使你退休了，在火车上和旁人聊天。"那您……""啊，我曾经是邮局局长！"然后会发生什么？哈，哈，哈！车厢应该布满了笑声。这时候另一个人说道："您不知道我是谁吧，我曾经是名上校。"哈，哈，哈！

然后，慢慢地，你也就累了，远离尘世，就此成为阿南——也就是一个无名氏罢了。不再拥有名字，这是多么大的领悟啊！如此一来，"阿南"就好像淤泥中生出的莲花，不是吗？其余的全都不要了，统统撇开！我不再是那个蒂齐亚诺·泰尔扎尼，再也不是了。

福尔克：那爸爸，你是谁呢？

爸爸笑了。

蒂齐亚诺：我的生命也有自己创造的成分，对吧？我或许有过上千种身份，有些是真实的，有些是潜藏的，包括演员、凶手、拐卖者，或许还有奸夫，和其他身份一样，这些都曾是"我"。我在不同时期，身份千变万化。生命的轮回不停地更替，就如同看望远镜的聚焦，由一个生命转到另一个生命。天啊，我扮演过多少角色？到最后，这些不同的身份使人窒息，直到有一天，我忍不住大声决定："现在，我要把这一世的身份，啪！全部扔掉不要。"最后，我就是阿南，一个没有名字、没有历史、没有过去的人。对于布谷鸟来说，我只不过是一堆肉体，它根本不在乎。这倒不是说布谷鸟冷漠，对我漠不关心。相反，说不定，它还会为我歌唱。

你问我，我是谁。那么让我告诉你，首先，我有很多个面具，亦真亦假，因为它会随着时间的变化而变化。说到这里，我要告诉你一个所有圣贤都懂的道理——永恒并不存在。没有什么是永恒的，没什么亘古不变。你指望什么是永恒的呢？人怎么会有如此的想法呢？

福尔克：现在，你不想再戴着面具了吗？

蒂齐亚诺：不，一点儿都不想。而这赋予了我极大自由，我感觉无比自在、处变不惊。因为我已经不再是这面具，也不属于这身体了，我脱离了我的记忆，什么都不是。我是比这更大，同时也更渺小的存在，这是一种更加特别的存在，但总之，它与一切都不相像。也正因为我不再是任何具象的存在，才得以有能力认为自己就是一切。

我笑了。

福尔克：如果有颗药让你再活个十年，你会不会想继续升华到第四阶段，也就是印度人所说的，像一个苦行僧、一个游乞者一样，当真抛下一切？

蒂齐亚诺：并不会，这不是我。我永远是个途中之人，是个旅客。我不可能成为他们那种，我无法决绝地走到尽头，顿悟之后，消逝在山里。因为我并不是一个悟道者。

福尔克：但为什么不试试呢？不过，他们说过，一万个人尝试，也许只有一个能达到那个境界。但是，达到的那个人可以找到对他人也有帮助的东西。所以说这尝试也是为了他人。

蒂齐亚诺：的确是这样。可那不像我。我写过书，但永远不可能成为先知、宗师，我不是那块料。我是蒙蒂切利出来的，一个简简单单的人。这也许会让你讶异，因为你把我视为父亲，一生竭尽所能地庇护着你，在你心目中，我是那个留着小胡子、效率特别高、相机不离身、不停在出差的父亲。可事实上，我是一个很普通的人。我既不是非常聪明，也不是非常有知识。此外，我也不是一个领导者。我是一个注重隐私、厌恶出名的人……就像查理·卓别林一样，他碰巧看见有红旗从卡车上掉下来，于是追着卡车跑，为的是把红旗送回去，而人们却追赶着他。我要是也可以带领人民群众，那这大概是唯一的可能性。因为这不是我的角色，从来都不是。

我只是个佛罗伦萨人，乐于寻找与众不同的事物，到处收集一点零星的生活经验，累积成丰富的经历。

福尔克：有一个问题，我问过你好多遍，但我还是想再问你一次，因为这关系到我自己最关心的一件事。

印度，一个备受尊重的文化之国，你自己也说过，你去那里，是因为印度是一个让人领悟死亡的国度。印度人笃信通过自我毁灭，人可以达到他们所说的"豁然开朗"。

你觉得，这所谓的"豁然开朗"究竟指什么呢？

爸爸笑了。

别笑啊，我真的很好奇。这说的是什么呢？这是要表明什么呢？被什么所启发？还是顿悟了什么？到底是什么啊？

蒂齐亚诺：不过是错觉罢了。

他抿了一口茶。

让你心中拥有某种纪律的天秤，给予你希望。

福尔克：就这样？

蒂齐亚诺：你遇到过多少顿悟的人？我是一个都没见到过。或许有人曾经顿悟过，或许有人顿悟到了一半，或者四分之一……也许吧。但这又意味着什么呢？最重要的，是那出于对世界另一面的渴望而踏上的旅程。

曾经，有一个可怜的僧侣，叫什么来着，他用了一辈子在等待。"哪怕它只降临在我身上一次也好！然而，它却降临在他人头上，还是一个在高速公路上开着车的人。"

福尔克：不，爸爸，这种巨大的、电击般一闪而过的灵光很多人都有过，这毫无疑问。那一刻，你以为自己看透了一切，就在那短短的一刻，甚至也就几分钟，我们都熟悉那种感受，不是吗？我自己也遇到过，当时，我带着相机采访那个藏族喇嘛。一瞬间，仿佛周围的整个世界都变成了一个梦，我第一次透过它看到了现实，那是一片茫茫白光……我眼中闪着泪水离开，充满了喜悦之情。

蒂齐亚诺：灵光一闪。

福尔克：对，灵光一闪。

蒂齐亚诺：我俩都经历过。

福尔克：但在你看来，有没有一种方式，可以使你的灵魂、心智，或者说整体达到那种状态……

蒂齐亚诺：你是说抽烟？

福尔克：不是！有没有这么一个境界，是超越了你现在所在的境界？或者说，还可以通过什么其他的方式，到达另一番境地呢？

蒂齐亚诺：我觉得不会有。

他停顿了一下。

而且，如果我还有什么要期待的话，那么就会否定我自己曾经所做的一切。因为那是一种执念。说实话，对我来说，我所有的发现已经很多很多了。谁能料到，诊断出癌症、治疗也没有多大希望后，我还能笑得如此开心？这对我来说还不够吗？我还妄想什么呢？还想怎么样呢？让他们在广场上为我树座纪念碑吗？

福尔克：不是的，肯定不是说那个，要是还有可以追求的东西，那肯定是内在的。

我又想了想。

可我也说不清。也许你是对的，如果一个人都能够坦然地接受死亡，那他还有什么欲望呢？有什么是比接受自己的死亡更深刻的思考呢？

蒂齐亚诺：还要更完满的是恶与善，是生与死的融合。因为如果你不仅用头脑理解了这个道理，而且真正地与其融为一体，凭直觉和内心感受到了宇宙的精髓。要是你领悟了实质上没有区别，你就可以感受到：阿修罗就像是天神，恶魔同时也是神，它们看起来是在搏斗，但说到底，它们是同一回事。

福尔克：这大概就是不同境界的理解，对吗？

蒂齐亚诺：肯定的。你遇到的那个喇嘛，肯定已经达到了更高的境界。但是对我而言，我无法奢望更高的境地。但我可以向你保证，我已经圆满了。

福尔克：没有缺憾，对吗？

蒂齐亚诺：没有了。我知足了，人生圆满了。

福尔克：所以说，这个世界已经不再对你产生影响了吗？不过有时候你还是会生气，比如我没把收音机放回原处，或者小猫叫唤的时候。这是怎么回事呢？

蒂齐亚诺：这是蒂齐亚诺·泰尔扎尼的老毛病了，他仍然想着可以修正这个世界，使之变得更好。但是，只要你稍微客观思考一下，就会意识到这是不可能的。福尔克，这是不可能的。 看看这近100年的历史。必须提醒自己，你不再是你的身体，不再是你的身份，不再是你的书本，而是与这些都毫不相干的另一种事物的一部分，也许有一天，这会帮助人类找到一条出路。

福尔克：我想知道，领悟本身是否真的可以让我们真实地看待世界，并认为即使世界是这样，但也是完美的。

蒂齐亚诺：不错，不错，你这个问题很好，说得很对。

福尔克：也就是说，这个世界并不需要改变。无论是人性的丧失，还是伊拉克的残酷，又或是淋浴的水太烫，一切都本应如此。

蒂齐亚诺：你的这一定义令我震惊。也许这么看是对的，你这个观点非常了不起，因为或许就是这样。因为即便是我，仍然还期待着更好，期待有更高尚的人类诞生——我依然抱有这样的憧憬。那么，这就产生了更骇人的东西，那就是改变他者。而你说得对，要懂得这个世界本身就是完美的，它并不应该改变或被改变。

这是一个要去深思的观点。

很长的沉默。

福尔克：你真的不觉得自己有还未达成的心愿吗？

爸爸摇了摇头。

蒂齐亚诺：这恰恰是我的感受，怎么说呢，也许有点高傲吧。但我的的确确什么都不在乎了。你瞧，我看报纸是为了找个伴儿，分散注意力，以缓解病痛，但这报纸上的东西，我30年前就都看过了，都是老生常谈。

福尔克：你现在所做的，都是为了使自我抽离吗？是你说的那个想法吗？摆脱一切？

蒂齐亚诺：是的，一切都不要了！你看，我根本不想见人。还有什么能引起我的兴趣呢？你说说看，我接见R先生，听他谈天说地，这么做的话，能再给我三个星期的生命吗？我这样做，是因为这是我离开之前的最后的职责，对吗？我想见 Q，想见 N 吗？不，我谁都不想见。我眼前是一片广阔的和平海洋，飞行员已准备就绪。而我还在岸边钓鱼吗？肯定不了，我不干了，一切都结束了！

　　福尔克，接下来我要说的话，可能近乎残酷。想想看，你自己有一个儿子，也就是我的孙子，他聪明伶俐，以我的名字命名。萨斯奇娅也刚刚给我带来了一个外孙。我喜欢这种传承，但这并不是我重视的事情。因为如果我真的对传宗接代充满热忱，并因此感到幸福，获得对人生美好的向往，那现在的我应该将全部注意力灌注在你儿子的身上，譬如希望他能上一所好大学，将来迎娶一位体面的女孩儿，获得一份使他开心的工作。老天爷，这人生又从头开始了，不是吗？这样下去，我岂不是还会心系我孙子的儿子，念叨着"我的曾孙……"，还要操心他的学业，不是吗？

　　而这一切，都已经不在我的视野之中了。

　　福尔克：你准备好了吗？

　　蒂齐亚诺：我明天走掉都可以。

　　福尔克：真的准备好了？

　　蒂齐亚诺：对，准备好了，早准备好了。真的，福尔克，相信我。

　　福尔克：你差不多和这个世界已经切断一切联系了，对吗？

　　蒂齐亚诺：断了，断了，了无牵挂。我相信你妈妈也准备好了。我们已经聊过这一刻的到来，有那么些日子，我们聊着聊着，彼此很是感动，她太了解我，她这一辈子都和我站在一起，对我十分包容和慷慨。到了最后，她也懂我要离去的心情。反正这一切都会重复发生，而且恶性循环，因为我的身体已经完全改变了。

　　福尔克：所以你的一生中，最后一件新鲜事就是遇到喜马拉雅山上的那位老人吗？

　　蒂齐亚诺：是的，是这样。舍弃掉一切，我渐行渐远。从物质世界的平原出发，一直到心灵净土的山巅，在那儿，我隐居在一个小木屋里，没有水电，也没有电话，完全与世界隔绝。我对此感到非常满意。

　　瞧啊，福尔克，发生的事情也好，说出的话语也好，有时候，你即便听到,也不代表你真的听进去了。但在另一种情形下,同样的话语也许就可以改变你的生活。我在这里想说一件关于雕像的事。我是个佛罗伦萨人,出生于蒙蒂切利,每天乘有轨电车去圣弗雷迪亚诺门,然后步行去世界上最美丽的地方之一——皮蒂宫上学。就是在那里的游廊,我念了高中。能想象吗?拥挤的桌椅,追逐女孩子,学生们根本无暇顾及那些雕像。后来,有一天,地上掉了个东西,你碰巧捡起,然后抬起头,猛然看到了圣特里尼塔大桥拱门上的雕像,那是一张山羊的脸。从此,它深深地印在了你的脑海里。这样的触动甚至胜过千言万语。你在20岁、30岁、50岁时,你都会不断听到人说"可这……",你根本听不进去,左耳进右耳出。不过,就像那备受尊敬和热爱的印度人说的那样:"当学生准备好,老师也就出现了。"

在千禧年的元旦,当我到达那座山岭时,已然变了个人,我已经进入某种精神的境界。当那位老人张嘴开始说"真理是一片无路的土地……"时,如果我是在两三年前听他这样说,八成会说:"什么玩意儿,还无路可走呢!"我一定会想见识见识,这座山究竟有多高。

他的语调变得阴沉。

不,我准备好了。正因此,我才必须说,你知道的,最初的几个月很是神奇,福尔克啊,简直如同魔法一般!那会儿下着大雪,积雪很厚,大家都被困住。

我当时住在一座很简陋的小屋子里,屋子里也很冷,每天早上三四点钟起床,然后像他一样冥想。福尔克,那儿有种特殊的氛围。

福尔克:就好像有什么事情就要发生,是吗?

蒂齐亚诺:就是那样。那个老人非常了不起。他积极、慷慨,也相信自己终于找到了难得的学生。

那是魔法,福尔克,太神奇了。我对那些夜晚,对外面的积雪的寂静,对同老人交流的热情,以及对因果的认知记忆犹新……偶尔我也会提问，他会就着我的问题，在晚上冥想三个钟头。第二天晚上，我再去见他，他会道出让人难以置信的反思。那对我来说真的是莫大的帮助，我非常感谢他。我认为，这是对于我，也是对于我俩来说，整个聊天过程中最重要的一环。

蒂齐亚诺： 还有，喜马拉雅山脉的特质与老人也很相似，他们都代表了自然本身。老人的言谈意义深远，让我受益匪浅。对我来说，其中最美好的，就是黎明时爬上山脊的体验。在喜马拉雅山脉的山脊上，在群山之巅，我享受着真正活着的感觉，感受自己的体肤被风穿过。回想起来，这让我感受到了生命的伟大，还有无与伦比的宽广。

因为我并非知识分子，对于文化和知识，尽管我理解，尽管我感兴趣，但我终究只是具肉体凡身。而这些山脉，这连绵的山脉啊，福尔克！一天早晨，我被山脊上的一只甲虫打动，那一刻，我产生了一种强烈的共鸣。那并不是一头大象，只是一只小小的甲虫。我跟着它，看它来回走动，然后爬到草叶顶端，张开它那柔软而透明的小翅膀，一下子飞了出去。不是飞向另一片草丛，而是朝着一望无垠的天空飞去！山下是几百米的悬崖，而那小东西，闪闪发亮，扑腾着翅膀，朝山巅飞去。就是那一刻，福尔克，相信我，我感到自己的生命和它们是一体的。

只要轻轻跳起，你就感到自己就是那风，是那只小甲虫。而这具肉身，简而言之，你赖以存活的这副皮囊，也感到很舒适，感到准备就绪。再也没什么好怕的了。我毫不在乎，对癌症也是如此。虽然我被它击垮，但身边留下的，这些雪松树，几百年来，它们一直在恶劣的天气下生存，而我就坐在它们的树脚下。它们的树液、我的血液、我的呼吸都归为一体，交融在一起，我变成了其中的一部分。要是你体验到哪怕一刻这样的感受，那么，回去当什么记者，和 R 先生共进晚餐，又有什么要紧的呢？

那天晚上，我出神地躺在床上。仿佛我就是如此一具肉身，其他什么也不是。我不是知识分子，不是建设者，不是先知，我是一个在生命的尽头享受着这副身躯的人。在那之后，我又产生了某种奇特的感觉，那时，我感到自己已然超越了物质。当然，我要首先感谢那位老人，因为他，我才能感受到这更宏伟的生命感受。与天地万物融为一体，这于我是极大的安慰。

怎么还不把我带走，还不让我解脱呢？

他累了。

然后，当然还有本身的因素……这一点也是需要考虑的，知道吗，当你患有这些可怕的病痛时，在胃、腹部和其他的部位，身体对你的需求很大，需要你全部的注意力。可是如果有那么一刻能幸运地分散你的注意力，靠药物也好，其他也好，就能感到自己如他人一样。我，真的不是在骗你，也不能骗你，我真的很好。我想笑着离开。要是连这都变得困难，变得不可能的话，我们就讲个短一点的笑话，笑一声，然后离你而去。

这种感觉在我身上很是强烈，这是与喜马拉雅的那位老者相处三年后的成果。也不能说这种成果与三年或三个星期的时间有关，一切都是机缘巧合。他有时候也很残酷，甚至不需要如此。要是有人摧毁了蒂齐亚诺·泰尔扎尼的话，那就只能是他了。

他说："如果哪一天我能打破你那又硬又臭的自我，那恶臭能直冲云霄了！"

福尔克：妈妈告诉过我，有一回，她看到你们沿着一条羊肠小道出发，向丛林走去。两个上了年纪的人并排走着，你身形高大，他矮小一些，也更年迈一些，但看起来，你们两个随时都会打起来。

爸爸笑了。

蒂齐亚诺：那很有意思，老人曾说："你要抛弃一切，放下你认知的一切，放掉，舍弃，丢掉。不要害怕一无所有，因为最终，'空'正是你的支柱。"

福尔克：也就是说，支撑着我们的是……？

蒂齐亚诺：支撑我们的，并不是我们心心念念、握住不放的那些玩意儿。谁能拥有所有这些东西呢？谁能掌控一切？谁能让这个世界永恒？温度只要升高几度，冰川就会融化，一切都将结束。是谁使得鸟儿歌唱？宇宙存在，自有它的道理，如果有那么一瞬间，感到对其的归属感，那么其他一切都不再重要。那就是我们开始的地方。

在那里度过的第一周时光非常奇特。我像一只手套，被翻来转去。在我面前出现的一切都笼罩着另一种光晕。一切开始有了另一层意义。而且我还要告诉你——哎呀，我咬到舌头了，我也有过同你类似的经历，就是你遇到那位藏族人的小插曲。那发生在一个夜晚，在一次冥想的时候，就那么一瞬间，我感觉到了超越，感受到一些新的东西。而在此之前……

沉默。

这感受可能只是一滴小水滴，如今却犹如大海。

■ 插曲

爸爸已经没法散步了，但我知道他想去山上看看。山上有块漂亮的草坪，小的时候，他常带我们上去，现在的话，开车过去更方便。起初他不愿意，再后来，他很开心地接受了这个提议。最后的几步，我们沿着由青苔覆盖的旧石头衬砌的小径，徒步走了上去。山顶上空，灰黑色云团迅速地移动，盘绕在蓝天之上。爸爸坐在草地中间，双腿交叉，我找了个借口，说要去冷杉林里瞧瞧，让他一个人待一会儿。当我回来时，看到他依然保持着同样的姿势，一动不动，任凭风吹拂在他的脸上，凝神看着这一切。我帮他站起身，但在离开之前，他弯下腰，拔了根长长的草叶，在顶部打个结，做成了一个草环。

蒂齐亚诺：福尔克，你能在这儿真是太好了。我真的非常感谢你今天带我来这里，我送你这份礼物。你瞧啊，生命就是个循环。想想看，以前都是我带着你上山。还记得我们晚上住在帐篷里，天气很冷的时候，就生个火，然后用小锅煮些东西吃。"福尔克，醒醒，我们要去看日出啦！"明白吗？你也存在于这些小事里。现在，由你带着我上山来了。然后我教你做环，抓蜥蜴，这样等到今年夏天，你就可以教你儿子玩这个了。多好啊。

回到家后，爸爸已经没力气再像往常一样和我聊两句了。我也觉得我几乎无话可问。不过，我想起来一件事，那时，看着他观察那些乌云，我有些不解。

福尔克：爸爸，你看着这个世界的时候，看到了什么呢？
蒂齐亚诺：我得想想，再告诉你。

· 致年轻人

我们坐在枫树下的扶手椅上。天气晴朗，可以听到两只鸭子"呱、呱、呱"叫唤着，走到花园里，小心翼翼地踱步四周。猫咪常常满场追逐着小鸭子跑，以展示自己的力量，但它们总是会再回来，回到我们身边。

福尔克：那么，你来开头吗？

蒂齐亚诺：不！否则我立刻就走！

我笑了。

福尔克：你去哪儿呢？

我一直想找一位老人问问：在这么长的生命即将结束的时候，如此漫长的人生里，我们究竟懂得了什么呢？

蒂齐亚诺：亲爱的福尔克，我等这个问题，等了好长时间，因为年轻人通常都会向老年人反问："那你呢，你到底教导些什么呢？"多年前，我敷衍地给你传授了一个经验，那是我在对付红色高棉时学来的，我告诉你说："要是有人用枪指着你的脸，你就笑！对我而言，这救了我一命，如果你还记得，它还帮我们在寻找山下的宝藏时，摆脱了困境。"

就你的这个问题，开开玩笑也就过去了。但说到底，回答这个问题很是困难。

甘地说过："我的生命，就是我要传达的信息。"有多少人可以这样说？很少。我是绝对不敢这么说的。说这样的话，会让我不寒而栗，但以我自己的方式，我也对自己的人生意义有一个愿景。

如果你问我，最后我在这世上留下了什么，我留下的会是一本书，一本也许可以帮助人们更好地看待世界、享受生活，并拥有更为广阔的视野的书。我还想留下一些回忆，留给亲密的人，像是你，还有萨斯奇娅。我一直不是一个会训斥孩子，或是带自己的孩子去泳池，去踢足球的父亲。从不，那不是我。对我来说，父亲的角色就是播种回忆，撒下经验、气味、美好的景象以及量度的种子，这将对你们的人生有所帮助。我之所以带你们四处走动、游览，也是基于这个目的。除了成为一个美好记忆的播种者，我从未想过别的。

福尔克：那我们呢，从我们这儿，你又期待过什么？

蒂齐亚诺：作为一个父亲，可能会对孩子寄予厚望。但是，自由是必需的。你知道吗，我一直都提醒自己这么一件重要的事情：尽管我现在甚至无法呼吸，无法顺利说出自己的名字，但是，曾经的我一定带给过你们阴影。我的天，我身高 1 米 86，什么事情都冲在最前面，总是身着白色的上衣，待人友善，遇事机警，喜开玩笑，这一切都让你退缩了，我的存在给你带来了困扰，对吗？

但是很快，我就得出了一个很好的结论。担心这些有什么用呢？有的是精神分析和心理辩证的时间去治愈。如果我是一个没胆量的父亲，整天担惊受怕，一事无成，那你长大后，肯定会责备我说："你就是个懦夫。什么都没教会我，你绝对不是我的榜样！"而如果像我本身那样，是一个坚强而且强硬的父亲，你也同样会说："天哪，他太让我压抑了！"

事实是，我是我，你是你，你要去过自己的生活。你有个很烦人的父亲吗？好吧，那你自己处理！不过你确实也办到了，哈，你给我制造的麻烦……

我永远不会忘记我在中国买了条最漂亮的地毯，那在西藏购买的黄色的地毯，我特别爱它。我把它洗干净，再晾干。后来有一次，我因为你做错了些事骂了你一顿，五分钟后，我就看到你拿着那条地毯，拖在地上，在家里走了个遍，然后把它从窗子扔了出去！

他笑了。

福尔克：每个人都会学着用自己的方式反击。

蒂齐亚诺：如果你想问一个父亲，特别是你面前的这位父亲，对你或萨斯奇娅有着什么样的期盼的话，我相信今天我能够真诚地回答，对于你们，我并没有具体的人生期盼。不是说我有一个律师事务所，于是希望你们学习法律，然后成为一名律师，或者说因为我自己是一名医生，就要培养另一名医生出来，好接手我的诊所。你可能有一种印象，就是有时候我希望你能成为一名记者，但事实并非如此。一个人不是天生就要成为记者、工程师或电车司机。所有这些事情，都是为了或多或少地能够愉快地生活才做的。比如我，就总是很快活。

如果说，你问我的是，我希望你们成为什么样的人，我可以很简单地告诉你：我希望你成为一个自由的人。这对我来说真的非常重要，并且，我有一个奇怪而蹩脚的标准来对其进行判定。这甚至有点儿，怎么说呢，大男子主义了，我想着你是个男孩子，是我的儿子，我认为你可以成为一个真正自由的人，但你很可能体会不到幸福，因为自由和幸福往往并不是共存的。而对于萨斯奇娅，她在许多方面都与我非常相似，认真于自己的职责。我希望她快乐，因为她知道自己永远不会自由。因为一个女人结婚，有了孩子，就不可能像我以前那样、像你现在这样自由地生活了。这是我对你们唯一的期待。而且我得说，我付出一切让你们学习的东西，有些甚至是没用的，它们都不是为了让你们找一份工作，而是要更真切地教诲你们。

令我感到不安的，是我们这个时代扭曲的一个迹象：在萨斯奇娅的毕业典礼上，教堂礼仪仪式之后，在阳光明媚的午后，美丽的草坪上，她的剑桥大学的同学中，没有一个人想当老师，没有一个人想去教授文学或历史，没有一个人想去廷巴克图教授英语。他们全都想挤进金融行业。而这让我瞠目结舌。哦！福尔克，想想看，在我30年前读书的时候，我们这一代人，没有一个人想去银行工作。我们中有些人被迫去了奥利维蒂，因为缺钱。但是在历史悠久、引人入胜的大学里学习伟大的文化知识，最后只是为了操控计算机，为了管理一些钱，这样的想法对我来说是对文化的亵渎。

我以为过上好日子，不等同于早上去办公室，打开电脑，跟随屏幕上移动的一个点：那是一艘满载汞的货轮，本来是要前往朝鲜，但由于在出售途中，布基纳法索愿出双倍的价格，于是我们出售给了后者。那是什么生活，那叫生活吗？而这一现象，还可以解释当今年轻人感受到的强烈的挫败，因为全世界最聪明的人，现在就在这样过活。

福尔克：你是说，他们的眼里只有赚钱？

蒂齐亚诺：而且，还有他们赚钱的方式。要是一个人潜心钻研多年，发现了所罗门的宝藏，或者找到一艘沉没的大船，他潜水几十次，终于得到了它，那么，这也是他应得的财富，其中富有冒险的精神。但是，今天的年轻人却是待在金融公司的电脑前，在闪烁的屏幕上发掘财富。

福尔克：我记得我的一个朋友贾科莫，他很擅长憋气，在他毕业的时候，大家都建议他去海里找寻那些古老的西班牙帆船。

蒂齐亚诺：你还有另一个同学，他妈妈希望他在米兰做一名律师，而我告诉他："律师谁都能当，去学阿拉伯语吧！"因为我觉得在中东地区，尚有一些新的事物值得研究。如果我还年轻，我也会去实现的。

福尔克，你必须承认，我再次成了一名预言家。那时，有谁谈论中东地区？而他去了开罗，学习了阿拉伯语，如今则成为一名外交官。是这样的，你决定了某一步，就会一步接着一步往前走。关键在于你的第一步，就迈出了正确的步伐，良好的开端至关重要。

我想让你接触事物的多样性。那个，我不知道你是否还记得你毕业时，我送你的礼物。我带你去了吴哥，在那里待了一个星期，看着那些在丛林中若隐若现的神庙，因为我希望，某种人类的崇高感能进入你心里。我做你的向导，雇用了一名柬埔寨的护卫。你为葡萄藤中伫立的佛像画了两幅精美的水彩。那天晚上，当我们回到酒店后，我记得我们谈论着如今深陷困境的年轻人，他们无所适从，无事可做，而我对你说："不好意思，要是有一个人像你一样会画画，如果他愿意，完全可以花点时间，脱离原来的世界，来吴哥窟学习水彩。他可以粉刷寺庙，还可以把水彩画卖给游客。工作不就找到了吗？"

你要自己去发现！

要是你订的是那种三日游的旅程，让导游领着，今天领你看看磅同，明天再瞧瞧飞天女神庙，后天转转吴哥窟，你拍拍照片、视频，然后收拾收拾，走人回家，这样的旅行不会对你产生任何影响。外面的世界是给想要去探寻的人开放的，而不是参加什么旅行社。

在柬埔寨，我还带你去见了"无国界医生"组织，组织里有像你一样的年轻人，他们没有坐在办公室的电脑前，忙着操纵股票，而是带着手术刀，前往乡下，留下一份为他们人生所受用的经验。想想看，他们为了帮助他人，冒死成为战场上的外科医生！对我来说，这是作为一名年轻人最理想的生活状态。但这并不是说，我希望你也成为一名无国界的医生，我只想让你看到，人生也存在这样的可能性。

这么多年轻人感到绝望，是因为他们不去观察。明明有很多事情可以做，需要做！也有很多人确实付诸行动——全世界有那么多的志愿者。总之，一个人不能放弃他的理想。

福尔克：人们做出一个选择，常常因为他们并不知道还有其他的选项。他们需要榜样，去指引他们。而对我来说，最大的启发大概就是在加尔各答的经历，当时我给特蕾莎修女打下手。

蒂齐亚诺：她是一个创造奇迹的英雄，指引许多西方的年轻人，让他们摆脱了日常的平庸，而且她的出现，使得这些年轻人在一个特定时期改变了自己的生活方式。这就是奇迹。你还记得吗？许多旅客到印度，深入拉贾斯坦邦，在帐篷里骑着骆驼……但是，他们最终都会到加尔各答去。有人因为志向，有人则因为好奇，因为所有人都在说她是一名圣人。而她会看着他们，然后问："你能贡献点什么呢？"他们先是束手无策，之后开始找些有用的事做起来。

而对于前来问我"我呢，我该做些什么？"的年轻人，我都会回答："去观察，去探索。这个世界上，依旧充满了值得探索的事物。"我在越南、柬埔寨、中国所见到的世界可能已经不复存在，但是还有另一个世界，对那些想要发现它的人敞开着。问问你那位去了巴布亚新几内亚群岛的人类学家朋友，他会给你讲述数不尽的故事。又或者是非洲，有谁真的了解那里呢？

前几天，有个年轻的医生试图在我的肚子打洞。他说，他已经去应征五渔村医院的助理医生的职位，如果他表现不错，那么主治医生就会聘用他。我对此感到悲哀。那样的一个年轻人，为什么不带上公文包，去刚果待上两三年，给那里的人治疗腿伤呢？他可以在那儿不断地学习！而到时候，他学到的不仅仅是技术，那里的生活也会教给他别的东西。

福尔克：一定要去那么远的地方吗？我们周遭也会有机会的，不是吗？我想，这取决于自己的态度。

蒂齐亚诺：唔，不过这种态度在不同的环境里会发生变化。如果你在刚果的一家医院上班，你知道能从那里吸取多少经验吗？那当然需要勇气，需要决心，需要想象力，但可能性终究是有的。还有门在为你敞开，世界还没有完全封锁，并非所有的地方都已经被人类占据。不是这样的！

我认为年轻人可以做的最好的事情，就是创造一份与他的才能、理想、喜乐相对应的工作，而不要有那种为了生存而必须去做的顺从。"啊，但是我不行，因为……"，每个人都可以。你明白我的意思吗？必须去创造它！而且这绝对是有可能的，是可行的，是可以成功的。

我是个幸运的人，因为我的一生差不多就是这样过来的。我所从事的工作，不仅仅是一名新闻记者，而且还有我的创造。你想想吧，我是一个意大利人，德语都说不流利，却成为一家德国周刊的亚洲通讯员，想做什么，就做什么，想去哪儿，就去哪儿，我随心所欲地写作、拍照。世界上根本不存在这样的工作。而"记者"这个身份，对我来说像一种掩饰，我就像一个假的商贾，真实的身份其实是个间谍。对，我很幸运。我喜欢我的工作，但并不是因为工作本身，而是痴迷于这样的生活，痴迷以自己接受的方式生活、以自己喜欢的方式生活、以这些小小的快乐生活。

福尔克：必须摆脱常规。

蒂齐亚诺：永远都要！知道吗，这就是那位隐居老人与克里希那穆提的主题，他们会说："'真理是无路的土地'，你走着走着，就找到了。"但他们永远不会说："看，通往真相的道路就是这条。"这是不可能的。如果你的目标始终明确，那么你就不会发现任何新的事物。同理，在寻常的道路上旅行，也就只能千篇一律罢了。

如果你清楚自己要寻找的东西，就不会有意外的发现……而可能意外的发现，才是你真正需要的东西。因此，"寻找"是一个奇特的过程，它需要很大的决心，因为它意味着放弃，意味着不确定性。靠已知的一切去生活很容易，不是吗？8点火车发车，9点银行开门，做个好人，不要偷盗，就这样活下去吧。但是，一旦你跳出常规，寻找一条没人走过的路，或者就像我说过的，去开辟一条新路，你便有机会发现一些非同寻常的事物。

福尔克：在我们的社会中，我们选择过具有保障的舒适生活。阻止我们离开这道壁垒的最大问题是金钱和疾病。而另一方面，我在过去几年与之共度的印度苦行僧们，也曾向你展示过一无所有地活着同样是可行的，他们以精彩而具有象征意味的方式在全国各地裸行，表明他们甚至不需要衣服。

蒂齐亚诺：是的，有时必须冒险，做些别的事情，放弃一些所谓的保障，因为那些保障同时也是约束。

福尔克：保障也是约束？

蒂齐亚诺：每项保障都是有条件的，不是吗？如果你要领退休金，就必须一辈子努力工作。如果你想拥有医保，则必须支付每月300欧元。你并不是自由的，因为保障是一种约束，它是一种限制。

但确实，在我看来，万事万物总要有一个中间立场。无须放弃一切，或坚守一切，只需清楚地知道你在做什么，这需要权衡。你像一只老鼠，避免陷阱。有时候，陷阱就在眼前等着你。而你的陷阱，便是那所你口中的公寓。福尔克，就像你在彭塔谢韦的那两位朋友的家，当你走进去，就应该立刻逃之夭夭。他们的家里毫无生命力，一间摆满了电子产品的厨房。都是在购物中心随处可见的那种，毫无个性。

而你本可以有更多的选择，你可以选择红色，或是绿色。或者你可以去旧货铺，说不定就能找到一张特别的桌子，一张曾经有那么一家人围坐着吃饭的桌子。所有的一切，本来都是有选择的。

福尔克：那么，我们作为老鼠，究竟要怎么避免陷阱呢？

蒂齐亚诺：向甘地学习，节衣缩食，克制欲望。

福尔克：这就是你的总结吗？

爸爸想了会儿。

蒂齐亚诺：就好像我们的谈话，我想给你留下些临终遗言。某种程度上来说，我的内心深处总会有一种欲望，这是一种人类追求永生的欲望，希望别人也能通过与你相同的方式生活，或者，你信奉的价值观能得以延续。如果在生活中也收获了一些道理，大概也会希望留下，把它们装进一个包裹。这个包裹，就是我想要对你说的话。

还有一件很重要的事，那就是你要了解，我所做的并非特别的事情。我并不是一个特殊之人。我为自己发明了那样的生活，但其实，任何人都可以做到，这只需要勇气、决心和一种自我的意识，它无关所谓的事业或者金钱，而是建立在这样一种意识之上：我们都是这大千奇妙世界的一部分，我们被这种奇妙环绕。

我希望我想传递的信息，能够成为一首颂歌，歌颂着这个世界的多样，歌颂着一切都有可能。

现在，明白了吗？一切都是可行的，所有人都能做到。

福尔克：做到什么？

蒂齐亚诺：过自己的人生，过一种真正属于你的人生，一个你能从中辨认出自我的人生。

・永 別

爸爸用常用的紫色墨水，写了一封短信，留在桌上，笔迹不是很清晰。

给我的家人：

我们达成一致：当时候到来，就打电话给绿十字会，他们会到家里来，谨慎地处理好一切事宜。你们都知道，我很想被火化，棺材要尽可能简单，木板的最好。我想要尽快被抬到教堂，不要有什么冗长的祈祷、唱歌和演讲，就在亲爱的静默中，把我带到火葬场，在那里，我会被烧成灰，装进骨灰盒，也许有人可以送回家里。这样我就回到了奥西塔那的土地。

这就是我的愿望。请你们尽力达成我的愿望。谢谢，大家都开心点。拥抱你们。

蒂齐亚诺·阿南

蒂齐亚诺：你读了我的短信了吗？挺简单明了的吧？

刚回到奥西塔的萨斯奇娅眼里含着泪。

萨斯奇娅：明白了。

蒂齐亚诺：萨斯奇娅，别哭。相反，你们要笑得开心一点儿，因为作为当事人的我，其实很享受其中的。这不好吗？

萨斯奇娅：是的，是的，我同意所有这一切。但如果你想要一条碑文，或者一块石头之类的，我会感到很高兴的。因为我发现将骨灰撒掉的想法——你会变成空气中的一部分，又或者你会漂到两条河流的交汇处，但同样重要的是要有一个符号，一个能让我们想起你的具体事物。

蒂齐亚诺：你们选个好地方。关于这个，我已经和福尔克讨论过了。然后选一天，你们找好那块石头放在那儿，要记得在石头上挖个小槽，这样鸟儿们会来饮水。

但是，话虽如此，你们也不要执着于这些外物，不要觉得：这是爸爸的东西，我们要让它保持原样。不，生活要继续。你们把东西都捐出去，我想把东西都送掉。当年，你们妈妈的教父在临终前，一定要把他房间里的一只精美的青铜蛙给我，他把它放在我的手里，说："是你的了，拿去吧！"但那时候，我并不想拿走。这件事让我后悔至今，不是因为我本来想把那只青蛙留在那儿，而是因为他那么坚定地要把它给我。

最妙的就是简·珀金斯，就是住在达兰萨拉的那位女士，她知道我病了，从德里给我写了一封信说："亲爱的蒂齐亚诺，我得知你身体不好了，而且乐意给我点你的东西，让我保留。那么，干吗等到你不在了再要呢？不如现在就向你讨一件吧！我想要你的咖啡机，这样，我每天吃早餐时都会想起你。"

萨斯奇娅：啊，是的，我记得她。她很可爱。

蒂齐亚诺：这样的关系多么珍贵！你妈妈马上整理出一些东西，比如我书房里的圆桌、漂亮的黄铜灯、藤制沙发，然后把它们包好，寄给了她。简高兴得不知所措。

想想，西藏式的死亡，多么美好！所有亲戚都围着一个垂死的人哭泣，然后喇嘛到了，把他们全部踢走。"全都出去！"然后，他转身对死者耳语，"离开吧，不要流连于此。走吧，走吧，现在你自由了。走吧！"

这是有关死亡的文化，而我们已经将其丢掉了。如果有人在家里生病，其他人就喊辆救护车，把他们送到医院；在医院，如果他快要死掉了，大家就都躲到帘子后面，因为他们惧怕死亡。这又是为什么呢？而我们其实知道，是时候放弃我们所熟悉的一切了。什么都不再属于你，你的房屋不再是你的，你的孩子也不属于你，甚至你的名字也不再代表你。"老天爷，我将再也不是蒂齐亚诺·泰尔扎尼了！"什么都不留下，什么都不带走，一切皆空。

而如果你提前就接近它，然后学会舍弃自己的欲望，将自己与一切分离，你也就没什么好失去的了。你已经抛开了一切，一路走来的同时业已消亡。这并非死亡，而是一种更美好的新生。因为痛苦来自对事物的依恋。佛陀说得好："当你拥有的时候，你害怕失去；当你失去的时候，你想要拥有。"

妈妈拿着托盘走了过来。

安吉丽娜：吃早饭吗？
萨斯奇娅：好的，我们一会儿就来。
蒂齐亚诺：你呢，萨斯奇娅，有什么想问的吗？
萨斯奇娅：关于这个家。我想知道，为什么在你决定抽离尘世之后，并没有把我们也放弃。
蒂齐亚诺：对我来说，家庭是自然而然的事情。作为人类，生长在地球上，建立家庭，世代繁殖，使得这个种族继续存活下去。没什么戏剧性的原因，也不存在重大责任，一切自然而然。我在脱离世界的过程中，几乎放弃所有的欲望，但经过很长一段时间的思考，我非常清楚地决定不放弃最后一个欲望，那就是与家人在一起。因为对我来说，消失不见，或者绝对的孤身一人，是不忠诚的。这就是为什么我决定不去放弃与你们的关系，尤其是与你们妈妈之间的最后一环。

我不想迈出这一步，也不会迈出。因为直到生命的最后一刻，有这样一个美好、喜悦的存在，是一件幸事。

那位隐居老人曾经蔑视我的这个决定，他说如果我屈从于家庭的召唤，那么其实我根本就不是一个坚强的人。他说的也有道理！

萨斯奇娅笑了。

我非常了解，在这条道路上，每个人都必须孤身一人走到最后。但是，在黄泉路口，在我的意识要逐渐模糊的时候，我希望能握着你妈妈的手。我回答你的问题了吗？

萨斯奇娅：嗯。

蒂齐亚诺：而且，你知道，我实在认为，太过极端在所有情况下都是错误的，我们可以以那些绝对严厉的苦行僧为例，我认为那也是错的。正确的道路应该是中庸之道。你不能生活在过度的禁欲主义中。佛陀曾有过这样一个说法，因为他感觉到身体的重量，意识到身体在进行自我调节，所以他想在他还活着的时候，就脱离自己的躯体。然后，根据传说，他去森林里住了7年，每天吃一粒米。在拉合尔博物馆中，有一尊犍陀罗时期的雕像，其描绘对象，就是这位令人难以置信的佛陀，他的肋骨清晰可见，血管都能看到，身形消瘦憔悴。最后，他意识到自己太过极端。而正因为他沉沦于此，他的身体才成为解脱的障碍。然后他做了什么？他重新回到路上，遇到一个女人，女人给了他一碗牛奶，他从此重新开始进食。

在禁欲主义和享乐主义之间，存在着中间之道。二者要平衡，且一直如此。你不能成为一个享乐主义者，但也不必成为禁欲主义这个伟大理念的奴隶。毕竟，曾经许多神秘主义者都迷失了自我，他们为了与神沟通，被禁欲的决心弄疯了。

这是我的中间之道。我什么都不需要，我不是任何事物的奴隶，也不期盼长寿。的确，我喜欢和我的家人在一起，但我也超脱于此。

萨斯奇娅：每个人都得做适合自己的事。

蒂齐亚诺：唔，你知道在佛教里，"觉者"这个词是什么意思吗？因为我们每个人的一生，其实都在昏睡中。我们的良心已经昏睡，智慧也已然沉睡，我们天天算计、欺骗。直到后来有人喊了声："醒醒！"

我们的大脑是多么奇妙的工具！距今四五千年的印度哲人们的伟大之处在于，与当今实验室的科学家不同，他们坐在地上，观摩自己的想法，研究意识，感受它的更替。瞧瞧，他们让自己的整个身心，都成为一座实验室！

萨斯奇娅：那在西方呢？

蒂齐亚诺：在西方，也曾有过伟大的时期。如今，我们称它为中世纪，那是我们的文明最有意思的时期之一。当时，人与神之间有着极度牢固的关系。之后，科学取代了宗教。科学当然是好的，科学家为我们更加舒适的生活做出了巨大贡献。下雨了，就在头顶建个屋顶。饿了，那就收获更多的粮食，养活我们。但此外，它还会带给我们什么？它带走了我们自由的天空，因为科学是一切的矫饰，成为其他愿景的阻碍。

我并不是一个反现代主义者或反科学主义者，但就这一点，我们也需要找到一个平衡，寻找中庸之道。我们身体内的某些东西，诸如内心、爱和直觉，是科学无法解释的。科学并不太关心个人的情感。因此，瞧，已经没有人提倡从心了。相反，遵从内心的感受现在被当成鲁莽。

看看那些伟大的科学家，他们是伟人，但他们并不一定是大师，是觉者。

人们会被知识迷惑，并且渴望在知识的道路上也处于领先。但人类同时会发现，每当到达已知的极限，未知的事物就会比已知的更多、更广。人类永远不可能追求领悟所有的知识。而放手拥抱那个未知或无解的谜，也就是你永远不会理解的事物，去接受它，这不好吗？当然，在其中，也包括了死亡的秘密。

一阵长时间的沉默。

因为你瞧，其实我们从出生的那一刻起，就已然面临死去。年轻人总认为死亡属于他人。但是如果一个人从小就知道死亡是生命的一部分，那么就可以将死亡融入生活，生活也会因此更加美好，我们生命的对比和层次会更加丰富。我们不必等到临终，才顿悟这些！一个人可以活上 100 年，但始终要意识到，自己的生命和死亡是同一回事。

不过，现如今，谁还谈论死亡呢？谈论死亡，就像过去谈论性一样，是一种禁忌。在 19 世纪的餐桌上是不会讨论性的。而如今，性的话题已经屡见不鲜，但对于死亡，依然是我们的避讳。看，我认为我所说的一切能带给你的——也是我唯一的、真正的贡献便是：用另一种方式看待世界。用自己的方式，以更感性的方式看待它。世界就在那里，它是这般美好，而我们却在以相同的方式看待它，还有越来越多的人只会透过该死的科技设备看它，我们不再以现实的眼光，也不再用自己的眼睛看世界。

萨斯奇娅，你年轻美丽，还是一个母亲，有时候你应该停一停，停下来感受这大千世界的奇观奇景，这也是我要和你说的安宁。对着这些山脉，你能找到身心的安宁。你试着站在那里，待一刻钟，聆听这种静默，仔细聆听，你就能感受到它！

可是，现在谁还会这么做呢？

丁零零！叭叭叭！当当当！嘣嘣嘣！世界从你身边经过。数以万计的蚂蚁、蝴蝶、草叶经过，而你却毫不留意。还有那穿过隧道的火车，你错失了享受更好、更丰富人生的机会。

你是不是觉得，我说的话是如此琐碎、如此单调，却仿佛一个伟大的发现？

当人们遇到问题时，相比于停下来，静下心，聆听自己内心的声音，他们宁愿选择出门，到处走动，凑热闹，去电影院，去逛街，或是深陷性爱，从中感受自我，或者忘掉自我。直到那终将到来的一天……

萨斯奇娅：的确，迟早会感受到沮丧和错愕。

蒂齐亚诺：没错，它总会发生。而你却尚未准备，既没有工具，也不会应对。因此，当你遇到问题，停下来，静下来，等一等，仔细听，听从自己的内心，因为答案就在那里。你的心里有让你坚强，使你坚定，帮助你的东西，你会听到心底那个细小的声音的。有些人称它为"神"，另一些人则有其他的叫法。而我……我不想称它为"希望"，因为我坚信事实就是如此。

在蒙蒂切利散步，每个星期天，去看有钱人吃冰激凌……你的父亲就是这样走过来的，从这个意义上说，我不后悔。后悔什么呢？老天，我已经幸运地走完了这趟人生之旅！它不是什么了不起的旅程，但毕竟属于我自己。世间万物都有自己的生命之旅，甚至蚂蚁也有自己的旅途，万事万物，都在走自己的路。

在我看来，规则是这样的：如果你在岔路口，眼前有一条向上的路和一条向下的路，请一定要选择上升的那条。走下坡路是要容易不少，但最后你会发现自己陷入困境。而向上攀登，始终意味着希望。尽管这很难做到，但它是另一种看待事物的方式，是一种挑战，它可以使你保持警觉。这是另一件我重复提醒你的事，希望你能明白，能感知到那些发生在你身上的事。

不要掉以轻心，要时刻保持警惕，花些时间独处、静思、反省、超脱，还有观察。

萨斯奇娅：在你年轻时，就有这样的觉悟了吗？

蒂齐亚诺：才不是呢！

萨斯奇娅笑了。

但一路走来，我学会了。从日本开始，然后是写作《占卜师的预言》的时候，到最后，我卸下了最沉重的负担：我的身份。

妈妈又走了过来。

安吉丽娜：早饭准备好了。

萨斯奇娅：来了。我们聊了一小会儿。

蒂齐亚诺：聊得真开心。记住这一点，萨斯奇娅，永远不要去过一成不变的生活。要活在当下！过去只是一个记忆，它并不存在，它们只是你记忆的积累，被重新排列组合，是伪造的。而当下则无法伪造。至于未来，你对未来的期望也是个装满幻觉的盒子，都是空想。谁告诉你这盒子就会被填满呢？"现在我辛苦上班，然后退休后，我会去钓鱼。"谁知道到时候还有没有鱼呢？生命是当下的，而在这一刻，必须知道该如何享受它。

啊，萨斯奇娅，你能来见我真好。记住，我会一直存在。我一直都在，在空气中飘浮着。因此，要是你想找我说说话，就找个地方，静下来，闭上眼睛，我就会来了。这样，我们就能好好聊聊，不是开口交谈，而是在宁静中，我们心意相通。

·布谷鸟

蒂齐亚诺：我感觉自己走了很久，我真的已经走到头了。福尔克，你在这里听我诉说我这一生，真是给予我莫大的慰藉！你完全可以以自己的工作为先，而不是和我一起度过这三个月。

福尔克：我本来打算在这儿过一个周末而已的。

蒂齐亚诺：我们很幸运，都拥有自己独特的存在方式。行了，我要告别了，我在这个世界上的时日所剩无几。不过我看到你，现在……

我们聊了这么久，而我还在这儿，享受自然。布谷鸟在的时候我们开始的，而现在布谷鸟都飞走了。

> 四月的第一天，
> 布谷鸟会如期而至，
> 要是第八天仍不见踪影，
> 那么它非死即病。
> 布谷鸟歌唱三月，
> 它又重获了自由。

多好，布谷鸟也完成了它的使命。它找到一个巢，扔掉里面的蛋，放上自己的，然后飞走了。明年春天，还会有新的布谷鸟歌唱吧。

周遭的鸟叫声里，已经寻觅不到布谷鸟的声音了。

福尔克：它把别的鸟下的蛋全扔了吗？还是说只是在里面加上自己的而已？

蒂齐亚诺：扔了，扔了，它会把别的蛋都扔出去！布谷鸟要么吃掉那些蛋，要么把它们弄破。你去问马里奥或者布鲁纳尔巴，他们会讲给你听的。它们会专门找到知更鸟的巢，把它们的蛋扔掉，然后放上自己的，因为布谷鸟只产一枚蛋。当知更鸟妈妈回来后，往往毫无察觉，而是替布谷鸟把它的蛋给孵化。知更鸟也是个糊涂蛋，只有在蛋孵化好、裂开后，才发现那不是它的孩子，而是一只布谷鸟！

爸爸说到这里笑了很久，但气息细弱。

这多好啊，大自然总在继续。它会为你的死去、生病或痛苦而操心吗？所有这些都会过去的。一切都会消逝，好坏皆是如此。

大自然本身就是一位非常伟大的导师。只需你驻足停留，看看那白桦树的叶子，那叶子是如此神秘、如此热烈地在风中摇摆，你会发现我的病情，此刻是多么无关紧要。大自然在那儿看着这一切，庄严地不为所动，漠不关心，波澜不惊。为什么我们不照样学着不悲不喜？

生命本该如此，让一切顺其自然地发生，不要觉得这是场悲剧。因为不是的，对任何人来说都不是，对这些花草树木，包括那些没人注意到的黄色小花更不是的。它们每天都在壮丽地成长、变化。

环顾四周，河流、树林，大自然的风光，它们以唯一的方式保持着它们的持续性，一年一年地更替焕新，与人类世界完全地分离。什么编年史、炸弹、波尔布特、美国还有恐怖主义，谁在乎呢？这些都是瞬息之间，是昙花一现。非凡的人类文明，终会消失殆尽。就像狮身人面像蹲坐在沙漠中，望着这个世界，周遭的建筑物却已不复存在。一切都将如此。

但瞧，现在我们还在这里。

啊，奥西塔太棒了！这是我的最后一站，是我的终点。冥冥之中我就觉得，在对亚洲的种种热爱——越南、柬埔寨、中国，然后是印度，到头来，奥西塔是我的最爱。在这纯净的大自然的怀抱中，我感受到了美好的归属，这是一个人能拥有的最宏伟和美丽的怀抱。这种美，以某种方式进入你的体内，和你融为一体，带你神游太虚。

面对所有这些，你的存在非常渺小，就像蚂蚁的一个喷嚏。我的死亡，啪！那是可笑的。试想一下，同一时刻，会有多少只鸟死去，多少只蚂蚁死去，又有多少人因疾病、年老或者暴力死去。所有生命都会死去。克里希纳神说过，所有出生的事物都会死亡，而所有死亡的事物都会再生。我也觉得结束就是开始，起点也是我的终点，终点就是我的起点。因为我越来越相信——西方人有这样的一种错觉：认为时间是直的，是一直往前走的，世界在前进。但其实不是的。时间不是定向的，它不会一直持续下去。它转啊转，自我重复，时间是循环的。我对此感觉非常强烈。你还可以从现实、庸俗平常的日常，又或是反反复复的战争中看出来。

印度人深谙此道。他们所有的神话都是基于不断破坏和创造的循环。他们是对的，不破不立，因此，在三位一体中有创造者、维护者和破坏者。破坏者来了，呜！破坏掉一切，正是这样，创造者才得以重建一切。守护者去守护，破坏者则去破坏。

说这些，并不是为了安慰自己，希望自己能轮回再生，不是的。在喜马拉雅山上的小房子里，我学到的少数真理之一就是断舍自己的欲望，这是自由真正的、最终的形态。而且我相信自己已经成功做到。我没什么念想，不盼着长寿，不想要永生。有这么一种说法："结束，意味着新的开始，这给人带来慰藉。"不，这不是我的感受。我感受到的只是其中的美好，是那轮回的美好。宇宙就是如此。因为在偶然落下的一粒种子里已经蕴藏着一棵大树。种子掉在地里，看起来死了，但其实它带来了新生。我喜欢这种美好，我现在到处都可以看到它，直到尘世的尽头，都看得到。

我感到，我的这一生在悄然溜走，但也并非如此，因为它也是自然的一部分。简直好极了，飘散在宇宙中，成为一切的一部分。我的生命不再属于我自己，而成为存在的一部分，是整个宇宙生命体的一部分。因此，我不会失去任何东西，脱离这具身体，我没有任何损失。

也就是说，这是结束，但也是开始。

几乎每天，当我想着离开自己的身体的时候，都会想到那个禅宗僧侣的图景。他坐在牢房，默默地提起毛笔，把它浸在砚台，然后抬起笔，在宣纸上，凝神画一个闭合的圆。这可不等同于圆规画的圆，这是用在地球上挥挥手做出的最后的手势，画出的圆。它意味着生命的圆满。

事实上，它也是我现在要结束的生命之圆。

我相信，那段时间的隐士生活让我与一切不可思议的无常联系起来。认识到一切都是暂时的，这再美好不过。接纳很久以来亚洲人就明白的道理——没有苦难就没有快乐，没有失落就没有欢愉。

超脱一点，拉开距离，这不是要让你对别人冷漠，你也可以爱他们，但你不能成为这份爱的奴隶，因为你所热爱的一切，也是过眼云烟。这一片片墓地、源源不绝的土地，巨大无垠，什么都有。肥料、灰烬，然后再生出草坪。

萨斯奇娅怀抱着小声呜咽的尼科洛离开了屋子。

萨斯奇娅：来，把嗝儿打出来。

蒂齐亚诺：这正是生命的美好之处，不是吗？我们的诞生……看看他！

他又指了指自己的小外孙。

他只是个小不点儿，但每天都在成长，都在累积经验，也可以说是智慧，还有积累的成功、失败，成就了他的身份。就这样，慢慢地，他成为尼科洛。每天都在往前走一步。

而我回首过去，那个小男孩儿，出生在一个贫穷的城市，想要寻求解救，不是通过金钱，也不是权力，不是建立国度，而是创造一种新的身份，试图成为一个改变世界的人……当然，我什么都没有改变，但我也曾对此充满热忱。这就是我学习法律的原因，这就是为什么我想做某些事情而不是其他事情，这就是我没有去银行工作而成为一名记者的原因。这就是我日积月累的故事，成为记者、旅行家、作家。我觉得自己创造的一切都棒极了。噗！到最后，我什么都不是，别无所求，也不期待变成谁。我不再是蒂齐亚诺·泰尔扎尼。活了一辈子，只为成为一个无欲无求、没有身份的无名者，这听上去是有点儿奇怪。我曾有多种身份，但最终我谁都不是。

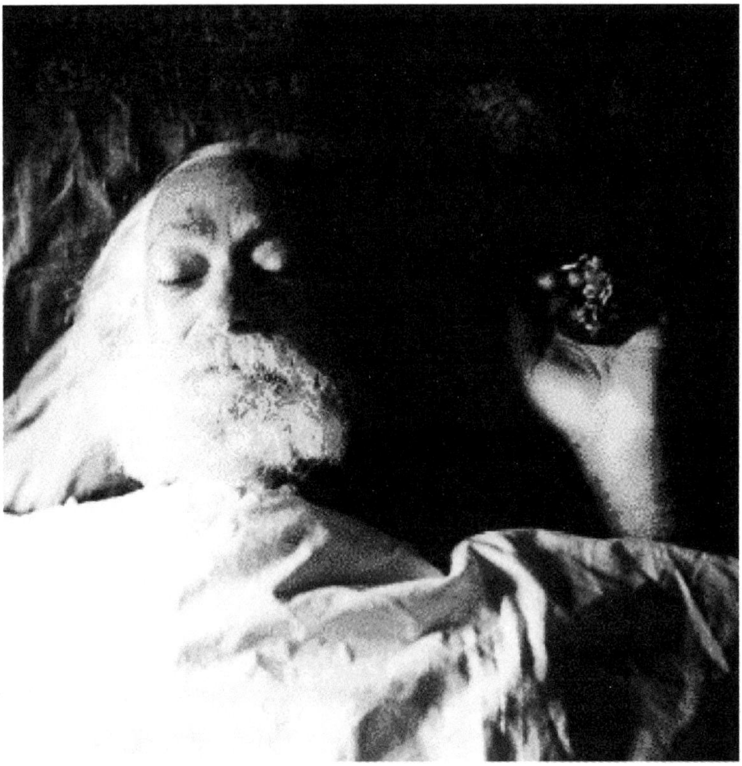

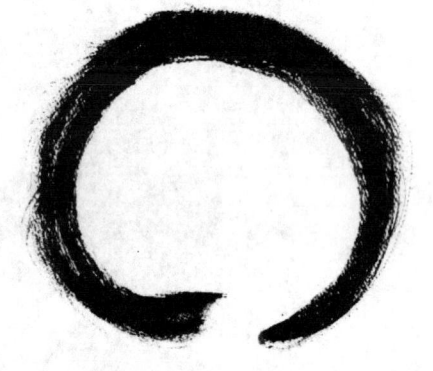